杨肇林／著

林遵传

人民出版社

责任编辑:武丛伟

封面设计:姚　菲

图书在版编目(CIP)数据

林遵传/杨肇林 著. —北京:人民出版社,2016.10

ISBN 978－7－01－016697－1

Ⅰ.①林… Ⅱ.①杨… Ⅲ.①林遵(1905—1979)-传记

Ⅳ.①K825.2

中国版本图书馆 CIP 数据核字(2016)第 219071 号

林 遵 传
LINZUNZHUAN

杨肇林　著

人 民 出 版 社 出版发行

(100706　北京市东城区隆福寺街 99 号)

涿州市星河印刷有限公司印刷　新华书店经销

2016 年 10 月第 1 版　2016 年 10 月北京第 1 次印刷

开本:880 毫米×1230 毫米 1/32　印张:14.5

字数:300 千字

ISBN 978－7－01－016697－1　定价:48.00 元

邮购地址 100706　北京市东城区隆福寺街 99 号

人民东方图书销售中心　电话 (010)65250042　65289539

目　录

楔子　走近林遵

林遵，何许人？

民族英雄林则徐的后人。

甲午海战中以身报国的"镇远"号舰长林泰曾的侄孙。

海军耆宿陈绍宽着力培育的英才。

1946 年率领 8 舰从美国航经大西洋、横渡太平洋，沿途宣慰华侨。

1946 年率领"前进舰队"收复南沙、西沙群岛。

1949 年渡江战役关键时刻率领海防第二舰队 30 艘舰艇、1271 名官兵集体起义。

毛泽东、朱德驰电称誉："庆祝你们在南京江面上的壮举。"

20 世纪 60 年代中，笔者随海军文化部领导同志萧炜拜访林遵，当时他任海军学院副院长，他在住所门前迎候客人。

夏日学院营区绿树浓荫，萧炜脱口称赞："好地方！"

林遵指着近处的古城墙笑道："这里是著名的'半山园'，王安石晚年隐居之地。王安石有诗：'墙角数枝梅，凌寒独自开。遥知不是雪，为有暗香来。'好诗啊！"

大出意料。一个长期受西方教育，从旧营垒走出来的军人，居然对古诗如此娴熟，用时髦的说法，真叫我大跌眼镜。

萧炜向林遵说，海军舰船开始定期巡航西沙群岛，作为海军最高学府有什么谋划和建议？林遵感慨地说："1946年，我带4艘军舰收复南沙、西沙群岛，可是，蒋介石有力打内战，无心捍卫南海。以致南越、菲律宾，还有周边某些国家觊觎南海诸岛，步步蚕食。我们维护南海主权，将是旷日持久的战斗。当前，美国要维持冷战中的独霸，遏制中国，加剧了南海形势。党中央、毛主席在郑州会议中决策海军巡航西沙群岛海域，1959年3月9日第一个航次已经顺利进行。美军飞机从南越起飞侦察，我军舰艇火炮跟踪，警告驱离。这是一个警讯，'扫帚不到，灰尘照例不会自己跑掉'，我们要准备打仗，捍卫汉域唐疆，捍卫祖宗基业。海军军人义不容辞，责无旁贷！"

我听到了中国军人的血性，中国军人的洞见。

林遵注意到我在他们谈话时的专注，向我说："年轻人，你大概有许多话想问我？"

我赶忙说："对于第二舰队起义的壮举，我想一探究竟，想了解您的传奇经历，希望有机会采访您。"

林遵略一沉吟，回答说："那是毛主席、朱总司令对起义官兵的鼓励，我个人不值得采访。但是欢迎你来做客。"

言简意赅，说话很有分寸，是谦逊，是"言不妄发，发在有当"的谨慎。

请读者诸君跟随我在漫漫航程中透过林遵自己的陈述、透过他的部属、亲人、朋友走近林遵。他们是：从1945年起一直追随林遵的航海长戴熙愉；

随林遵在德国学习潜艇、在敌后进行水雷战的布雷官，如今已是百岁老人的欧阳晋；

随林遵收复西沙群岛、南沙群岛的"永兴"舰副长，也已95岁高龄的李景森；

与林遵一道收复南沙群岛的广东省政府专员麦蕴瑜；

一个赴美训练的水兵、与林遵有特殊交往的著名剧作家黄宗江；

与林遵长期共事的海军学院院长朱军；

林遵引为知己的海军副司令员刘道生；

林遵的夫人胡志贞、女儿林华卿；

……

让我们倾听他们的讲述。

一、东京湾　1946年

　　日本，一个处不好的邻居，带给中国灾难和屈辱，也促使国人发愤图强。

风暴航程

1946年7月，中国舰队离开夏威夷，向日本航渡。

　　8艘军舰成鱼列阵航行，每一艘军舰1000多吨，随波起伏，锐意前进。远处，是美国海军15000吨的"玛米"（Mami）号跟随护送。在无边无际的大洋上，每一艘船只是一叶扁舟，而9艘军舰组成一支舰队，却是一个整体，一支乘风破浪的力量！中国舰队指挥官林遵中校相信这支力量。

　　舰队向东经180度国际日期变更线驶去。从檀香山起航前，林遵召集会议，部署航行。

　　从关塔那摩起航到檀香山，舰队已经航行6000多海里，前面还有约5000海里的航程。舰队从关塔那摩出航，先是沿着古巴海岸航行，然后穿过加勒比海，经过巴拿马运河，进入太平洋，沿着尼加拉瓜、萨尔瓦多、危地马拉、墨西哥海岸向北航行，到达美国西海岸。对于吨位不大的军舰来说，傍着海岸航行，风险最小，平安顺畅。从圣迭哥开始横渡太平洋到达夏威夷，也是少有的好天气，一路顺风，无惊无险。

今后的航程如何？战争的危险似乎很小。大战刚刚过去，假定太平洋某个小岛上还有残余的日本军队，也不大可能对海上航行构成威胁；太平洋航运繁忙，前方要经过国际海上运输通道，防止可能发生的碰撞事故，倒是需要引起切实的注意；而最大的威胁，则可能是大洋上的风暴。特别是太平洋已经进入台风季节。

舰长、副（舰）长齐聚旗舰"太康"号（DE–6）护航驱逐舰的官舱，舰长梁序昭热情招呼各舰同事落座。8 舰舰长多属年轻的少壮派，雄心勃勃，意气风发。后来，国民党撤至台湾，他们成为海军中坚力量，梁序昭、刘和谦等先后担任台湾海军总司令。

舰长们有说有笑，无忧无虑，一个舰长兴奋地说："舰队下一站到日本，要好好显示一下中国海军的气派！我们这支舰队，本来是为了和日本海军作战组建的，现在，虽说是不打仗了，这股气儿还没有消啊！"

他的话引起热烈反响："过去，日本人在中国耀武扬威，这回，我们也要到东京好好逛逛！"

"要依我的主张，那些罪大恶极的战犯，应该杀无赦！"

"日本鬼子杀了我们多少中国人，奸淫了多少中国妇女，这一笔笔血债，都应该细细清算！但是，中国人宽厚为怀，以德报怨，凡是放下屠刀的，还是网开一面吧！"

此时，林遵走了进来，舰长们都站了起来。

林遵摆摆手，说道："大家请坐。"

舰长们还沉浸在兴奋中，向林遵建议说："舰队到了日本，一定要武装游行，要给华侨撑腰，让他们扬眉吐气。也要让日本人看看，中国'马王爷'长着几只眼！"

林遵笑着说："大家的心情我理解，到了日本，是要好好显示中国的气派。但是，我今天请大家来，是想知道各舰为下一步的航行做了哪些准备。"

"天公作美，一路顺风，我们航程已经过半，只要大家继续小心，可以预期一定完满完成这次远航！"

林遵启发地问道："我赞成要继续小心谨慎！我们设想一下，还可能有什么困难呢？"

一位舰长说："大不了会遇到一点风浪！太平洋都航渡一半了，还能怎么样呢？"

林遵摇头，不以为然，说道："各位，中国有句古话：'行百里者，半九十。'最后的路程是最难走的。何况我们还只走了一半的航程！考虑到现在的季节，考虑到舰队在地球上所处的方位，我们没有要担心的吗？"

林遵一说，舰长们认真注意林遵讲话了。

林遵接着说："6月，西太平洋进入台风季节。从夏威夷到日本、到中国都是台风多发海域。航路上有暗礁，有多变的海流。特别是东经180度，东半球、西半球交汇处，国际日期变更线附近，每年这时候经常是大风大浪，这就是我们面临的天气和海况。"

　　舰长们正襟危坐、聚精会神了。林遵接着说:"防止偏航,防止碰撞,防备台风,是我们要特别重视的,尤其是防备台风! 舰队已经制定了防台风航线,各舰要相应制定本舰的防台风措施。海上航行要求我们'未雨绸缪','有备无患'。水手有句谚语:'跳板一撤,就全靠你自己了。'一定要使每一个战位、每一个水兵都知道台风来了应该做什么,知道自己的责任! 各位舰长,我抓你们,你们抓部门长,今天,请大家来仔细研究防台风措施。"

　　中国舰队按照预定航线前进。

　　早晨,滑腻的海水上下翻腾,却没有一点气泡,气压表也降低了,这是天气变坏的征兆。湿乎乎的热气使林遵感到气闷,很不舒服。空气中都能攥出一把水来。气压表在持续下降,空气似乎也很浑浊。林遵走出驾驶室,向前后左右望去,把整个舰队收在目视之下。他确信在不远的某个海域,天气正在变得很糟。他预感到舰队将要经受一次风暴的洗礼。

　　台风将至,太阳昏昏的,好像萎缩了一圈。天空出现了马尾云,海面和天空一抹昏黄混沌。浓重的层云一动不动地横在前方海面上,像一堵灰暗的高墙挡住了军舰前进的航道。滚滚浪潮越来越高,越来越急,军舰倾斜着在波峰浪谷中艰难前进。

　　天黑了下来,军舰更加摇晃了,摇晃出挂在高天上的星星,它们好像也被强风吹刮得摇摇欲坠。海天一片漆黑,远处有白色的泡沫时隐时现。

　　军舰前后上下颠簸,摇晃过来,摇晃过去,那天上的星星，像从天上直泻而下，在波浪中流逝而去。

林遵从旗舰上发出命令："舰队改变航向，按照一号防台航线前进！"

突然，闪电撕裂了天空，随着，便是雷声滚滚，大雨如注，万箭齐射，好像上风处有巨大的水坝溃塌了，洪水直冲而下，带来了巨大的冲击，掀起了滔天巨浪。海浪淹没了甲板，飞越过桅杆。军舰吱嘎作响，好像是要散架解体一样。雨助风威，浪增风势，风雨交加，禁住了人的手脚，攫住了人的灵魂。人们呕吐，人们晕船，人们难受，以为就要死去一样。没有什么比凶暴的风浪更能摧毁人的意志了。但是，人们还在呼喊，人们在互相招呼，人们在按照命令行事。每个人都知道，他们不是一个人，相信自己不会被风浪卷去，军舰不会沉没，军舰会继续前进。

风暴终于被抛在了舰队的身后。

晨光透过浓云密布的苍穹，洒在起伏不定的海面上，军舰两舷的波浪互相撞击，互相推搡，白色的浪沫飞溅四散，军舰平稳地航行。

舰队继续在大涌大浪中前进。前面是日界线，国际日期变更线。这是一条虚拟的，假想设定的线。在这里，依旧是波连着波，浪连着浪，看不到界线。

旗舰仪器测定，舰队正在跨越这一传统的，对于水手有特殊意义，为各国海军所重视的界线，林遵命令拉响汽笛。

"呜——"

各舰汽笛一起响起回应，在大洋上此起彼伏，宣告中国水兵从地球的这一半航行到了另一半，宣告了一个水手的成熟，宣告中国舰队经受了大洋的洗礼！

前面，中途岛在望，这是一个不过 5 平方公里的小岛，美国海军在太平洋上的重要基地。

1942 年 5 月，日本海军大将山本五十六亲自带领 8 艘航空母舰等近 200 艘军舰、700 架舰载飞机，远途奔袭，企图攻占中途岛。美国海军事前已经获取了日本军事行动情报，在尼米兹海军上将指挥下，于 6 月 3 日适时出击，粉碎了日本海军的进攻。日本海军损失了 4 艘航空母舰和 332 架飞机，遭到了前所未有的惨败。太平洋战争也从此赢来了转折。

林遵对于尼米兹其人颇感兴趣。这是一个来自美国穷乡僻壤的海军上将，以他的魄力和沉稳，以他精确的准备和部署，取得了战役的全胜。

中国舰队原计划在中途岛停留、休整。但是，风暴过后，余浪汹涌，军舰难以靠岸。

林遵决定，放弃停靠中途岛，直向日本东京湾。

舰队经琉球群岛，过四国岛、九州岛，接近本州岛，航路上不时浮现漂流的水雷。美国和日本在战争期间布放的水雷还没有被完全扫除，威胁着航行安全。林遵发布命令："各舰加强瞭望，一经发现水雷，立即用轻武器射击引爆，加以扫除。"

历史的反思

冲绳海域，日本舰队灰飞烟灭之地。1945 年 4 月 1 日 5

时 30 分，美国军队开始夺占冲绳，历经 97 天艰苦战斗，占领全岛，打开日本门户。4 月 6 日，日本以其秘密建造的满载排水量 72800 吨的超级战列舰"大和"号为核心，集中 10 艘军舰编成"第一钳攻舰队"进行垂死挣扎。由本州的德山港起航，出濑户内海，通过大隅海峡，秘密奔袭作战。妄图"歼灭冲绳附近的美国护航运输队和特混编队"，"成为战争中的转折点"。4 月 7 日，美国海军舰载航空兵以 280 架飞机，其中 98 架鱼雷轰炸机，向日本舰队发动鱼雷攻击。13 时 37 分前后，5 具鱼雷击中"大和"号左舷，"大和"号爆炸进水。美军连续发射鱼雷，接连命中其他敌舰。"大和"舰横倾至 35 度。14 时 23 分，甲板几乎成垂直竖立，在爆炸中完全沉没。

"大和"号沉没，宣告日军战力的最后瓦解。

中国舰队进入东京湾，海面上漂流的水雷更多了，各舰以战备姿态，扫除水雷，小心翼翼地航行。沿岸可见日本已被美军轰炸成一片焦土，处处断壁残垣。

7 月 11 日，中国舰队驶入日本横须贺港。水兵撒缆，挥动手臂，缆绳从手中飞出，在空中划出一道漂亮的弧线，准确地落在横须贺的码头上。在舰舷站坡的水兵，又开双腿，双手背在身后，昂首挺胸，神情凝重。

林遵似乎听到了水兵的呐喊："日本，中国舰队来了！"

林遵发布命令："以中国舰队的尊严，以中国舰队的威仪，以中国海军的良好姿态出现在日本！"

军港由第二次世界大战的同盟国军队进驻，上空飘扬着美国、英国、苏联的旗帜，中国政府出于自己的考虑，没有派军队进驻日本。8 艘军舰是战后航进日本的中国唯一武装力量。8 舰一字排开舷靠在码头，中国国旗在桅顶猎猎飞扬。

8 舰是近代史中访问日本的第四支中国舰队。早在清光绪二年正月初十（1876 年 2 月 4 日），马尾船政学堂第一期毕业学员由英国教官德勒塞带领，驾驶马尾造船厂建造的"扬武"号军舰航海实习，由烟台起航来到日本。中国人建造了亚洲第一艘机器驱动的军舰，排水量 1560 吨，13 门火炮，时速 12 节。日本人侧目而视了。

10 年以后，光绪十二年七月十三（1886 年 8 月 12 日）丁汝昌率领"定远"、"镇远"铁甲舰、"济远"巡洋舰和"威远"舰来长崎船厂修理、保养。"威远"舰由中国马尾造船厂建造，排水量 1268 吨。"定远"、"镇远"从德国伏尔铿造船厂定制，排水量各 7335 吨，主炮口径 305 毫米。巍峨巨舰，矗立码头，给日本朝野以震动。某些日本人看了心里如同打翻了五味瓶，很不是滋味。

日本明治维新，产生了一个封建资本主义怪胎。当年一个叫吉田松阴的战争狂人鼓吹：首先征服朝鲜、满洲和中国。扩充军舰大炮，夺取堪察加、鄂霍次克海；晓谕琉球、朝鲜使之朝觐称臣；割南满，收台湾、吕宋诸岛，以至占领中国，君临印度。他教出的学生伊藤博文、山县有朋等人继承他的衣钵，后来掌握了日本军政大权，以之为国策，于是，军国主义思想毒害了日本朝野。中国有句俗语"人心不足蛇吞象"，此之谓也。在这样的氛围下，发生了长崎事件。

"定海"等军舰到达长崎的第二天，有中国水兵上岸去妓馆嫖妓，发生争执，警察前来干预，冲突中，水兵、警察各一人被刺伤，肇事水兵被拘捕。第三天，8月15日，中国军舰照例放假，"定远"号舰长刘步蟾等在福州屋宴请福建籍同僚喝酒。下午，中国水兵在广马场外租界和华侨居住区突然遭到日本警察围堵、追打、砍杀，被打死5人，伤44人。日本警察也死1人，伤30人。事件发生，李鸿章批评中国官员"争杀肇自妓楼，约束之疏，万无可辞"。同时严肃指出："长崎之哄，发端甚微，初因小争，而倭遂潜谋报复，我兵不备，致陷机牙。观其未晚闭市，海岸藏艇，巡捕带刀，皆非向日所有，谓为挟嫌寻衅，彼复何辞？"一件由嫖妓小事引发的偶然冲突，演变得不可收拾，反映了两种民族文化、思想差异在地缘政治中的碰撞。

光绪十七年五月二十（1891年7月5日），应日本正式邀请，丁汝昌率领"定远"、"镇远"（各7300多吨）、"致远"、"靖远"、"来远"、"经远"（各2300多吨）6舰抵横滨访问。7月9日，日本天皇接见丁汝昌等；7月16日，丁汝昌在"定远"号举行答谢宴会。随后6舰到神户、长崎等日本主要港口访问，六月三十（8月4日）离开日本，历时40天。中国舰队访问日本，自然含有"示以兵威"之意，李鸿章曾经说得明白："中国既不为穷兵于海外之计，但期战守可恃，藩篱可固，亦必有铁甲船数只游弋大洋……日本嚣张之气当为之稍平，即各国轻侮之端亦可渐弭。"访问中，丁汝昌对日本海军大臣桦山资纪说：中日两国海军有足够的力量应对外来威胁，东洋兄弟应当团结，联合对付西方列强。这只是一厢情愿。日本倒是利用中国军舰来访，激发民族主义情绪，加紧向法国购买 4000 多吨的"松岛"、"严岛"号军舰，同时自己建造"桥立"号军舰。一时间，日本海军中煽起了一股打败"定远"、"镇远"的焦急燥热。中国"定远"号舰长刘步蟾注意到日本的动态，反复力陈"中国海军战斗力远不如日本，添船换炮，刻不容缓"。可惜，李鸿章等不为所动，五年后，就有了甲午之败。

林遵的思想在历史的长河中穿行，他向舰长和水兵讲了中国舰队前三次的访问，说道："我们是百年来第四次访问日本的中国舰队，头顶飘扬着胜利旗帜，扬眉吐气了，但是，不要忘记历史教训，不要忘记我们这支舰队是怎样组建起来的。"

中国失去了海洋

1937 年 4 月，英皇乔治六世加冕大典，中国派财政部长孔祥熙为特使、海军总司令陈绍宽为副特使去伦敦祝贺。行前，陈绍宽指示他的副官周应骢向"财神爷"孔祥熙为海军争取到了一笔外汇，他又把年轻的海军上尉林遵派去担任孔祥熙的海军副官，要他就便再多争取一点外汇，好在欧洲为海军购买装备。

伦敦，林遵曾经在这里留学，威斯敏斯特教堂，大本钟，伦敦塔，白金汉宫，海德公园，格林威治零度子午线铜牌，景物依旧，只是烟雾更浓、更重。泰晤士河也显得滞重。

伦敦整个城市，每一座建筑，典雅庄重，雍容华贵，显示那日不落帝国曾经有过的辉煌。然而，今天，欧洲动荡，英国也已风光不再，开始衰落。

英皇加冕典礼一结束，陈绍宽等就来到德国柏林。他向林遵说："现在，德国海军正在全力发展潜艇，无论在潜艇建造还是使用潜艇技术方面，都有许多新东西。我们同德国订立了以货易货的协议，由德国合步楼公司为中国制造 500 吨潜艇 1 艘、250 吨潜艇 4 艘和一艘潜艇母舰。已经派了一批学员在德国学习潜艇技术，决定派你留在德国负责管理，同他们一起学习。你们务必尽可能早地把德国的潜艇技术学到手！"陈绍宽忧心忡忡地向林遵、周应聪说："日本海军咄咄逼人，进攻在即，但愿我们有一年的时间，做好应对的准备。时不我待呀！"

甲午战争以来，中国海军军人魂牵梦萦想着重整强大舰队，林遵十分理解海军总司令的心境，更感谢陈绍宽的赏识和信任。自己留学回国不久便被委以重任，正应该用自己的所学报效祖国。立即回答道："一定不辜负您的栽培和信任，一定带好学员，一定努力学好潜艇技术！"

突然，"七七"卢沟桥事变爆发，日本侵略军肆无忌惮地挑衅，向中国军队发动了进攻。中华民族到了最危险的时候，中国人民被迫发出了最后的吼声，奋起救亡，开始全面抗战。陈绍宽紧急飞返祖国。临行时，特别叮嘱林遵："情况急迫，抓紧时机，尽一切可能把德国潜艇技术学到手。"

相对英国的海军来说，德国拥有的只是一支小海军，重点加强潜艇的建造和使用，给人以深刻印象，很值得中国借鉴。林遵聘请德国一个退役的潜艇高级军官讲授有关技术知识，他和欧阳晋、程法侃、王国贵等 10 个学员废寝忘食地学习、消化，不敢漏过任何一个细节。他们经常去德国吕北军港造船厂参观实习，监督正在为中国建造的潜艇工程。

250 吨的小型潜艇开工建造了。艇体长 42.7 米，宽 4.08 米，中高 3.9 米，水下排水量 325 吨，最大潜水深度 100 米，潜柜注水时间 20 秒，水上航速 14 节，水下航速 8 节。艇艏装有 533 毫米鱼雷发射管 4 具，一次航行可携带鱼雷 8 枚。

600 吨的中型潜艇也开工建造了。艇体长 66.54 米，宽 6.15 米，中高 4.35 米，水下排水量 800 吨，最大潜水深度 100 米，潜柜注水时间 30 秒，水上航速 18 节，水下航速 7.75 节。艇艏装有 533 毫米鱼雷发射管 4 具，艇尾 1 具，一次航行可携带鱼雷 10 枚。甲板上还装有 80 毫米火炮 1 门，20 毫米机关炮 1 门。

这种潜艇适合浅水、多岛屿海域作战，正是中国海军急需的军舰。多少年了，中国海军盼望拥有潜艇，拥有一支水下威慑力量！

然而，德国弥漫着战争阴云，到处是纳粹的红旗，青年男女穿着制服，乘着卡车，唱着雄壮的进行曲，一辆接一辆从大街上驰过。在希特勒和纳粹鼓动下，德国高涨着举国动员的气氛，工业迅速恢复和发展。德国人组织严密，工作效率很高。林遵不知道这究竟是德意志民族精神的高扬，还是盲目的狂热。

希特勒叫嚣德国受到不平等对待，鼓吹扩张，鼓吹条顿人高于一切。尤其是疯狂地虐待和掠夺犹太人，叫人不能容忍。一些德国人还露骨地表现出对中国人的蔑视。一个以理性著称的德国被扭曲了，弥漫着种族主义的偏激。林遵和学员们感到十分厌恶和愤慨，但他们痛苦地忍受着，争分夺秒地顽强学习潜艇技术。

欧洲局势急转直下，德国、意大利、日本轴心国勾结日益明显。林遵越来越意识到中国不可能得到德国的潜艇和技术，继续滞留德国已经毫无意义。特别是一个有做亡国奴危险的军人，与其滞留国外，一无所获，不如战死在祖国救亡的战场！而且，一旦德国、意大利和日本公开勾结，他们更有被视为敌国侨民而囚陷在德国的危险。

潜艇梦难圆，建立潜艇舰队的梦破灭。

林遵和学员欧阳晋等人商量，向中国海军部报告，要求立即回国。中国海军部同意他们立即返回祖国。1939 年 7 月，林遵和欧阳晋等乘火车经意大利，转乘邮船回国，奔向民族解放的战场。

邮船向东方航行，林遵等恨不得一步跨过大洋回到祖国。

林遵密切关注国内抗日战争形势。中国海军无力在海上与日本海军抗衡，退入长江。1938 年 8 月，为迟滞敌人进攻，陈绍宽亲自组织了江阴阻塞战，一夜之间把 20 艘商船和 8 艘废旧军舰灌水沉入江中，更加布设水雷区，实行拦江封锁，力图阻止日本军舰长驱直入。林遵为其悲壮所感动，也为其作用有限而无可奈何。

日寇已经深深侵入中国腹地，大片国土沦丧。1938 年 10 月，广州、武汉相继沦陷，抗日战争进入相持阶段。中国海军陆续在江西马当，在湖北湛家矶，在湖南湘阴布设阻塞线，迟滞和梗塞日军在长江上的运输补给。

林遵日夜思索，当此时刻，什么是对付日本海军最有效的手段？

这天，林遵和学员们又聚集在甲板上，见几个中国青年在船舷边纵情歌唱：

到敌人后方去，

把鬼子赶出境，

到敌人后方去，

把鬼子赶出境。

不论西，

不论东，

从北平，

到南京，

到处有我们游击队，

到处有我们好弟兄。

他们唱得热情澎湃，林遵和欧阳晋等听得入耳入心。这一首《到敌人后方去》是冼星海作的，由国内流传到海外。这一群留学欧洲的中国学生，受到全民奋起抗日的感召，正赶回祖国去投身民族解放洪流。

林遵反复琢磨"到敌人后方去，把鬼子赶出境"的句子，一个主张酝酿成熟了。

林遵把欧阳晋等人召集到一起说："我以为，我们海军目前打击日本侵略军最有效的手段是水雷战，而且是到敌人的后方去开展水雷战。到被日本军队占领的长江中游去布雷，去炸沉日本海军的军舰！"

欧阳晋第一个响应说："好！这个办法好。"

其他学员也都响应说："这是个实际有用的办法。"

林遵说："要实行这个办法，还有许多具体项目要研究解决，比如，在怎样的条件下才能布放水雷？在什么地方布放？怎么对付和打破日本人的防备？我们一项一项研究，提出办法，回国以后好向海军部提出建议。"

邮轮到达新加坡，林遵等舍船登岸，辗转经由越南的海防、西贡回到国内。

此时，中国海军部改为海军战时总司令部，被迫撤退到了湖南北部的湘阴县。

湘阴县，洞庭湖边一个偏僻局促的小县。一个河码头，两条麻石街。哪里是适宜做全国海军统率机关的地方？然而，日本军队不停地向湖南进攻，中国海军总司令部想在这里停止撤退的脚步也不可能，不得不再撤退到湖南更偏远的沅江上游的辰溪山城，最后撤退到重庆。

1939年秋天，林遵赶到湘阴。陈绍宽正带着水雷营营长邓兆祥和水雷制造所所长曾国晟在这里视察。林遵向陈绍宽报到，心头别有一番滋味，虽只分别了一年多，但在战时却恍如隔世，"分别时难见也难"，得见亲人是多么难得啊！陈绍宽紧握着林遵的双手说："一路上还顺利吗？你们回来得好，战局吃紧，正是需要用人的时候！"

林遵报告了路上的经过，急切地说："我们在航行中商量了一个作战的建议。"

陈绍宽高兴地说："好呀！说说看。"

林遵递上他草拟的建议说："这是我们的具体建议。我们认为，应该打水雷战，到敌人后方去破袭日本的舰队。"

陈绍宽看了看曾国晟、邓兆祥笑着说："英雄所见略同啊！"说着转向林遵说："回头我们再研究你的计划，你先跟我们一起看看这里的情况。"

林遵随陈绍宽来到洞庭湖畔的营田。

营田，一个乡村小镇，控扼湖口，地理位置重要，是阻遏日本军舰长驱直入进攻长沙的要地。平时这里是大米、茶叶、桐油的集散地，是附近农民交易的集市，繁华热闹。现在，因为日本人进攻的威胁，街市萧条，人心惶惶。海军在这里的航道上布设了水雷封锁线，几天前，炸沉了一艘日本炮艇。炮艇的残骸被打捞起来，仔细考察炸裂的痕迹，研究改进水雷的制造。

林遵看那浩渺的八百里洞庭湖，果然是"衔远山，吞长江，浩浩汤汤，横无际涯"。阴霾满天，秋风冷雨，令人联想起宋代范仲淹《岳阳楼记》里的名句："先天下之忧而忧，后天下之乐而乐。"今日如果有人像长期镇守边塞的范仲淹一样，"胸中自有雄兵百万"，中华民族就得安宁了。

当晚，陈绍宽仔细研究了林遵提出的建议，特别欣赏深入敌后游击作战的设想。陈绍宽又向林遵提问了几个要点，最后决定说："水雷袭击，在目标选择上，要以日本海军的运输舰船为主。运输舰船航速小，吃水深，火力弱，便于漂雷袭击。我们要给日本人的长江运输线一个有力的打击！海军总司令部决定，从水雷营和其他部队选调300人组建长江中游布雷游击队，力争年底前挺进湖北、湖南、江西、安徽敌后沿江地区作战。"

林遵向陈绍宽请命，陈绍宽向这个年轻人自嘲地说："我知道你最想到海上去，我也很想让你到海上去，可是，我们没有了海，也没有了舰船。日本人封锁了长江口，我们的军舰被迫撤退进了川江，还要成天躲避日本人的空袭。"说到这里，陈绍宽顿了顿，继续说道："现在，只有水雷战，是海军唯一有效的作战手段。这是一项很危险的工作，我们已经牺牲好些人了，但是，还要坚持进行下去。另外，我还一直不敢放松的是办学校。建设海军，百年大计，树人第一，教育工作不可停顿。虽然在打仗，但海军学校每年招生100人，不能少，不能间断。人家笑话我办没有海军的海军学校。但我相信总有一天，中国要重整海军，到时候没有人才怎么行？福州海军学校从福建撤退出来，辗转搬到贵州桐梓。可贵的是学校一直没有停课。我们还办了一些训练班。你在国外学习了那么多年，还是去教学生吧。"

林遵却请求说："当务之急是打日本鬼子，还是让我参加水雷战吧！"

"那可是一个很危险、很辛苦的工作啊！"

林遵坚持说："您常强调'国家兴亡，匹夫有责'！现在，正是我们出力的时候。请求您派我去吧！"

陈绍宽思忖了一下，答应说："好吧！现在，我们是有一舰即尽一舰之用，有一械即尽一械之用，有一人即尽一人之用，一切皆可牺牲，坚持抗战不渝。海军今日为民族牺牲，未来为民族而重建。"陈绍宽停顿了一下，又说道："到了湘阴，应该到左宗棠的老家去看看。左宗棠就是湘阴人。这个人是清朝末年一个有眼光的人，他兴办了福建马尾造船厂，创办了马尾船政学堂，对于中国海军建设起过大作用。我是很佩服他的！"

陈绍宽侃侃而谈，接着说道："左宗棠关于海军的议论十分精辟：中国与西方各国'彼此同以大海为利，彼有所挟，我独无之。譬犹渡河，人操舟而我结筏；譬犹使马，人跨骖而我骑驴，可乎？''欲防海之害而收其利，非整理水师不可。欲整理水师非设局监造轮船不可……先购机器一具，觅雇西洋匠师俱来，以机器制造机器，积微成巨，成一轮机，即成一船。成一船，即练一船之兵，化一为百'。今日国家到了生死存亡的关头，尤其要学左宗棠！"

林遵恭敬地说道："少年时读书，读到左宗棠抬着棺材向塞外大漠进军，收复天山南北，平息叛乱，赶走俄国入侵军队，赞叹不已！今天，抗日救亡，更需要这种精神，这种气概！"

二、秋浦河　1939 年

一条幽静美丽的山溪，谱写中国海军水雷战的英雄壮歌。

竹林如海

秋浦河，幽静美丽的山溪，从安徽九华山流出来，一路吟唱，汇入长江。李白在诗中歌唱它的美丽："天河挂绿水，秀出九芙蓉。"更写了《秋浦歌》描写古代冶炼盛况："炉火照天地，红星乱紫烟。赧郎明月夜，歌曲动寒川。"

1939 年年底，茶树开花时节。绿树枝头，白花朵朵，漫山普岭，斗寒傲雪。林遵率领中国海军第五布雷游击大队来到这里。他们只有 40 人，穿着陆军服，带着轻武器和手摇发报机，住进贵池县九华山下的梅村。这是一个偏僻的小山村，几十里外便是长江。林遵选择另一个更加偏僻的山村，隐蔽储存着水雷。

梅村后面的山岭，竹林如海，叫人联想起无际无涯的大海，不由得令人生出些苦涩和无奈。本应该驾驶军舰，驰骋海上，同日本侵略者周旋，却不得不钻进山沟里，用最古老、最原始的手段同现代化的日本海军作战。另一方面，林遵又十分兴奋。布雷队直插皖南，逼近南京最前线，把原来主要用在战区防卫的布放水雷，扩大到敌后布雷，到被日本军队占领的地方，从侵略者的后方发动进攻。日本人曾经狂妄宣称，三个月灭亡中国，叫嚣再来一次甲午战争。今天，我们为救亡图存而战，为中国海军的尊严而战！

开战以来，中国海军仅有 6 万吨舰船，而日本海军拥有 76 万多吨舰船，敌我力量悬殊，不得已沉船塞江，迟滞日本海军长驱直入，但是遭到非议，甚而有人指责海军不战自毁。陈绍宽承受着压力，中国海军承受着压力。海军应当用自己的战斗振奋国人。

日本军队侵占南京已近两年，在芜湖、安庆驻有重兵，沿江修筑了碉堡，控制了所有城镇和公路。江面上派有舰艇日夜巡逻。贵池，离南京咫尺之间，布雷队在敌人眼皮子底下隐蔽潜伏，安营扎寨，但是，怎样才能够神不知、鬼不觉地安全、隐蔽地接近长江，突然发动奇袭？怎么样把重达 300 斤的水雷，从隐蔽地运到几十公里外的长江边上而不被日本人发觉？选择好出击的道路，是第一要着。

林遵挑选了布雷官欧阳晋、王国贵、朱星庄立即随他出发。欧阳晋、王国贵曾经随他在德国学习潜艇技术，回国途中一起探讨和倡议发动敌后水雷战。朱星庄新从海军学校毕业，洋溢着青春朝气。四人换上了老百姓的衣服，看上去和本地农民相差无几。他们沿着崎岖的山路前行，边走边看，不时回头再另选一条更隐蔽的小路，绕过贵池县城，谨慎地向长江边靠近，寻找最佳布雷地点。连续几天，多次往返，反复比较，终于选择了一条出击路线：从日军殷家汇据点与贵池县城之间穿行，越过蛇形窑，渡过秋浦河，潜至长江边的乌江夹。他们又详细调查贵池沿江航道、岸壁、水文、水流，进行分析对比，选择布雷点。发现池口是船舶必经的狭窄航道。日军为逃避遭到袭击，在池口上游设有一个舰船临时停泊点，夜间集中停泊所有舰船，天明后陆续离开停泊点，开始航行。林遵设想，如果从上游约 3 公里的两河口布放水雷，让水雷顺水漂流到池口航道，日军舰船触雷爆炸的几率是可以预期的。

准备就绪，林遵精心安排第一次出击。

农家屋里，几十个队员挤坐在一起，都是热血青年，国难当头，满腔悲愤。朱星庄领头唱起了一直萦绕在他们心头的歌：

到敌人后方去，

把敌人赶出去！

歌声在农家屋里回荡，唱得热血沸腾，唱得神采飞扬。

林遵十分兴奋，动情地向布雷队员们说："日本鬼子打到了武汉，打到了长沙，我们已经退无可退了，我们只有到敌人后方作战，也只有在敌人后方，才最有可能置敌人于死地！我们就是要在敌人料想不到的时间、料想不到的地方布下水雷，进行奇袭，打他个措手不及，叫他防不胜防！而且，要保存我们自己的力量。这里，最要紧的是保守秘密，隐蔽出击，隐蔽布雷！"林遵具体讲解了所选定的出击路线、布雷地点和方法，最后说："从我们驻地梅村到长江边，大约有五十华里，我们要避开大路，封锁消息，中途不能进老百姓家，更不能去饭铺歇脚吃饭，自带干粮，自己做福建的'光饼'。"

队员们活跃了，福建籍的队员们更觉亲切，兴奋地说："我从小就是吃着光饼长大的！"

"小时候，我爷爷奶奶就教我做光饼了！"

于是，和面的、准备锅灶的，热热闹闹动手制作。

光饼，福建流传了几百年的食品。相传，戚继光带领"戚家军"在福建消灭倭寇时用光饼作干粮。面粉经过发酵，做成圆饼，不断添加适量干面粉，烘烤制成，不易生霉变质，能够长期保存食用，中间留一个圆孔，便于携带。

元朝末年起，日本倭寇开始袭扰中国沿海。明太祖初年，为拱卫海防，在沿海设置卫所，建立水军。沿海共建立了 54 卫、127 千户所、231 巡检司、1338 烽堠墩堡，沿海险要处设寨守备，"陆具步兵，水具战舰"，"以有定之师，御无定之寇"。同时，实行"勘合贸易"，颁发给日本当局若干贸易许可执照，开放有一定额度的进口贸易。但是，日本的不法商人欲壑难填，总是违背规定，夹带私货，非法贸易。明太祖朱元璋照会日本大封建主足利义等，要求禁止走私，但是，日本人不肯遵守协议。日本国内诸侯争雄，战乱纷起。失意的贵族、败北的武士流亡海上，同日本浪人结合，从日本山口、大隅、萨摩、博多湾等地成群结伙地向中国流窜，先是非法贩运，亦商亦盗，进而打家劫舍。"来若奔狼，去若惊鸟"。他们所到之处，"官庾民舍，焚掠一空"。更有甚者，盘踞中国沿海小岛，四处劫掠。这些为非作歹的日本人，在中国沿海杀人放火，极其残暴，又生得矮丑，人们怒斥他们为倭寇。

明世宗朱厚熜下令"罢市舶司"，撤除管理对外贸易的机关，禁止正常的海内外贸易，甚至明令"寸板不许下海"。这样一来，限制了正常贸易，不但不能禁止非法贸易，国人中的奸诈之徒、豪门之族，不顾民族大义，见利忘义，与倭寇相勾结，猖狂走私，直至明火执仗地抢劫，加剧了沿海的动荡。倭患愈演愈烈，长期祸害中国沿海地方，竟至"千旦尽匪穴"。明朝廷几乎动员了全国兵力，连远在四川等地的军队也调赴沿海作战。经过几年奋战，好不容易才肃清了江苏、浙江、福建沿海的倭寇。

林遵向队员们讲述历史，旧恨新仇涌上队员们心头。林遵鼓动说："当年，戚继光带领'戚家军'和福建俞大猷的军队一起，吃着老百姓做的光饼，连连打胜仗，最后，把流窜福建和广东的倭寇统统赶下海去！我们也要把日本鬼子赶出中国去！还我河山！"

"还我河山！"

国土沦丧，同胞被屠杀，国人热血沸腾，愤恨难消，摩拳擦掌，准备拼死一战。

1940年1月19日，正值农历大寒节气，从下午起，便纷纷扬扬下起了大雪，林遵几次到屋外，看着飞扬的大雪，连声说："好雪，好雪！"晚饭后，林遵和第五大队队员趁着风雪的掩护，暗夜出击。

水雷队员和 80 多名老百姓，8 人一组，分别抬着 15 具水雷，踏着泥泞，顶着风雪，艰难行进。

第二十三集团军第一四八师派出一个连走在前面，担任警戒、掩护。

人们悄无声息，急急行走。杂沓的脚步声和着人们"呼哧呼哧"的喘息声，使山林更显寂静。虽是严冬寒夜，外面的衣衫被雨雪淋湿了，身上的汗水把内衣也浸透了。

山路上没有行人，所过村庄，没有一星灯火。

队伍来到秋浦河边，一声唿哨，林遵预先派遣欧阳晋找好的几只小船，从河汊里划出来。队伍趁着夜幕掩护，神不知鬼不觉地偷渡到南岸，穿过蛇形窑，进入敌占区。队员们抬着水雷，在僻静的田埂小径上疾疾前行。

水雷，抗日战争爆发前被中国海军忽略了的武器。1937年 8 月 13 日淞沪抗战爆发，海军总司令陈绍宽紧急命令舰艇监造办公室监造官曾国晟和周应聪等赶制出水雷。1937 年 9 月 7 日夜，海军勇士潜至浦东日本占据的三井码头，炸毁码头和满载燃油的趸船。爆炸声闻上海，振奋国人。9 月 28 日夜，海军勇士携 3 具水雷，潜越春江码头，泅近日本海军第三舰队旗舰"出云"号，因被敌发现，不得不提前引爆，炸毁了围护敌舰的 4 艘铁驳，使"出云"号舰尾受损。正聚在舰上开会的侵华日军头目虽侥幸逃脱了爆炸，无疑受到应有的震慑。"出云"号是日本引以为傲的主力舰，满载排水量 9906 吨，参加过日俄海战，曾经是日本天皇座舰，从 1932 年到 1943 年一直是日本侵华海军旗舰。1945 年 7 月 24 日在日本吴港被美军飞机炸沉。今天，日本右翼不以侵略为耻，反以为荣，2015 年 3 月 25 日，把新建造的 27000 吨的直升机航空母舰以"出云"命名，为军国主义招魂。

当年，上海沦陷后，海军撤退到武汉，再撤退到长沙，在常德建立制雷工场。第五大队使用的便是在常德制造的"海庚式"漂雷。用球形浮标系住水雷，使雷体既不浮出水面，又不沉入水底，保持在水面下 2 米的深度漂浮，随江水流动，出敌不意，主动攻击，使敌舰触雷爆炸。

隆冬时节，冷雨转作大雪，脚下泥泞难行，150 公斤重的水雷越发显得沉重。一个趔趄，前面的队员摔倒了，后面的赶快把他扶起来。一队人马从村庄中穿行，引起农家的狗吠。一家的狗叫起来，那一家的狗也接着叫了起来，一个村庄接着一个村庄，四处狗吠声声。幸好雨雪交加，掩护了水雷队员的行动。

林遵和水雷队员到达两河口，虽然比预定时间晚了一个小时，但是附近没有异常现象。发出联络信号，三艘民船从隐蔽处驶靠岸边。林遵向抬运的老百姓说："你们赶紧往回走，不要讲话，不要停留，越快越好！"

水雷队队员迅速给漂雷装上引爆的硫酸电液瓶和溶化塞，使水雷处于布放前的作战状态。又把浮标用水草、杂物伪装好，然后抬放到船上。小船在暗夜中向江中划去。林遵又仔细察看了航道、水流，确定了布雷点，按照预定方案排成一列，依次把 15 具水雷布入江中。此时，已是 20 日凌晨 4 时了。布雷完毕，林遵和队员们迅速隐没在黎明前的黑暗里。

从出发到现在，队伍已经走了十几个小时，非常疲惫。但是，如果天亮前不能撤出敌占区，随时都有暴露的可能，不仅队伍会被包围、截击，而且布雷的秘密不保，以致前功尽弃。林遵低声鼓励队员说："走，赶紧走，一定要在天亮前渡过秋浦河，脱离敌占区！"

林遵一个一个检查队员，发现有人摔伤了，有些人手脚冻坏了，特别是上士王宗璋、三等兵郑宗官跌伤严重，行走困难，林遵向欧阳晋说："你多次来这里侦察，熟悉道路和关系，由你负责，带他们脱离危险区，然后尽快赶回驻地。其他的人要赶紧走，一刻也不能耽搁！"

队员们脚下加紧，一路疾走，终于在天亮前渡过秋浦河，同担任掩护的陆军连会合，撤回出发地。

欧阳晋带领两个受伤的士兵，找到事先联系过的老乡，请他们帮助。得到老百姓的掩护、帮助，也在当天晚上回到梅村。

林遵和队员们焦急地等待前方的消息。

这一夜，林遵几乎没有合眼，蒙眬中时而觉得布雷点有偏差，漂雷不能顺利漂向敌舰必经的航道；时而又担心伪装不够仔细，不够巧妙，容易暴露。因此辗转反侧，不得安宁。

第二天，终于从敌占区传来消息，池口附近江面日本侵略军的一艘汽艇触雷爆炸沉没，13 人被炸死，5 人被炸伤。队员们高兴得跳起来，林遵也难掩饰心中的高兴。他们等待着再传捷报。

果然，第三天传来消息，在贵池至大通的江面上，日本海军一艘运输舰触雷爆炸沉没。

第一批漂雷，出奇制胜，首战告捷，炸沉日本侵略军的运输舰、汽艇各1艘。中国政府给参加这次布雷的官兵每人颁发陆海空军奖章一枚。

第五布雷大队首开敌后水雷破袭战的胜利，驻扎在皖南繁昌、南陵的第一布雷游击大队，在繁昌附近江面布放漂雷5具，炸沉日军运输船1艘；驻扎在赣北浮梁的第二布雷游击大队，在湖口下游永和洲江面布放漂雷42具，先后炸沉日军军舰、运输船和汽艇；驻扎在苏南溧水的第三布雷游击大队，驻扎在闽、浙搭界地方的第四布雷游击大队也都在第二十三集团军和新四军配合下，先后在赣北、皖南沿江开展水雷破袭，取得胜利。

中国海军5个布雷游击大队活跃在江西湖口至安徽芜湖的长江沿岸，频频出击，迫使日军长江运输几乎陷于停顿。日军开始封锁长江航运。

英国、美国为了自己的商业利益，向日军施加压力，要求恢复长江航运。日军为了维持胜利控制中国的形象，不得不开放航运。但是他们仍宣布禁止舰船在长江上集结行驶；通过芜湖以上航道要由扫雷舰开道，加速通过；夜晚禁止在芜湖和九江之间航行。即使这样，仍然有日军舰船不断遭到水雷袭击。1940年2月3日，日本海军长江舰队报道部部长在南京发表谈话说：中国军队"时在长江黑夜秘密布雷，我军的扫雷工作效果有限。当此情况下，长江开放后水上的安全日军不能负责"。

暗中时滴思亲泪

腊月里，农家屋旁的蜡梅树开花了，衬着绿竹，老树虬枝，白色繁花朵朵，比漫山的雪更觉耀眼，更显清纯。朱星庄透过农家住屋的窗户，越过皖南的重山，似乎看见了远在内地的家。一条小巷，一个小户人家，一进门便是一座小小的天井，天井侧面一间小房间，木的板壁，因年深月久、风吹雨淋，变得乌黑。暑天夏日，太阳晒得板壁烫手；寒冬腊月，屋檐上挂着冰溜。房间里一张床，一张桌子，几把椅子，没有多余的家具和摆设。但永远收拾得窗明几净，纤尘不染。每年这个季节，妈妈总要采几枝蜡梅插在花瓶里，屋子里便有一股幽幽的清香。

朱星庄是遗腹子，他还没有出生父亲便去世了，妈妈在小县城的小学当教员，为了儿子，没有再婚。靠着微薄的薪水，独自一个人拉扯他长大。白天，朱星庄随母亲上学，夜晚，妈妈一面修改学生的作业，一面伴子夜读。母子相依为命！

他想，这时候，妈妈一定倚闾巴望儿子。母亲不知道儿子现在何方，不知道儿子正在前方杀敌。为了保守军事秘密，军邮局只有编号而无地址。妈妈啊，儿子没有给您老人家丢脸，您老人家可以为儿子骄傲！

林遵来到他的身边，问道："想什么呢？"

朱星庄回答说："想妈妈。"

"啊,"林遵坐下来问道,"你家里还有什么人?你有几个兄弟姐妹?"

"家里就有母亲一个人,我是独子。"

林遵仔细听朱星庄的倾诉。

朱星庄说:"妈妈一个人把我养大,真是不容易。妈妈总是在擦呀洗呀,没有一刻消停。从记事起,穿在我身上的衣服虽有补丁,但从来都干净、整齐、熨帖。无论走到哪里,都体体面面,受人称赞。平时,有一点好吃的,妈妈总是留给我吃。她教育我,永远不要看别的孩子吃东西,什么新鲜水果上市了,省下买菜的钱,也要买两个让我先尝尝。冬天,妈妈在油灯下,宁愿自己受冻,总是把煨着炭火的烘篮放在我的脚下。夏天,一把蒲扇总是在我身后不停地扇着。没有锦衣玉食,却有不尽的亲情!"

说着说着,朱星庄情不自禁地哽咽了。

林遵感叹说:"'暗中时滴思亲泪,只恐思儿泪更多!'你想念妈妈,妈妈更想念你啊!你要多给妈妈写信,安慰她老人家,告诉她老人家,儿子为国家立功了!"

朱星庄破涕为笑,说道:"从小,妈妈就常给我讲'岳母刺字'的故事。'九一八事变',日本人占领了中国东三省,海军学校在我们那里招生,妈妈又给我讲了这个故事。那时,全中国沉浸在悲愤中,妈妈向我说,当年,宋朝北方的土地沦陷了,岳飞带领义军奋起抵抗,发出了'还我河山'的怒吼。出征前,他跪下告别母亲,依依不舍。岳飞的妈妈用金针在儿子的背上刺了四个大字:'精忠报国'!鼓励儿子说,国家兴亡,匹夫有责。你当以国家为重，努力收复失地，勇敢杀敌，义无反顾！不要挂念我。岳飞拜别母亲，带领义军收复了许多失地。岳飞，流芳百世，而害死他的奸贼秦桧，被后人铸成铁像，永远跪在岳飞的墓前。如今，国难当头，你要学习岳飞！妈妈的这些话，好像就是昨天对我说的。因为妈妈的鼓励，我才投考了军校！"

林遵想起自己也是因为父亲的要求，因为要振兴中国海军而投考烟台海军学校，说道："我们都是听着岳飞的故事长大的啊！千百年来，岳飞、文天祥、林则徐，这些民族英雄铸造了我们的民族精神！国难当头，你妈妈把独生儿子送到战场，报效国家，很了不起！我们不能辜负她们的苦心，不能给她们丢脸，要为她们争光！"

朱星庄回答说："是！"

窗外，传来了小孩子们的欢叫，房东家正掀翻一头肥猪，要杀猪过年了。

林遵说："啊，今天已经是腊月二十三了，按习俗，过小年。房东家杀过年猪，我们看看去，给他道喜！"

林遵、朱星庄和许多队员也都来到屋场上。

林遵连声向房东道喜："恭喜恭喜，恭喜槽头兴旺！恭喜发财！"

房东高兴地说："托福托福，谢谢你的吉言！一槽猪，头头都长得好膘。这头猪能杀出两百多斤肉！"

房东家是一个殷实的农户，粗通文墨，兴奋地说："过年，杀猪！日本人想打烂我们的日子，我们不怕！该过年还过年，该讨老婆生孩子还讨老婆生孩子。中国人不信邪，不是好欺负的。日本人想让我们亡国，做白日梦吧！我们偏要活得硬气，抬着头过日子！听说中国军队打回来了，日本鬼子的汽艇、兵舰在县前的江里被炸了，被炸了个稀巴烂！炸得好哇！"

林遵和队员们互相看看，会心地笑了。

林遵向朱星庄感慨说："你看，无论怎样的艰难困顿，都百折不挠，这就是我们中国人！中国不会亡！"

日军遭到打击后，对游击队可能出击的地点和布雷必经之路严加封锁，白天在江面上加紧扫雷，夜晚在江面上加强巡逻。入夜，江面上，日军的探照灯光不停地来回搜索。布雷游击队出击受到威胁。

林遵要求各中队不断变换出击路线和布雷地点，迷惑日军，保存自己，消灭敌人。

第五大队的第十中队经过侦察，发现贵池县前江口有一片荒野沼泽地，人迹罕至。林遵随他们去那里看过，芦苇、衰草、积水、浅潭、腐草的下面，是深不知底的淤泥，人一脚踩上去，会立即陷下去，甚至会被吞没灭顶。低洼处积水一到两米，高处没有积水，但是，冬雪融化，泥泞难行。一个无法通行的荒甸子，却是布雷队秘密出击的理想通道！

日本侵略军两眼一抹黑，只顾把守道路、河口，做梦也想不到中国军队会从这里开辟出击道路。

1940年2月17日，农历正月初十，还在年节中，第十中队便出击了。

深夜，他们涉过冰冷的泥滩，把沉重的水雷运送到江边，神不知鬼不觉地在前江口上游布放了水雷。第二天，日军一艘汽艇触雷爆炸。

日军不明白，中国人是怎样在他们严密防守下把水雷布放到长江的。

趁着日军惊慌不安、防守失当的机会，第十中队再接再厉，在 25 日夜晚，又经过这条秘密通道，在江心洲以南叫十八家的江面，再次布放水雷。

36 具水雷，在水草、杂物的掩护下，隐蔽漂浮在长江水下。

不几天，日军一艘中型运输舰从贵池开出。战战兢兢，小心翼翼，低速慢慢航行。可是，刚到江心洲下游，就和隐伏在水下的漂雷"亲密接触"了，轰隆一声，爆炸起火，沉入水底。

到了五六月，日军更不得不多次宣布长江停航。

1942 年日本出版的《话》杂志 12 月号刊载了日本随军作家石黑与几个日本海军军人的对话：

石黑：您来此最初的感想如何呢？请述一二。

菊池：我们最恐怖的是机械水雷，无论在夜晚或早起，我们一想起它就……

石黑：有机械水雷流过来么？

菊池：就是恐怖它流过来呀！……朝早一起床，从下游方面就传来三四声隆隆的爆炸声。那就是夜里水雷在我们不知不觉中从我们舰旁向下游流去的啊。因此，士官们夜里也要迅速地交换，站在舰桥上看望着。月明的晚上，可以用望远镜分辨出来，然而一到天暗，就一点也看不见了，舰长们一说到"今夜一点也看不见了"就不舒服了。

吉川：在暗夜里，无论怎样也总是不断地担心着机械水雷。

菊池：……大舰行驶担心着有水雷，简直不能行驶。不知怎的，到前线去好像是很可怜的样子。

……

日本海军一艘军舰的舰长森大佐无可奈何地写道：

海军在中国作战，如遇中国的陆、空军尚能写就遗嘱后应战，唯独一遇到水雷即行爆炸，就立即与舰同归于尽，欲写一遗嘱的短瞬时间亦不可得。

2015 年，抗日战争暨世界反法西斯战争胜利 70 周年时，我向离休在南京的欧阳晋表示问候，他在电话中说："今年，我痴长 99 岁了，记忆过滤掉可以遗忘的，留下来的都刻骨铭心！1937 年，日本帝国主义打进中国。当时，林遵带领我们十几个人正在德国学习潜艇。我们决定提前回国参加抗战。1939 年在皖南长江段开展敌后水雷战，那是艰难的奋战啊。"老人年近百岁，回忆清晰，往事历历，情思悠悠。

中国海军的水雷战，令侵略者肝胆俱裂。

日军加强了对沿江两岸的"扫荡",第一大队、第二队在布雷时,曾经遭到日军伏击,两名队员负伤。第二大队情报员陈木生被捕,惨遭杀害。第五布雷大队后撤到离岸更远的山区。日军撤走了,又再前进到便于出击的地方。只是日军几乎掳走了沿江所有民船,严加管制。

林遵带领布雷队又一次出击。

陆军掩护队的尖兵班走在前面,水雷队和民工队紧跟其后。

两支队伍间隔两三里。每一辆地板车装载着一具 100 多斤重的水雷,由民工拉着在大路上前进。水雷队队员紧跟前进。接近敌占区了,不得不离开大路。民工们用肩膀抬着水雷,选择隐蔽的小路艰难行进。每 4 个民工抬着一具沉重的水雷,踏着泥泞的山路前行。累了,就由另外 4 个人接替。

日军加强了秋浦河的防备,在黑夜中,不时用密集的机关枪封锁渡口和通道,枪声断断续续,一方面为自己壮胆,一方面阻止任何人渡河。

林遵和水雷队潜至蛇形窑,他命令掩护队密切监视敌人,自己和水雷队员机智地穿过敌人的火网,抢渡秋浦河。但是,只有 7 具漂雷抢运到了对岸。

四周黑森森的,危机四伏。好不容易突过了秋浦河,不能半途而废。他低声命令说:"情况紧急,尽快赶到长江边上,按照原定计划布雷。大家再辛苦一下,悄悄地快走,注意隐蔽。"

队员们立即抬着沉重的漂雷急进。

林遵和水雷队刚脱离敌人的火网，又接到侦察员报告说：预定布雷的唐家河江面上有日本军舰巡逻，江上的民船都被掠走，预先安排好的布雷船只不知去向。

林遵不得不命令停止前进。

林遵反复思忖，敌人布置防备如此严密，说明江上有敌人的船队，正是水雷作战的好时机，机不可失！"行百里者半九十"。如果就此裹足不前，无功而返，岂不前功尽弃？

林遵压低嗓音鼓励队员们说："我们已经闯过了敌人的封锁，没有被敌人发现，现在快要接近胜利了，应该继续前进。为了挽救民族救亡，为了向日本强盗讨还血债，我们咬紧牙关，坚持到最后，直到取得胜利！"

队员们情绪昂扬说："我们冒着万千危险，进到了前线，不能徒劳往返，功亏一篑！"

林遵和队员们义无反顾地继续前进。

长江就在前面，约莫还有一里远近，已听得见滔滔大江的流水声。林遵止住了大家的脚步，叫水雷队员隐蔽休息。他和欧阳晋悄悄摸到江边侦察。

江面宽阔，江水奔流。日军巡逻艇上下游弋，清晰可见。

林遵和欧阳晋沿岸上下搜索，果然连一只小船、一寸船板也没有。他们潜伏在江边，耐心观察。

时已深夜，日本人的巡逻炮艇仍然沿岸巡弋，看来警戒严密。林遵看着炮艇向上游驶去，直到渐渐变模糊、最后消失了，只隐约听到引擎在江上激起的回声，他才松了一口气。他知道，日本人的炮艇还会返回来的，耐心地潜伏在江边等待着。半个小时过去了，日本人炮艇的马达声由远而近，从上游返了回来。林遵心里有数了。他又到江边仔细察看了水势，示意悄悄后撤。

水雷队员们在后面已经等急了，林遵把侦察的情况告诉队员们，说道："我们可以乘敌人炮艇巡弋的空隙布雷，如果不出意外，间隙时间有半个小时，要求动作一定要快！江边没有船只，连一寸木板也没有。我们泅水推雷到江中布放。我们都是水兵，是海军，我相信大家的水性。大家赶紧就近找树枝扎木排。"

木排扎好了，这一轮日军炮艇的巡弋刚一过去，林遵便率先下水，队员们纷纷跟着下水，推着水雷前进。泅到航道上游，从容布放水雷。

林遵再看了看缓缓漂流而下的水草，期望悬挂在下面的水雷能够再显威力！

林遵和布雷队员撤回驻地。第二天，长江上传来了日军军舰被炸的消息。

布雷队决定连续出击，但是，秋浦河横亘在出击的路上，没有船，不能渡河，没有船，不能布雷。

林遵冥思苦想，记起古代欧洲海战的一个战例，一支海军部队抬着战船翻越高山来到海边，突然出现在敌人舰队面前，取得了奇袭的胜利。林遵计算了从驻地到长江边的距离，计算了一次布雷所必需的船只，提出从后方抬船到长江边上，突击布雷。既能够突破封锁，又能够隐蔽出击和撤退。林遵的设想得到队员们的支持，也得到第二十三集团军第一四八师孟浩然师长的支持。

　　黄昏，一个步兵连随布雷大队出击，抬着木船前进。士兵们肩扛手抬，汗流浃背，跋涉几十里，午夜时分把船从后方抬到了秋浦河边。林遵和布雷队员携带水雷，渡河前进，直抵长江，神不知鬼不觉地向江中布放水雷。

　　布雷完毕，步兵连的士兵又抬起小船向后撤退，消失在黎明前的黑暗里。

　　一切都不露痕迹，江面上归于平静，只有一团一团水草向下缓缓漂流。

　　布雷队员都撤退了，林遵和欧阳晋等留在离长江边不远的地方观察。

　　不久，长江上不断传来爆炸声，日军舰船接连触雷沉没。

　　1941 年 9 月，日军再次向湖南发动进攻，开始了湘北第二次大会战，加紧利用长江运输兵员和弹药。为了牵制敌人的长江运输线，在安徽、江西交界的马当附近的重要航道上，中国海军布雷队频繁出击。林遵和第一布雷大队大队长程法侃决定组织一次联合布雷，加重对日军航运的打击。

　　9 月 28 日，节令过了秋分，临近寒露，秋风瑟瑟，秋雨缠绵。林遵率领第五扫雷大队从岑上舒秘密出发了。

　　陆军掩护队的尖兵班走在前面，水雷队和民工队紧跟其后。

　　布雷队进到大龙墟，队员们弯腰弓身沿墟堤下沿隐蔽前进。当准备渡过秋浦河时，突然，日军碉堡内的机枪向外扫射，接着照明弹腾空而起，一道道眩目的探照灯光在夜空中横扫。难道日军发现了布雷队的行动？是按原计划前进，还是立即撤退？林遵和程法侃审慎判断，从枪声判断日军是无目的地打枪，为的是威慑，更主要是为了壮胆，估计日军一般不敢在黑夜里出动，便决定按原计划行动，快进击，快布雷，快撤退。如果不能向南撤回驻地，就向北渡过长江，争取得到新四军的掩护。

布雷队渡过秋浦河，日军的枪声、炮声突然停息了，探照灯光也随着熄灭了。倏然间，黑夜一片沉寂，更显得阴森恐怖，笼罩着不祥的气息。林遵和程法侃感到不安，但还以为不过是日军惯用手法，停顿一下，仍要恢复例行的射击。人们往往在危险到来之前，存在着某种错觉，觉察不到危险正在逼近。

但是，林遵终究是个细心人，他向前走了一段路，又返回来特别叮嘱担任掩护的陆军连长说："你们注意原地隐蔽，我们争取尽快布雷，尽快返回。"

陆军连长向黑黢黢的四周看了看，说道："知道了。"

林遵不放心，又再叮嘱说："你们一定要等我们返回来后再一起后撤。"

林遵和程法侃带领部队加快步伐，潜至长江边上的乌沙夹，找到了预先安排好的 6 艘小船，把 30 具漂雷分装上船，隐蔽地驶向江心航道，摆正船位，依次把伪装好的漂雷一一布放下水，缓缓向日军舰船必经的航道漂去。6 艘小船撤退到岸边，留在岸上侦察的情报员悄声报告说，没有发现异常情况。

布雷队员迅速向秋浦河边撤退。黑夜里，只听一片急促的脚步声，气氛紧张得快要透不过气来。

临近秋浦河时，从大龙墟方向传来了枪声，接着，秋浦河方向也传来了枪声。不祥的枪声，使行进的步伐迟疑了。林遵和程法侃紧急商议，如果退回乌沙夹，必将完全暴露布雷行动，前功尽弃。当此时刻，唯有尽快向南抢渡秋浦河，争取安全地撤回原来驻地。

林遵命令："跑步前进，天亮前渡过秋浦河！"

部队到达秋浦河北岸，枪声转密，情况危急，但是，找不到联络员，也看不见渡河的船只，连陆军掩护部队也不见了踪影。

眼看天将破晓，部队不能在此耽搁，第一大队布雷官张敬荣果断地率领一组人泅渡过河，寻找船只。

天色将曙，秋浦河南北两岸都响起了密集的枪声，看来，最坏的情况发生了，日军已经发现了布雷队的行踪，正在包围过来。

林遵焦急地盼望掩护的陆军连队开枪还击，帮助脱离困境，但是不见他们的踪影，连一点动静都没有。林遵冒出了一身冷汗。难道他们已经撤走了吗？

日军的枪声更紧了，布雷队陷入孤立无援的境地。

日军有备而来，在布雷队返回的路上阻截，北岸的退路断绝了。林遵和程法侃分析形势，觉得唯有紧急泅返南岸，另外寻求出路。

林遵走到朱星庄身边，对他说："你带上几个人，先隐蔽地摸到秋浦河边，侦察一下，看有没有敌人。我很担心敌人对我们的行动有所察觉，会打我们的伏击。如果没有敌人，你们立即渡到南岸，我们跟在你们后面，争取在天亮前渡过河去。"

朱星庄没有丝毫犹豫，立即回答说："是，一定完成任务。"

林遵看着朱星庄，黑暗里看见他眸子里闪烁着亮光。

林遵知道，他交给朱星庄的是一项要他用生命去完成的任务，朱星庄要用他的生命去为全大队蹚路，为大队从河的北岸抢渡到南岸寻找安全通道。林遵信任朱星庄，这是一个对日本强盗充满仇恨、对祖国充满着爱的人，一个年轻有为、前途不可限量的军官。

林遵看着朱星庄带着几个士兵越过大队，急急地向河边走去。

朱星庄来到河边，没有发现什么异常，他一挥手，带领几个士兵泅渡过河。可是，当他们刚一登上南岸，就被埋伏的日军发现。日军从两面包抄过来，疯狂开枪射击。有两个士兵中弹倒下了。朱星庄不顾个人的安危，扬手向对岸准备泅渡和正在泅渡的水雷队员大声发出警告："南岸有鬼子，你们不要过来！"

朱星庄一面发出警告，一面用驳壳枪向逼近的日军还击。这时，一颗罪恶的子弹打中了他，他身子摇晃了几下，还坚持向对岸发出警告，但还是倒下了……

正在泅渡的军士长范祥元和几名士兵被日寇枪弹击中，血染秋浦河。

朱星庄拖着负伤的大腿，不断向日军射击，掩护在河中泗渡的队员。

林遵焦急地向南岸眺望，希望看到朱星庄的身影。但是，大队日军一边向林遵和没有渡到南岸的水雷队员疯狂射击，一边哇哇叫着包围过来。

紧跟在林遵身后的下士陈庸正，被日军枪弹击中，不幸牺牲。

36 名水雷队员全被冲散了。

林遵带领队员刘耀璇等 12 人分散潜伏在玉米地和没有收割的麻田里，靠着大雾的掩蔽，躲过日本兵的搜捕。

黎明前，林遵潜至一个村庄，轻轻敲开村边一户人家，一个老人打开门缝，一见是中国人，连忙把他让进屋里，悄声问道："你是从后面来的吧？"

林遵点点头。

老人说："鬼子刚刚抓走一个人，你相信我，就在我家躲一躲吧！"

林遵忙说："多谢老人家了！"

老人把屋里堆积的柴草搬开，露出一块石板说："我在下面挖了一个藏粮洞，里面可以藏一个人，你快下去躲着吧。"

中午时分，村里喧闹起来，两个日本兵带领几个伪警察挨门挨户搜查。老人机智地把一把湿柴塞进灶膛里，小屋里顿时烟熏火燎，浓烟弥漫。

一个日本兵和一个伪警察搜查过来，一脚踢开破门，屋内的浓烟呛得他们连连咳嗽。他们只见一个枯瘦的老头在灶下烧火，一间小小的茅屋，看似无处可以藏人，便骂骂咧咧地离开了。

下午，老人到村里观察动静，回来告诉林遵说："附近还有日本兵和汉奸，逼着老百姓压倒庄稼，像篦子篦头发一样搜查，听说又抓走了两个人。"林遵为水雷队队员的安全担心。

第二天清早，老人又出去打听，回来对林遵说："秋浦河南北两岸渡口都增加了日本人的岗哨，大龙墟有日本兵不断巡逻，估计鬼子不会再来挨家搜查了，你放心在这里躲几天再想办法。"

日本人在村里张贴布告，悬赏捉拿水雷队员，悬赏 500 元捉拿水雷队队长。

七天以后，日本人撤走了岗哨，停止了巡逻。

林遵请老人帮助寻找失散的队员，当晚，他找到了第一大队布雷官林巽逎和布雷兵赵世煜。原来林巽逎已经负伤，行走困难，是程法侃大队长要他们一起隐蔽在玉米地里，等待他去寻找联络员帮助。不幸，程法侃中途被日军发现抓走了。他们正苦于没有援助，不知道如何是好，看到林遵，劫后相逢，哽咽失声。林遵安慰他们，反复问他们程法侃的遭遇和被俘情况，但是，他们也只是听老百姓传说，不知道准确的具体情况。林遵从老百姓的口中知道，有许多人被日军抓走了，多是当地老百姓，其中肯定有布雷队员。林遵感到十分沉重，觉得应当尽快设法营救。他请老人帮助找到船只，渡过秋浦河，脱险归来。

林遵立即组织营救被困和失踪的水雷队队员。林遵对欧阳晋说："你要想方设法找到朱星庄，把他救回来，把他带回来!"说着，他哽咽了，他是多么希望朱星庄能够奇迹般地活下来啊!

欧阳晋和情报员经过几天寻找，找到了一些失踪的队员，把他们安全地送回梅村营地。他们了解到一些队员和协助水雷队的老百姓被日军抓走了，关押在贵池县。但是，一直没有朱星庄的消息。

林遵忘不了朱星庄渡到南岸遭遇日军突然袭击时，仍然奋不顾身地向北岸高声示警，接着，看到他被打倒在地，看到他仍然在射击，看到日军冲到了河边，朱星庄陷入了重围。林遵希望他逃脱厄运，希望出现奇迹，他要求一定要找到朱星庄。但是，派出去寻找的人回来报告，有人牺牲了，有人被俘了，唯独没有朱星庄的消息。林遵觉得凶多吉少，他要求再去仔细寻找。然而，始终没有朱星庄的消息。林遵再派人去寻找，说道："如果牺牲了，也一定要找到他的遗体。"

派去的人终于在蛇形窑山坡上的岩石缝中找到了一具尸体，但是，已经腐烂，无法准确辨认了。同朱星庄一起在海军学校学习的陈念祖，依据皮腰带上熟悉的铜扣，认定这是朱星庄的遗物。看来，朱星庄负伤后，顽强地爬到了山坡上，牺牲在这里。林遵找到乡村里最好的木匠师傅，对他说："请你用最好的木料做一口精致的棺材，装殓一个最好的人!"

木匠师傅也是一个深明大义的人，点头说："我懂，为国捐躯的人，一定要让他入土为安!"

几个队员趁着黑夜去收殓朱星庄的遗体骨殖，林遵一直守候在村头。他看到那装殓着遗骨的棺材时，想起前不久同朱星庄的交谈，悲从中来，潸然泪下，他轻轻呼唤："朱星庄啊，你回来了，你回到家了！"

林遵和全体队员在驻地梅村的后山上，为朱星庄营造了墓穴。

一片竹林，一片红枫，石碑上镌刻着"烈士朱星庄之墓"。

天低云暗，大地含悲。秋风秋雨，天也堕泪。

林遵和队员们用自己的肩膀，抬着朱星庄的灵柩来到墓地，隆重举行葬礼。林遵想着曾经生龙活虎的朱星庄，想着朱星庄还有倚闾而望的老母亲，禁不住失声恸哭。

林遵强忍着悲痛，向肃立在墓前的队员们说："我们要永远记住朱星庄，他是我们最好的兄弟，是中华民族优秀的子孙，他为民族独立和自由，献出了宝贵的生命！朱星庄曾经告诉我，他是一个遗腹子，和她妈妈相依为命。现在，他牺牲了，他的妈妈每天还在苦盼她唯一的爱子归去，但是，日本鬼子夺去了她心爱的儿子！朱星庄再也回不到母亲的身边了。我们要向日本侵略者讨还血债，用我们的战斗为朱星庄报仇！"

"为朱星庄报仇！"

"打倒日本帝国主义！"

"把日本鬼子赶出中国去！"

山呼海啸，热血沸腾。

夜深了，林遵伏在油灯下给朱星庄的妈妈写信，他苦苦地写道：

朱妈妈，我是你儿子的同事，我们在一起打击日本强盗。他和我多次讲起您，他记得您为他做的一切，他时时刻刻记挂您，他最盼望在最后胜利的时候回到您身边，用儿子的毕生努力报答母亲的养育之恩……

林遵泪如泉涌，实在写不下去了。

室内油灯摇曳，窗外松涛如吼，林遵心潮难平。

林遵终于把信写好了，连同朱星庄的奖章寄给朱妈妈，希望能够给朱妈妈一点慰藉。

林遵由朱星庄的牺牲想到现在还陷在日军手中的布雷队员和帮助布雷的老百姓，他和欧阳晋商量说："你再到敌后去，找关系，尽一切可能，尽快把被捕的人员救出来。"

欧阳晋立即出发，深入敌占区寻找关系，营救被捕的水雷队员。林遵自己也再度深入敌后，竭力寻找和营救失踪人员。10月上旬，第五大队布雷官刘耀璇和20多名士兵陆续脱险归来。但是，第五大队布雷官王国贵和布雷兵倪毓水、杨其悟等，还有担任掩护的陆军和支援的老百姓共100多人被日军俘虏。

痛定思痛，林遵总结秋浦河被截击的教训。他深感对困难和危险估计不足，心存侥幸，是失利的主要原因。而陆军掩护部队玩忽职守，战斗中不顾友邻，擅自撤退，叫人深恶痛绝又无可奈何。两相对比，他深深感到老百姓的救援和帮助的重要性。从他们第一天来到皖南敌后，送情报，当向导，存储水雷，运送水雷，直到冒着生命危险驾船到江中布雷，都离不开老百姓的帮助。这次大多数人能够脱险，更多亏了老百姓的救助。没有老百姓，真是寸步难行！在此紧要关头，老百姓是唯一的依靠，真好比是救命菩萨啊。

全力营救

第一布雷大队大队长程法侃、布雷官蒋菁和第五大队布雷官王国贵等近百人被日军押送到安庆，关押在著名的迎江寺。

迎江寺，始建于宋代的一座古寺，佛教圣地。喜欢标榜自己信奉佛教的日本侵略者，却把这里变成了一个杀人场，一个集中营。这里关押着一千多抗日军民。日军十分仇恨布雷队，凡是穿着军装，被怀疑是布雷队的人，大多被立即枪杀了。而真正的布雷队员，实际上都穿着老百姓的便装。

日本人只发给每个人一只草袋，深秋时节，江上风冷，许多人都受寒生病了。王国贵和蒋菁是马尾海军学校的同学，又曾经在林遵领导下一道在德国学习潜艇技术，他们意外地在此相逢，一个眼色，相互默契。他们拆开一个草袋做垫，铺在地上，一个做被，盖在身上，挤着睡在一起，一面抵御潮湿和寒冷，一面商量如何应对日军的盘查。

过了几天，日本人开始审讯被俘人员。日本兵一个个凶神恶煞般端着上了刺刀的步枪，把几十个人赶进大殿。呜哇吼叫着查问姓名、住处，稍一迟疑，就是鞭子、大棒相加。许多被抓来的老百姓几曾见过这样的阵势，本来就老实怕事，这会儿更加慌乱、紧张。越是这样，越遭到怀疑，随时都有被处死的危险。王国贵觉得不能让中国人任人宰割,他冒死向前,赔着笑脸说:"太君,他们听不懂你们的话,他们也不识字,不会说话。我认识几个字,让我来做通译,帮助问话吧。"

日本人审视地问:"你是干什么的?你是良民吗?"

王国贵原本已经换穿了老百姓的便装,他指着背心上的"哲榕"两个字说:"我姓王,叫'王哲榕',贵池县梅村人。我是船夫,天天在秋浦河上撑船、摆渡。大家都认得我。"

日本人半信半疑地点了点头。

许多老百姓不会写字,甚至吓得连话都说不清楚。王国贵帮助老百姓应答日军的盘查,按照相近的发音填写他们的名字和住址。凡是布雷队员,他就随意填一个地名,故意大声说:"他是杜家山的,大家都是乡亲,都认识。"

人们心领神会,懂得他的示意,用心记住自己的化名和住址。

日本人还是不放心,一个一个察看额头和手掌,他们以为当兵的戴军帽,遮挡了阳光曝晒,会在额头上留下一片白。又以为当兵的握枪,也会在手掌上留有痕迹。但是,经王国贵的应对、周旋,总算是平安对付过去了。

约莫过了一个月,程法侃因为身份被暴露,日本人把他单独押送去了南京。这引起了大家的惊恐。过了些日子,日本人经过甄别,把蒋菁挑去当伙夫,后来又调去当集中营的护士。又过了些日子,核定15个人发给放行证。其中有王国贵、倪毓水、任礼元、杨其梧、任清堂、林定康、卢国海、林春仁、许依仕、潘显铿、翁振堂共11个人是布雷队员。他们被押送到安庆轮船码头，遣送回贵池。因为许依仕和潘显铿自报是安徽东至人，押送上了去东至的船。

船到东至时，许依仕和潘显铿趁上下船混乱的机会，在老百姓帮助下，躲过了日军的岗哨，经过千辛万苦，回到了梅村第五大队的驻地。

林遵看到他们归来，喜不自胜。知道了还有被捕的 9 名队员已经脱险，便焦急地等待他们平安归来。

可是，过了好几天，仍然不见王国贵他们归来，林遵判断，可能是中途发生了变故，不可掉以轻心。他向欧阳晋说："从贵池到梅村，不过百里，怎么几天都没有回来呢？夜长梦多，就怕发生意外。你再去敌后，先到情报员袁达江家去，找可靠的人打听王国贵他们的下落。一定要找到他们，接他们回来。"

袁达江是本地人，熟悉当地情况，又有许多社会关系。欧阳晋黉夜来到他家，通过他熟悉的关系，很快了解到确实发生了变故。

王国贵等 9 人随老百姓乘船来到乌沙夹，上得岸来，遭到日军严格盘查。先是查验两个老百姓的放行证，挥手放行了，接着查验王国贵和倪毓水，也放行了。接着往下查验两个福建籍的布雷兵，担任日军翻译的伪军桂福田恰好踱了过来，他听出他们不是本地口音，就插进来盘问。此人是个地头蛇，立即发现了破绽。为了向日本主子邀功，他向日本兵"哇啦哇啦"一通，日本兵便挡住了所有的人，而且，把已经放行的两个老百姓和王国贵、倪毓水也都拦了回来，没收了所有人的放行证。随后把他们送到贵池县监狱关押。

欧阳晋听到这些，气恨不已，他几乎要怒吼：汉奸可恶！汉奸可恨！汉奸可杀！

为了进一步了解情况，设法营救，欧阳晋潜入贵池城郊一位开明、爱国的陈姓士绅家。请他通过关系，运动伪警察大队长保护被捕者的安全。

欧阳晋着意寻找王国贵，他们曾经一起在德国学习潜艇技术，一起谋划敌后水雷袭击，他是一个不可多得的热血青年。但是，在被押送进监狱的人中，只有一个姓王的，名字却是王哲榕，他是不是王国贵呢？

一天，伪警察大队长单独对"王哲榕"说："我受你们后方委托营救你们。你们是日本宪兵队管辖的人，我只能尽力而为，你们要小心应付。"接着又问道："你是不是王国贵？"

王国贵不明底细，不敢贸然回答，只是含糊地哼哼两声。

欧阳晋想来想去，有了办法，他把一包烟拆开，在包装纸的内面用德文写了一行字："K.K.Sei, Vorsichtig und Warten. Alles geklappt Werlden. Ou-yang."他估计在当时的中国，认识德文的人寥寥无几，而王国贵曾经同在德国学习，是能够看懂的。

一天晚上，监狱看守把半包香烟递给王国贵说："抽烟吧！"随着小声说："仔细看好了。"

王国贵抽出香烟，一支支看过，不见有异，索性拆开包装，看到了那一行字，他认出了欧阳晋的笔迹，心跳加速了。啊，多少日日夜夜，在黑暗中，在孤立无援的绝望时刻，多么盼望亲人的消息！他阅读欧阳晋写的火一样的话语："国贵，小心谨慎地等待，一切会顺利到来。欧阳。"

王国贵用颤抖的手，用德文在包烟纸上激动地写道："O.Y. Einverstanden Herglichen Dank.K."意为：欧阳，知道了，衷心感谢。国贵。

多少年过去了，欧阳晋和王国贵都还记得当时写的每一个字。

欧阳晋终于找到了要好的朋友，知道他还活着，不禁热泪盈眶。他立即向林遵报告。

林遵向上级报告，请求尽快营救。

秋天过去了，冬天来了，日本宪兵似乎忘记了这些寄押在县监狱里的人，监狱当局也不敢随便处置这些人。王国贵他们只能艰难地熬着。他们被强迫服劳役，做苦工。天气越来越冷，只能从垃圾里捡来一些破布、烂棉絮，缝在衣服里御寒。饥寒交迫，最令人痛苦的是失去了自由，前途莫测。

林遵不断组织水雷袭击，他要日本人知道，面对侵略和压迫，中国人不会屈服，中国人愈斗愈勇。长江上，水雷爆炸声不绝于耳，日本舰船航行受阻。

1941 年 12 月 7 日，日本海军偷袭美国珍珠港，太平洋战争爆发，日本不得不从中国战场抽调军队转往东南亚作战。1942 年 9 月 27 日，王国贵永远记得这个日子。中午时候，伪警察队长告诉他说："日本宪兵队调防走了，趁交接的时候，我放你们走。会有人在大龙墟接应你们。只是你们不要忘记我，我也是中国人！"

王国贵和其他 8 个队员，出了监狱，脚不点地赶到大龙墟，第五大队情报员袁达江在这里等候，带领他们迅速离开日伪占领区。

林遵事先做了安排，要欧阳晋带几个人赶到屯溪，迎接归来的队员。

王国贵一看到欧阳晋，便扑过来，一把紧紧抱住。劫后重逢，悲喜交集。

林遵早早地在梅村路口等候，远远看见王国贵和队员们，他急急地跑着迎上去。王国贵举起手来，抬到眉边，敬了个军礼。林遵用双臂把他们揽在一起，深情地连声说："你们回来了，你们回来了！"这时，距离他们在秋浦河战斗中失散将近一年了！

王国贵急不可耐地说："大队长，什么时候出击，派我第一个去！我要跟日本鬼子算清这笔账！"

他们被俘后，受尽了折磨和苦难，战斗意志却磨砺得更坚强了。

林遵亲自报告，为他们申报奖励。不久，中国政府授予他们每人一枚"卫国干城"奖章。

然而，陷于安庆集中营的董承良、林炎妹、施典泰和陆军官兵多人，就没有这么幸运了。太平洋战争爆发后，他们被押运到日本，强制服苦役，开矿挖煤，受尽了非人待遇，有的遭到杀害，有的被折磨而死。董承良、林炎妹忍无可忍，随着一些人逃进深山老林，与世隔绝，过着原始人一样的生活。不知岁月，暗无天日，近三十年过去了，日本已经战败投降，他们也不知道。直到 1972 年，新中国和日本建交以后，他们才在中国政府和日本友好人士帮助下，从深山里被救了出来，回到了福建老家。林遵、欧阳晋见到他们时，他们已不复当年，垂垂老矣！而且，饱受摧残，齿摇发落，骨瘦如柴，所幸一息尚存，终于回到了故乡。林遵、欧阳晋唏嘘叹息不已。

三、重庆　1944 年

牺牲已到最后关头，"十万青年十万军"，奋起救亡。

借船出海

重庆，1944 年，林遵来到战时的陪都。

抗日战争到了最困难的时候，日本人加强了对沦陷区的统治，敌后水雷战已经很难进行了。林遵重又萌生了到海上去打击日本强盗的念头，他设想用小型舰船对日本海上运输线开展破袭战。他拟订了一个建议，详细陈述了具体实施办法，送呈海军总司令部，满以为能够得到支持，便径直来到重庆，当面请求批准。但是，没有人支持，甚至都没有人认真对待他精心拟制的计划。他十分气恼，也十分沮丧，心灰意冷，无所适从。他要好的朋友林祥光，此时已经在蒋介石委员长侍从室当参谋，他给了林遵一个建议说："既然水雷战打不下去了，到海上去的计划也无人问津，不如暂时去国防研究院，那方面十分欢迎海军少壮派加入。"

林遵有些心动，但是，又很矛盾。他知道老长官陈绍宽总司令一贯主张海军是国家的，海军的人只应该忠于海军，不要卷进党派里去。陈绍宽曾经选拔他去英国学习，又擢拔他担任赴英国特使孔祥熙的海军副官，更委他以重任，管理带领学员在德国学习潜艇。陈绍宽如此提携他，他实在不能够，也不忍心违拗他的意志。在海军派系林立的环境中，林遵看到既有南洋海军、北洋海军，福建系、广东系等因为地域而产生的区分；又有来自广东海校、葫芦岛海校、天津海校、烟台海校、马尾海校、电雷学校等因为学校不同而各成一系；更由于政治分野、历史上隶属渊源的原因，以致关系错综复杂。所以，他一直唯陈绍宽马首是瞻，以陈绍宽为楷模，洁身自好，避免卷入党派纷争。然而，现实是怎样的呢？

林遵想起 1934 年从英国学习回国后，正是年轻时候，意气风发，想把英国海军的一套完整地搬过来，以为只要有了技术，中国海军就能够强大起来。可是，到处碰钉子，受窝囊气。这才发现，在中国，没有背景，没有后面撑腰的，做什么也行不通，做什么也成不了气候。而且，中国海军一向奉英国海军为圭臬，向德国海军学习，都没有走通。当前，特别是战后，能够帮助中国海军的怕只有美国了。只有依靠国民党，海军的路子才可能好走些。但是，要背离老长官陈绍宽的意向，林遵从感情上无法接受。而且，另一个敬重的朋友周应聪对于进国防研究院也颇有微词，不以为然。何去何从？

林遵还隐约听说，国民党上层的陈诚和何应钦斗法，都在极力招揽海军人才，壮大自己的势力，同时，军统系统也在向海军插手。两害相权取其轻，相对来说，国防研究院似乎还清净一些。

　　林遵思想上反反复复，郁闷难遣，信步来到朝天门码头。

　　朝天门码头，石阶壁立陡峭，一头插进江里，一头顶着天。向下望去，如同站立山顶，下窥深谷。天色微明，只见麻石铺砌的街道，随山势高低上下。街市上，背篓负担的，行色匆匆。轿夫们抬着轿子，连声吆喝，踏着号子，一闪一悠，一闪一悠。早市的茶馆，炉火熊熊。四望山城，灯火点点，参差错落，上与天上星光相接，下与江中渔火相连，明明灭灭，闪闪烁烁。抬头看去，隔江牛角坨，白墙乌瓦，屋屋相叠，依稀可辨。低头，但见江上船影幢幢，密密麻麻。

　　不料，刹那间，扯起了漫天大雾，眼前的江中渔火不见了，身后山城的灯光隐没了，一片混沌，一片迷蒙。

　　林遵惊骇了，大好天气，瞬间变色！

　　世界有三大出名的雾都：重庆、伦敦、东京。林遵在英国领教过伦敦的浓雾，而重庆的雾，有过之而无不及。

　　雾越来越重，越来越浓，两人相对也难看清彼此的面目。真是讶长空一色，忽大雾四屯，溟溟漠漠，浩浩漫漫，不能辨乎咫尺，更不能测其深浅。古人有"如堕五里雾中"之说，果然不是虚言。

　　浓雾稠得化不开，眼前什么也看不清，真的是前不见来路，去不见归程。林遵踯躅江边，一片茫然。忽听雾中有人说："好天，好天，有雾必是晴天。等太阳一出来，雾散了，江开了，就好行船喽。"

　　但是，太阳迟迟不肯露面。

不见灯火，但闻人声。

林遵百无聊赖，在码头上焦急地踱来踱去。他心想，这是一种征兆吗？

浓雾终于散去，太阳已升得老高，白白的一团，没有热气，没有光亮。看大江，这里正是嘉陵江汇入长江的地方，嘉陵江水碧绿，长江水浑黄，界限分明，清者自清，浊者自浊。两江汇合，在朦胧中，一泻千里，奔腾直下。

林遵思想上仍然不得要领，懒懒地离开朝天门码头，信步走去。

林遵经过十八梯、石灰市时，不禁停下步来。这里就是震惊中外的"大隧道惨案"发生的地方。从 1938 年起，日本人为了摧毁中国的抗日精神，连续对重庆进行了 200 多次狂轰滥炸。1941 年 6 月 5 日傍晚，日本飞机又突然来袭，仓皇间，近万人躲进了这个街区的隧道。轰炸持续了几个小时，人们被堵在隧道里，被炸死和因为窒息而死的竟达一千人以上，惨绝人寰，震惊中外！一年多过去了，林遵睹物伤情，心怀剧痛。5 年多来，日本军国主义先后出动 9000 架次飞机，在重庆投下了一万多枚炸弹、燃烧弹，使这个有三千年历史的古城满目疮痍，残垣断壁，一片废墟。他又联想起在秋浦河牺牲的朱星庄，联想起被日本军队掳掠走的董承良、林炎妹至今还下落不明！他心里有个声音在呐喊，向日本帝国主义讨还血债！

面对牺牲的亡灵，林遵想，我不下地狱，谁下地狱？为了实现到海上去作战的设想，为了建设中国海军，只有到国防研究院去。他在心中向老长官说，对不起您的知遇之恩，对不起您多年的栽培了，但是，我会谨慎操守。林遵的心，可以神人共鉴！

林遵进了国防研究院，后来，又进中央训练团学习了一期。毕业后，分配到总参谋长程潜办公室当参谋。因为有了这层关系，1944年年底，当驻美国大使馆副武官出缺，林遵便被委派接任驻美国大使馆海军副武官。

1941年，各国反法西斯战争艰难进行，美国罗斯福总统提出"任何国家，只要总统认为其防御对美国国防至关重要，它就有资格通过美国的出售、租借或转让方式取得任何防御物品"。3月，美国参议院、众议院通过了《美国国会第1776号法案》（《租借法案》）。1943年，新任中国驻美国大使馆海军副武官杨元忠深知中国海军现状，切盼获得美国舰艇援助，他向美国海军军令部探问，得到积极回应，便向中国政府建议，运用这一条款，向美国要求援助军舰，由中国海军组成一支小型舰队，在太平洋上配合同盟国军对日本海军作战。但是，这一建议遇到颟顸的上级和政府官僚机构的横加阻挠，时隔半年多，几经磋磨，才获得同意。却又把原来与美国方面谈妥的提供护航驱逐舰4艘、护航炮舰4艘，改为要求提供驱潜舰、扫雷舰。使本可获得的4大4小8艘军舰，变成了2大6小了。吨位、航速、火力都比原来建议的小了约三分之一，其他装备也简单了。与此同时，美国政府还同意在美国迈阿密海军训练中心培训1000名中国水兵和相应军官，以便接收和驾驭军舰。

林遵很支持杨元忠的建议和主张，为官僚机构不懂业务，不了解情况，又不尊重具体办事人员的意见，感到气恼而又无可奈何。

1944 年春夏，同盟国军队在欧洲战场、太平洋战区节节胜利，而日本军队却在中国发动疯狂进攻，先后占领了长沙、衡阳、桂林，12 月初，竟然攻陷贵州独山，直逼贵阳，重庆震动，陪都危殆。国民政府提出"一寸山河一寸血，十万青年十万军"的号召，广大青年学生为挽救民族危亡，争先恐后报名。林遵积极参加招募海军的工作，看到青年踊跃参军，他想起陆游《金错刀行》的名句："尔来从军天汉滨，南山晓雪玉嶙峋。呜呼！楚虽三户能亡秦，岂有堂堂中国空无人！"引起强烈共鸣。

匈奴未灭，何以家为?

林遵 39 岁了，一直没有成家。日本鬼子打进了中国，国土沦丧，生灵涂炭，全国人民奋起抗战。从 1939 起，林遵一直在安徽、湖北、湖南带领一个水雷大队，游击、袭扰日本侵入长江的舰艇，无暇旁骛。"匈奴未灭，何以家为?"林遵多次拒绝了亲朋好友的热心介绍。

秋天，林遵去一所中学招募学生参加青年远征军，开赴缅甸配合同盟国军队对日军作战。体育教员带领几十个学生在操场上等候。林遵没有料到体育教员胡志贞竟是位女士！在那个年代，在大后方内地，女性当体育教员，真的是凤毛麟角，林遵不由得多看了几眼。说来也怪，平常对异性几乎是视而不见，今日却注意到胡志贞穿着一件裁剪合身的阴丹士林布旗袍，梳着短发，英气勃勃，因而留下了特别印象。也是有缘，又一天，林遵为招募学兵来到沙坪坝大学区，远远地听见一群男女学生正激越地引吭高歌。一曲《嘉陵江上》，慷慨悲壮，声声入耳：

> 那一天，
> 敌人打到了我的村庄，
> 我便失去了一切田舍、家人和牛羊。
> 如今，我徘徊在嘉陵江上，
> ……
> 我必须回去，
> 从敌人刺刀丛里回去，
> 把我打胜了的刀枪，
> 放在我生长的地方。

他走近一看，只见胡志贞正领着几个应募的学生等在那里。相见之下，两人不觉各自愣了一下，胡志贞落落大方地伸出手说："林参谋，巧遇巧遇！"

林遵连忙握住她的手道："幸会幸会！"

几个学生急不可待地问道："你是来招青年远征军的吗？"

胡志贞介绍说："他们都是我的学生。前次你招走了一批同学，这些同学也决心投笔从戎，要当青年远征军。"

林遵连声说："欢迎欢迎！"

林遵第一次被一个女子吸引了，他主动约会胡志贞。头次约会，他就好奇地问道："你怎么是体育教员呢？"

胡志贞说："我学的是体育呀！怎么，女子不能当体育教员吗？"

"不是不是，我只是觉得今日中国，女子从事体育的不多见，我有些好奇。请原谅我的唐突。"

胡志贞释然，说道："我原来是学化学的，有感于中国女子的柔弱，才改学了体育。"

林遵由衷地赞叹说："敬佩，敬佩！"

这年，胡志贞也已 32 岁了，她 1934 年毕业于南京金陵女子大学文理学院，回到四川家乡担任中学体育教员。

林遵开始和胡志贞频繁约会，两人相见恨晚，终至谈婚论嫁，结成连理。他们大龄结婚，伉俪情深，一刻也不愿分离。不久，林遵被任命为中国驻美国大使馆海军副武官，胡志贞也已经怀孕了，便跟随林遵一起来到美国，算是真正安了家，有了稳定、温馨的生活。按胡志贞的四川方言说，真是"安得儿逸！"林遵格外珍惜这样的长相厮守，他是多么希望长守在妻子身边啊！

1945 年 5 月 8 日，纳粹德国向苏联和同盟国投降。8 月 15 日，日本天皇宣布投降；9 月 2 日，在美国"密苏里"战舰上日本外相重光葵向美、英、苏、中等 9 国签署投降书；9 月 9 日，侵华日本派遣军司令冈村宁次在南京向中国签署投降书。日本法西斯宣告灭亡，世界反法西斯战争取得完全胜利。

林遵和妻子沉浸在欢庆胜利的喜悦中，10 月，一个突然消息让他震惊了，美国迈阿密和其他报刊在显著位置登载消息："Chinese Navy Strike"，中国海军罢课！中国水兵扣押了他们的领队许世钧中校。轰动了美国，引起国内震动。

事出有因，1945 年 1 月，一支 1000 人的学生军由海军中校许世钧带领，从重庆出发，前往美国学习，准备接收美国赠送的军舰。中国沿海已经被日本封锁，只有通过唯一的空中通道，乘飞机经由驼峰航线，飞越喜马拉雅山，抵达缅甸密支那机场。又因为日军已经占领马来亚、爪哇、菲律宾，只能由印度绕过澳大利亚南部穿越太平洋去美国。于是，再转乘飞机到印度加尔各答，然后乘火车到孟买，候船出发。直到 1945 年 3 月，才搭乘美国海军运输舰"曼恩将军"号，避开日本潜艇袭击的威胁，经过一个月的航行，到达美国西海岸圣地亚哥。

学兵们经印度乘船来美国，等待了 40 天，每人每天应得旅途津贴 2 美元，共 80 美元，可实际上只给每人发了 100 印度卢比，折合美金只有 30 元，其余的都被克扣，被中饱私囊了。以 1000 人 40 天每人每天被克扣 1 美元计算，共计高达 4 万美元。此外，还有一大笔服装费也被贪污了。原先因为是在战时，学兵们还隐忍着，现在，抗战胜利了，再加上许世钧这个人平日蛮横粗暴，学兵们再也不能忍耐了。学兵中有人起草，给许世钧写了一封质问信，许多学兵签名，强烈要求说明在印度候船时差旅费的实际数目和去向。

10 月下旬的一天，许世钧来到水兵住的旅馆，水兵们围住他提出质问，可是，许世钧态度横蛮，敷衍说："多余的钱，已经上缴国库了。你们要体谅国家困难，共度时艰！"搪塞狡辩，瞒哄欺骗，完全一派胡言。水兵们气愤至极，把他簇拥到 12 层一个房间里，要求他明确回答水兵的诉求，许世钧继续欺骗加威胁，水兵们被激怒了，把他扣押在卫生间。美国宪兵强行将他领走，于是，演变成水兵罢课、绝食。许世钧和美国宪兵竟逮捕了一些水兵。随后，国内命令把其中的 8 个水兵押送回国审讯。水兵群情汹汹，训练难以为继。国内决定将许世钧撤回，命令林遵接替指挥官，尽快完成训练、接舰，带领 8 舰回国。

应当怎样看待这件事呢？应当如何对待这些水兵？许世钧克扣水兵的差旅费，私吞水兵制装费，玷污了海军军官的荣誉，使水兵们对军官产生了怀疑和不信任，接舰遭遇搁浅。林遵一则以喜，一则以忧，心事重重，回到宿舍。

武官公寓，胡志贞抚着凸起的腹部，深情注视等待出生的宝宝，情不自禁地倾吐喜悦和疼爱："好乖乖，你是妈妈的宝贝，你是爸爸的心肝！"

她要做妈妈了，她想象着临盆的时候，林遵会在她的身边紧握着她的手，在她旁边和她一起努力，一起迎来孩子出生的时刻。那她就什么也不怕了。

胡志贞拿起编织了一半的毛衣，满含甜蜜地编织起来，把对孩子的疼爱和期待，千针万线地织进了小小的毛衣里。

林遵走进家门，壁炉里炉火红红，他贪婪地深深吸了一口气，把家的温暖全都收进心里，把心中的那些思虑都关在门外。他看着胡志贞手里小小的毛衣，笑着说："孩子还没有出生呢，你看你给孩子织了多少件毛衣了！"

胡志贞说："你快过来看看，好看吗？合适吗？"

林遵笑着走过去，拿起毛衣认真地比画说："很好，很漂亮！"

胡志贞觉察到林遵眉宇间洋溢着兴奋，她笑眯眯地看着他，问道："有什么高兴的事情？"

林遵喜不自禁地宣布说："我要到海上去了！"

胡志贞关切地说："怎么回事？快说说。"

林遵把刚接到的命令说了，胡志贞连连说道："太好了，太好了！真为你高兴。你不是一直盼望到海上去吗？这下你可以大有作为了！"

林遵感慨道："我从18岁进海军，后来到英国学习，到德国考察，就是为了建设海军，报效国家。抗日战争爆发了，我赶回国内，还没等到海上去作战，就被日本人逼进了长江，被逼着离开了军舰，只好布雷，同日本人打游击战。"

说到这里，林遵更加感慨了，向胡志贞倾诉说："你知道，我是违背老长官的意志，进了国防研究院的，后来，派到驻美国大使馆做海军副武官。我也曾经担心从此被大海吐出来，搁浅在陆地上了。没有想到，居然又有机会到魂牵梦萦的海上去！这条路，到底能不能走通，中国海军能不能建设起来，不到最后还不好说。但是，我真的希望能够把多年学习的知识派上用场啊！"

胡志贞看着林遵少有的慷慨激昂，也被感动了，眼睛里水莹莹的，流露出无限的爱意和柔情。林遵看了看她，深感歉意地说："只是我照顾不了家了，眼看着你就要临盆生产了，我不能在你身边照顾你，要你一个人辛苦操劳了！"

胡志贞虽然心里正为此事发愁，却说："你不要管这些了！

我会照顾自己的。"

胡志贞敏锐地感觉到丈夫情绪上的微妙变化，感觉到他的不安，关切地问道："还有什么事吗？"

林遵故意平淡地说："上峰命令我马上到职。"

"你什么时候动身？"

"我想尽快去迈阿密，尽快接收美国军舰，组成舰队。"

"需要那么急吗？"

林遵忧心忡忡地说："你还记得 10 月间中国水兵在迈阿密罢课的事情吗？要我去带的就是这支部队。"

"啊！"

林遵说出自己的思虑道："水兵罢课，事出有因。原来的领队许世钧大不该贪污、侵吞水兵的差旅费和制装费。但是，在刚刚抗战胜利之后，又是在国外，水兵们的行为也是纪律所不能允许的。总要内外有别吧，水兵不顾大局，在美国罢课，人家会怎么看中国呢？我尤其担心水兵们由彼及此，对我这个新任领队也不信任。"

胡志贞也没有把握了，说道："不会吧？"

林遵感慨地说："不错，在上一个世纪，在世界各国，都曾有水兵哗变的事情发生。我曾经给你讲过，在 18 世纪，一个舰长就敢把水兵吊在桅杆上示众，用蘸水的皮鞭抽打，直至打死为止。这样的残暴，当然要激起哗变。但是，对一艘军舰来说，维持纪律也是绝对必需的。"

胡志贞忍不住说道："不敢苟同！不是已经查清楚许世钧确实贪污了吗？水兵质问是正当的，是民主的权利。"

林遵仿佛是要说服自己，接着辩解说："我再举一个例子。就在刚刚结束的第二次世界大战中，美国扫雷舰'凯恩'号的舰长奎格刚愎自用，先是临阵脱逃，台风来的时候，又放弃指挥。紧急关头，副舰长马立克和下级军官们夺了奎格的指挥权，挽救了军舰。虽然是必要的，但毕竟违反了纪律。后来，美国海军军事法庭宣布：马立克'不具备正当的权利和令人信服的理由，便随意取代了正在合法地执行自己的指挥职务的舰长'是违反命令和纪律的行为。"

胡志贞说："我还是不能赞成，首先要问个是非曲直。在迈阿密的中国水兵有他们的正当理由！"

林遵仍然沉浸在自己的思索中："美国军事法庭的判决，导致一个很有作为的副舰长永远离开了他热爱的海军！这是很可惜的。"

胡志贞笑了，说道："你不是也同情马立克吗？难道中国水兵不应该同情吗？这还用争论吗？"

林遵一时无语。

胡志贞继续说："这些水兵都年轻，他们都是为了抗日，为了打败日本帝国主义的侵略才来当兵的啊。我记得我的学生是唱着《嘉陵江上》，热血沸腾地参加青年远征军的。这些水兵同他们是一样的啊！"

林遵亦记起了重庆的那一天，感慨地说道："是呀，《嘉陵江上》唱的是年轻水兵的心声啊！"

夜深了，壁炉里炉火熊熊，林遵和胡志贞在壁炉前相拥而坐。

胡志贞鼓励丈夫说:"你不是说过,你做梦都想指挥一支舰队么,现在机会来了,还犹豫什么呢?"

"是啊!"林遵回忆说,"我想起父亲说过的那些话,他说我生在一个雷电风雨的日子,从小就对海有悟性,生来就是一个当海军的。我18岁的时候,他把我送进烟台海军学校,希望我当舰长,更盼着我能当舰队司令!'天生我材必有用',一个人来到这世上,不要辜负父母给予的生命,不要辜负父母的期望,应当有所作为!父亲的话,就好像是昨天说的!"

青年军官的冲撞

迈阿密,美国佛罗里达州海港。海风习习,蓝天如洗。羽状的棕榈叶,青翠碧绿,摇曳婆娑。濒海大道上的阿尔克赛旅馆,中国海军学兵驻地。

林遵没有通知任何人,一个人悄悄来到这里,他听到水兵们怨气冲天的骂声,看到水兵们的躁动不安。水兵罢课的风潮余波未息,逮捕水兵的巨大阴影更笼罩在水兵的心上。林遵从水兵的目光中感到了他们对高级军官的怨恨和不信任,心中慨叹:事情远没有过去。

在旅馆一楼的前厅,一个中国青年军官拦住林遵,向他敬礼,说道:"报告指挥官,我是戴熙愉少尉,我有话要对你说。"

林遵诧异,问道:"你怎么知道我?"

"我是福州海军学校的,抗战中在贵州桐梓和重庆山洞都听过你讲课。"

林 遵 传 | 070

　　桐梓，偏僻的贵州山城。古称夜郎国，那是李白被长期流放的地方。抗日战争最困难的年月，远在沿海的福州海军学校辗转迁到贵州，坚持上课，培养海军人才。林遵曾经应邀为年轻的学员讲课，讲水雷破袭战。啊，那是怎样的一群热血青年！一群立志要建设中国海军的青年！记起来了，当时有一个学生提问说："我们只能用水雷搞破袭战，不能驾驶军舰到海上去作战吗？"对，提问的就是站在眼前的这个青年，就是这个叫戴熙愉的青年！林遵高兴地说："我记得你，你当时向我提问，为什么不到海上去作战，对不？"

　　"是。"

　　林遵亲切地问道："你有什么话要对我说？"

　　戴熙愉说："我首先要声明，我没有参加对许世钧中校的质问，但我认为水兵们要求补发旅差费、要求民主是完全有理的，为什么要逮捕水兵，为什么要把他们关进美国宪兵的牢房，为什么要把八个水兵押解回国追究？"

　　面对咄咄逼人的年轻军官，林遵简单回答说："他们违反了军纪。"

　　戴熙愉愤慨地说："首先是许世钧中校贪污，喝兵血！路不平，众人踩，有什么不对？"

　　林遵没有想到是这样一个回答！胡志贞说过类似的话，他不为所动，而这个青年军官的话，却使他语塞了，一时不知怎么回答。

　　戴熙愉愤然地说："您叫我失望！我没想到您是这样一个人！一个被军阀关过班房的人，如今也同他们一个样！"说罢就转身走了。

林遵大受触动，看着快步走开的戴熙愉，陷入沉思。

我是怎样的人？我应该是怎样的人？水兵想我是一个怎样的人？怎样找到与水兵的心相通的路？这个叫戴熙愉的青年，居然知道我蹲过班房！那是多么遥远的事啊！

四、烟台　1924 年

18 岁，一只风暴中的海燕，从刘公岛体认中国海军的历史剧痛，从乱纷纷的军阀争斗中体认时艰，在《新海军》的引导下起航。

海的洗礼

1924 年秋天，烟台海军学校的码头，一艘练习舰出海了。18 岁的林遵第一次登上军舰，甲板"咚咚咚"不停地震荡。脚下能感到轮机的震动，不觉叫人生出了一种跃跃欲动的冲动。这就是军舰的魅力，海军的魅力！

放眼大海，无尽的波涛，奔腾向前。咸中带腥的海风，灌满胸腔。多么辽阔的海，多么空旷的海！人到了海上，似乎有了施展手脚的无限天地。林遵几乎要醉了，"把酒临风，凭虚御空"，莫过如此吧！

第一次乘军舰航行，从未有过的经历，从未有过的新奇，从未有过的激动，林遵心潮澎湃，不能自已。

舰艏甲板上，新入校的第十八期学员列队，江忠清校长致训辞："我们烟台海军学校，是海军耆宿萨镇冰创办的，已经二十有一年了。前清光绪二十九年（1903），在北洋海军练营内开办，光绪三十一年在'嵩武军右营'旧址建了现在的新学堂。这里培育了一代又一代海军军官，从这里走出了许多著名的海军将领，希望你们努力学习，成为中国海军骨干，成为卫国干城！"

老校长的话语，饱含历史的沧桑，满怀对青年的期望。林遵细心聆听，句句记在心里。他永远记得踏进海军门槛的这一时刻。

烟台海军学校学制 5 年。主科采用英文原本教学，有数学（算术、代数、平面几何、立体几何、解析几何、三角、弧三角、微积分）、物理、化学、英语、测量、磁学、船艺、航海、天文学、机械、电学等，考试不及格的一律退学。史、地、修身、作文，虽说是次科，同样要求很严格。这里是海军军官的摇篮。

林遵原在南京一所教会学校就读，是他父亲坚持要他转入烟台海军学校。这所学校第一任校长（监督）谢葆璋，是近代思想解放先驱严复的学生，接受萨镇冰的重托主持烟台海军学校，秉承马尾船政学堂和天津水师学堂的传统，要把学生造就成军中精英、国家栋梁。林遵刚读过冰心 1923 年感恩节在美国波士顿写的《寄小读者》通讯九："少时的一夜，黑暗里跑到山上的旗台上去找父亲。"她描述的烟台海军学校旗台山，给了林遵许多想象和向往。后来，林遵读到谢葆璋的更多故事。

清同治五年（1866），左宗棠、沈葆桢兴办马尾船政学堂，开启了向西方学习，建立中国近代海军的航程，培养了严复、邓世昌、林泰曾、萨镇冰等海军将领。光绪六年（1880）李鸿章请刚从英国学成回国的严复主持天津水师学堂教学工作。由于几千年科举取士的影响，人们视海军技艺为末途，在北方招收不到合格的学生，严复回到福建家乡招生，在好友谢銮恩家中见朋友 15 岁的儿子谢葆璋机敏聪明，便用"月到中秋分外明"诗句为题测试他，又以《圣谕广训》的道理考问他，得到了满意的回答，觉得这是一个既"明义理"，又可教以"技艺"的人才，录取他为天津水师学堂第一期驾驶班学生，光绪十年（1884）11 月毕业，分配到"威远"号军舰实习。光绪十三年（1887），中国向德国、英国定制的"致远"、"靖远"、"来远"、"经远" 4 艘装甲巡洋舰和一艘鱼雷艇相继完工，北洋水师总查英国人朗威理及四舰管带（舰长）邓世昌、叶祖珪、邱宝仁、林永升各带两名天津水师学堂优秀毕业生去欧洲接舰。谢葆璋随邱宝仁在德国伏尔铿造船厂接收了"来远"号等 2 艘军舰，驶至英国与另两艘军舰会合。9 月 12 日，四舰拖带鱼雷艇起航回国。新舰起航需要演奏国歌，可是，清王朝没有国歌，临时随机演奏了一首名叫《妈妈好糊涂》的曲子敷衍应付。由此可见中国海军起步艰难之一斑。

谢葆璋在"来远"号军舰服役，经历风涛洗礼，有着大海的襟怀和水手的浪漫。冰心在翻看父亲留存的信件中，看到一个叫张心如的来信中引有冰心母亲写的"秋分白露，佳话十年，会心不远，当日笑存之"的话，便去问父亲。冰心记述了他们之间有趣的对话：

> "这佳话十年，是什么佳话？"父亲和母亲都笑了，说：那时心如伯伯和父亲同在一艘兵舰上服役。海上生活是寂寞而单调的，因此每逢有人接到家信，就大家去抢来看。当时的军官家属，会亲笔写信的不多，母亲的信总会引起同伴的特别注意。有一次母亲信中提到"天气"的时候，引用了民间谚语"白露秋分夜，一夜冷一夜"，大家看了就哄笑着逗着父亲说："你的夫人想你了，这分明是'鸳鸯瓦冷霜华重，翡翠衾寒谁与共'的意思！"父亲也只好红着脸把信抢了回去。从张伯伯这封信里也可以想见当年长期在海上服役的青年军官们互相嘲谑的活泼气氛。

这些可爱的青年，由于日本发动侵略战争，义无反顾地投入战斗。

1894 年 6 月 2 日，日本内阁决定出兵朝鲜，海军大臣西乡从道紧急集结军舰准备发动对华战争。此西乡从道早在 1874 年，便与美国人沆瀣一气，延请美国人李仙德为顾问，租用美国轮船运送军队 3000 人入侵台湾，遭到台湾原住民抵抗。后又被福建船政大臣沈葆桢调集多艘军舰和陆军部队包围。在强大的国际舆论和军事压力下，西乡从道不得不从台湾撤兵。但还是向中国强要了 50 万两抚恤费和赎买金。旧时候，有一种"强叫花"，堵在商家门口，手中盘弄长蛇，或用尖刀在自己身上扎出一点血来实行讹诈,讨要施舍。被称为"强叫花"。日本军国主义者的行径与此何异?侵略者倒要被侵略者为他们的罪行付款,真是岂有此理!清朝廷迁就这样的行径,未免姑息养奸。果然,从那时以来,日本处心积虑加紧准备侵华战争。20年后的1894年7月17日,日本第一次大本营御前会议决定发动对华战争。而中国清朝仍然祈求和平,打算派密使去日本做最后努力。此时,西乡从道已将日本16艘军舰组编成联合舰队,任命伊东佑亨为联合舰队司令,命令"舰队发现中国舰队后立即开战"。

清光绪二十年甲午(1894)六月二十五(7月25日),日本军舰"吉野"、"秋津州"、"浪速"号在朝鲜丰岛海面突然袭击中国"济远"、"广乙"号军舰,随后,又公然违反国际法,击沉悬挂英国旗的"高升"号运兵船。日本海军大将竹下勇主编的《日清战役》在百般掩饰其野蛮行径时,也不得不承认:"不久,判明是清舰'操江'号和一艘挂英国商船旗的商船。'操江'号立即向西退避,那艘商船继续前进,从'浪速'号附近驶过。'浪速'号发现该船搭有清兵,舰长当即命令英船停住抛锚,'浪速'号舰长是后来晋升海军元帅的东乡海军大佐。……'浪速'号派军官上船。船长说,船上的清兵在出发时没有接到宣战的布告,要求让其返回大沽(商船出发地)……于是我再次发出'立即弃船'信号,并于桅上升起表示危险的'B'旗。随后即向'高升'号发射鱼雷,开始炮击。""下午二时许,'高升'号于肖比奥尔(音译)岛以南3海里处沉没。这就是著名的'高升'号事件。"日军还劫掳了中国军舰"操江"号。《日清战役》记载:"军舰'操江'号载有军费一万余元,步枪三百支,弹药一万余发,悉被我军缴获。"

日本海盗在丰岛得计,举国狂热。明治二十七年(1894)8 月 1 日,日本天皇发布诏书对清国宣战,敕令募集战争经费,甚至说"从宣战之日起,朕每日只食一餐",煽动战争的歇斯底里。

9 月 16 日,中秋过后三天了,北方海上寒风瑟瑟,愁云惨淡。中国一支军队运输船驰赴朝鲜,北洋水师提督丁汝昌集结 8 艘主力舰、4 艘巡洋舰、2 艘炮舰和 4 艘鱼雷艇护航,在大鹿岛东南锚泊警戒。17 日上午 10 时,"镇远"舰瞭望哨首先发现远方海上有可疑的轻烟,10 时 30 分,"定远"舰瞭望哨确定来袭的为 12 艘日本军舰。丁汝昌命令以"定远"、"镇远"舰为第一小队;"致远"、"靖远"舰为第二小队;"来远"、"经远"舰为第三小队;"济远"、"广甲"舰为第四小队;"超勇"、"扬威"舰为第五小队,呈梯队向前戒备。

日本伊东佑亨蓄意寻找北洋水师决战,以"松岛"舰为旗舰,以第一游击队的"吉野"、"高千穗"、"秋津州"、"浪速"4 舰为前导,"松岛"、"千代田"、"严岛"、"桥立"、"比睿"、"扶桑"6 舰为本队,"赤城"、"西京丸"2 舰为左翼,成单纵队向前寻战。

根据日本舰队变换的队形,丁汝昌命令北洋水师以双横队迎敌。但是,各舰航速不一,变换队形参差不齐,不能保持有利的战斗态势。

两支舰队相距 5300 米时，"定远"舰的 305 毫米主炮首先开炮，由此展开了东亚有史以来的大海战。

战斗开始，"来远"和"致远"、"镇远"、"定远"舰一道截击日军航速较慢的"扶桑"、"比睿"、"赤城"和"西京丸"，重炮轰击敌舰。"扶桑"加足马力逃走，"比睿"走投无路，被迫从"定远"、"靖远"之间仅 700 米的间隙窜逃，陷入北洋水师数舰的包围，中弹累累，死伤惨重。"来远"向其发射鱼雷，可惜没有命中。"来远"等舰转而拦阻"赤城"号逃遁。"来远"号枪炮官谢葆璋，指挥各炮在 800 米近距离开炮，一炮命中"赤城"号舰桥，当场击毙舰长坂元八郎太少佐和官兵多人。"赤城"号改由航海长代理指挥。谢葆璋指挥各炮再接再厉，连续击中"赤城"号前部下甲板，"赤城"号蒸汽管爆裂，严重受损。

战斗中，"来远"舰也中弹起火，小弹药舱被引爆，枪弹四射。火势在上甲板蔓延，浓烟滚滚，令人窒息。当此危急时刻，谢葆璋冒着被火海吞没的危险，身先士卒，阻截火势，始终站在最前面，组织士兵一点一线地将大火驱赶到军舰舷外，扑灭大火。"来远"舰舱面大火被扑灭了。在被烟熏得几乎窒息的底舱，三管轮张斌元顽强挣扎操纵轮机，保持军舰有效机动。谢葆璋组织士兵不停地用重炮轰击敌舰。《海军实纪·述战篇》记载："'来远'受炮累累，船尾发火，烈焰飞腾，延及小弹子舱，枪弹四射，机舱为浓烟所蒙。各管轮受熏头目俱眩……枪炮官谢葆璋策励兵士救火渐熄。""来远"舰逼近"赤城"号 330 米时，谢葆璋指挥迫近射击，击伤该舰新任代理指挥官。"赤城"号不得不以一名大尉代理指挥。"来远"舰在短短的时间里,打得"赤城"号三换指挥官,日军官兵心胆俱裂。

日本浅野恭正在《日清海战史》中如此叙述:

> "赤城"向支那舰队之左,仅离八百五十码与之挑战,以右舷炮碎"来远"之甲板。一点二十分,忽一弹来中舰桥,舰长坂本少佐及兵员二人死焉,于是指挥权移于驾驶长。少时,又洞穿下甲板,丧其四人,且损坏蒸汽管,蒸汽喷发。正当危迫之际,运弹管又坏,不得已于通风管运送弹药,因致妨碍修机之事。於时上甲板又丧炮手四名,"来远"、"致远"及"经远"诸舰迫其舰尾,危机迫于呼吸。"赤城"忽左转,一时巧脱虎口,暂行修理。敌舰再肉搏之,复接战,终被射断大樯。既而"来远"又于三百三十码之远以一弹中其舰桥,伤其新指挥官,乃以大尉代其位……当其困于敌舰围攻之时,伊东中将以为"赤城"终不免沉没之厄运。

"来远"、"经远"、"致远"舰围攻"赤城"号,"伊东以为'赤城'终不免沉没"的惶恐,再现中国海军军人的忠诚和勇敢。

黄海大战开始时,北洋水师略占优势。随后,"致远"号为掩护旗舰"定远"号不幸被鱼雷击中而沉没,北洋水师陷于被动。面对不利形势,北洋水师各舰奋力苦战,重创日军旗

舰"松岛"号,使其失去作战和指挥能力,东乡佑亨被迫发出
"各舰随意活动"的信号,改由"桥立"号为旗舰。《日清海战
史》如此描述:

> 当是时日军亦损失"松岛",伊东中将移旗舰于
> "桥立","松岛"之遭害,在三点三十分至四十分之
> 间也。……
>
> 日既没,追奔之游击队受信号而归本队,"松岛"、
> "比睿"、"西京丸"归国修理。支那舰队收合余烬,"镇
> (远)"、"定(远)"二舰居中,环以"来远"、"靖远"、"平
> 远"及炮舰二、水雷艇二相率遁去。日军之乘员大半疲
> 劳,弹药消耗亦巨,不敢试夜战。且夜间为水雷艇来袭
> 之好机会,乃谨防之。

实际上,北洋水师集合"来远"等舰,追击撤逃的日舰,
直到日舰远遁,才整理队伍,撤向旅顺。当驶入旅顺港时,当
时在北洋水师任职的英国人目睹"来远"舰上甲板被火毁损严
重,居然连续战斗,安全返航,都惊讶于"来远"舰的顽强,
连呼"奇迹"。

北洋水师退守威海卫,1895年2月5日凌晨,日军鱼雷
艇潜入港内偷袭,炸沉"定远"号。6日凌晨故技重演,再炸
沉"来远"、"威远"、"宝筏"三舰。谢葆璋在军舰爆炸沉没时
落水,其时,正值天寒地冻,他依仗良好的水性,泅水上岸。
后来,谢葆璋由萨镇冰举荐担任中国当时最大的"海圻"号军

舰副舰长，继而担任烟台海军学校监督，后任北洋政府海军部次长、南京政府海军部顾问，毕生致力于振兴中国海军……

林遵深为中国海军勇士的气概所感动，他在思考，中国海军不缺忠勇之士，为什么打了败仗？

练习舰来到威海刘公岛海面。

这个小岛，原不过"烟火数十家，断连村落小"。清光绪五年（1879），日本再次侵犯中国领土台湾，吞并琉球。面对咄咄逼人的强敌，李鸿章力主加强北洋水师建设。在以后十年间，刘公岛逐渐建成北洋水师的重要基地。1888 年，中国第一支近代海军——清朝北洋水师，在这里成军，25 艘舰艇，4000 多名官兵，东亚第一的铁甲舰队，龙旗飞扬，声势赫赫。1891 年，李鸿章检阅北洋水师后说："综核海军战备，尚能日新月异，目前限于饷力，未能扩充，但就渤海门户而言，已有深固不摇之势。"自 1840 年鸦片战争以来，西方列强破门而入，中国人梦寐以求的是在海上抵御外国入侵，国家得以保全。可是，还没有来得及辉煌，便在一场海战中灰飞烟灭了。这是中国海军的耻辱，是中国海军心中永远的痛！而今，"致远"舰哪里去了？邓世昌哪里去了？……空余一座铁码头依然如故，诉说着那悲怆的往事。

学员们来到刘公岛海军公所旧址、丁汝昌寓所故址凭吊，林遵似乎看见那个大雪满天的日子，丁汝昌不堪舰队覆没的屈辱，举剑自刎，訇然倒地。还有林遵的族叔林泰曾，北洋水师总兵兼"镇远"舰管带，也蹈海以身殉职。一个海军提督，一个舰长没有战胜入侵的敌人，兵败被围，只能以死来捍卫军人的尊严。这是丁汝昌、林泰曾个人的悲剧，是中华民族的悲剧！林遵凭直觉认定甲午败绩，罪不在战。千年第一封建大国败于"蕞尔小国"日本，是国家之败，是封建制度败于新兴的资本主义制度。日本的胜利，把中国打醒了，中国人从此认真开始思变法，谋改革。历史证明，中华民族总能在艰难困顿中奋起。

甲午战争后，日本军队强占刘公岛3年。昔日北洋水师重地，竟成了日本侵略者的军营。后来，英国向中国强行"租借"威海卫32年，刘公岛又成了英国海军在远东的基地。林遵此时看到，在中国海湾里驻舶的是悬挂米字旗的英国军舰，刘公岛上空飘扬的是英国国旗！他百感交集，悲愤莫名。刘公岛啊，何时才能回到真正的主人手中！

练习舰离开刘公岛，向外海驶去。

带着千般好奇、万般浪漫的情思，林遵站在军舰甲板上，看着大海由绿变蓝，变黑，来到了大海深处。

风浪迎面打来，一个大浪跃上甲板，还没有完全退去，又一个排浪从舰艏冲过甲板，掠过桅桁，激溅起浪沫飞烟。舰身左右摇摆倾斜，人在甲板上几乎站不住脚。永不停止的摇晃，把五脏六腑都摇动了。随着第一声呕吐，所有的浪漫全都抛到了九霄云外。林遵蜷缩在甲板一角，把自己变成一个圆，顺应摇晃，努力避免震动，遏制呕吐。他看见许多人向船舱里退缩，躲避风浪。林遵倏地一激灵，在心里向自己喊道："不能向后退，不能躲避，要迎上去！"他站起身来，迎着风浪，向船头走去，挺身站立在舰艏，向着风浪喊道："来吧，来得更猛烈些吧！"

老校长看到了这一切，点头嘉许。

军舰来到开阔的海面，一声"战斗警报！"林遵和所有水兵挺立在战位上。心咚咚直跳，说不清是畏惧，是激动的等待，或者兼而有之。老水兵在炮位上招呼学兵，向他们讲述开炮的要领，带领他们开炮，林遵没有畏葸，第一个要求试炮，直接感受炮火的震撼。

初次航行，检验了人们对大海的适应性，考核了人们的勇气。林遵觉得自己是一个天生的水手，是一块当海军的材料！

林遵认真学习，各门功课考试成绩均名列前茅。

风暴中的海燕

《新海军》月刊，一份已经停刊，但仍在烟台海军学校学生中流传的杂志。警醒国人的文字，呼唤国人奋起的号召，吸引了林遵：革新海军，打破封建畛域观念；统一海军，建设防御外国侵略的强大海军！

清朝道光以后，中国沦为半封建半殖民地，国人惊呼："岛舰失陷，时局艰危"，"东西两洋，竞以铁甲兵轮称雄，辄以此相挟，而我海疆绵延万余里，独无海军以资捍御，诚不可以为国。""中国必能以巨舰争雄于海上，而后有自全之势。"特别是林则徐抗击英国海军入侵，却被清朝政府发配新疆。在远戍途中，仍然顾念海疆，提出抵御海上入侵的主张："有船有炮，水军主之，往来海中，追奔逐北，彼所能往者，我亦能往。有大帮水军，追逐于巨浸之中，彼敢舍船而扰陆路，占据城垣，吾不信也。"林则徐之后，人们前仆后继为加强海防而奋斗。但是，由于历史的原因，中国人重振海军的梦想终于破灭。中国海军几乎就是国弱民贫的同义语。沉痛的历史教训告诉我们，中国再也不能重陆轻海，忽视和弃置海洋于不顾了。林遵从小就景仰曾叔祖父林则徐、堂叔父林泰曾，崇敬自己的祖先，立誓沿着祖宗的路走下去。

一天，林遵读到美国人马汉的《海权论》："国家的强盛、繁荣、庄严与安全，是强大海军从事占领和各种征服的副产品。""许多世纪以来，英国商业的发展、领土的安全、富强帝国的存在和作为世界大国的地位，都可以直接追溯到英国海上力量的崛起。""获得制海权或控制海上要冲的国家，就掌握了历史的主动权。"这是对外扩张的理论，但也使林遵认识到海军对于中国来说，是安危所系，救亡图存之本！海洋不只是国家安全的保障，更是维系子孙后代生存、发展的必要空间，是必不可少的资源宝库。

西方各国近代海军发轫于 15 世纪，几乎都以海盗劫掠起家。葡萄牙为征服东印度群岛而建立海军，西班牙人自哥伦布发现新大陆后，为海外殖民而建立起"无敌舰队"，荷兰人号称"海上马车夫"，英国人更是为争夺海上霸权，开拓海外殖民地而建立强大的舰队，德国人宣称"德国的未来在海上"而建立海军，俄国人为了争得出海口以利于向海外扩张而建立海军，日本人简直就是为了征服中国而建立海军。可是，现在的中国海军，分属南方、直系、奉系、皖系，除南方革命党外，几乎都是军阀的私家军队，四分五裂，各成系统，哪里还谈得上卫国干城、民族力量啊！

1924 年 9 月，占据江苏的直系军阀督军齐燮元的部队和浙江皖系军阀督军卢永祥的部队，为争夺上海的控制权而打了起来。林遵从报纸上看到这一消息，忧虑地说："今天你打我，明天我打你，国家总是这么打来打去，怎么得了啊！"

旁边一个年长些的同学说："此次江浙战争，显然是军阀争夺地盘和国际帝国主义操纵中国政治的一种表现。"

林遵想到了军阀之间争夺地盘，却没有想到与外国的联系，他把目光转向这位同学，希望得到进一步的解释。这位同学接着侃侃而谈道："今天中国的病根，在于帝国主义列强之剥削操纵及国内军阀之扰乱。目前解救中国的唯一道路只有人民组织起来，在国民革命的旗帜之下，推翻直系，解除一切军阀武装，尤其要在根本上推翻外国帝国主义在中国一切既得的权力与势力。只有这样才能免除定期的惨杀与战争，只有这样才能得到永久真正的和平。"

林遵认真地听着，不断地点头。他虽然没有如此透彻的认识，但是深有同感。

当时的中国，中国国民党和中国共产党合作，共同推动中国进步，推动中国革命向前发展。青年们如饥似渴地吸纳各种思想，成为中国革命的生力军。这番言论转述的是中国共产党中央总书记陈独秀和秘书毛泽东 9 月 10 日发出的第 17 号通告和《中共第三次对时局宣言》所作的判断。

林遵敬佩地说："请问，您贵姓？"

郭寿生笑着说："我叫郭寿生，《新海军》月刊的主编。"

林遵肃然起敬，说道："久仰，久仰！早就想结识您了，没想到今天能够当面听您教导。"

郭寿生是烟台海军学校第十六期毕业生，1921年由邓中夏介绍加入中国社会主义青年团。1922年由王荷波、恽代英介绍加入中国共产党。在《新海军》月刊被迫停刊后，筹建了"新海军社"。作为中国共产党的外围组织，在烟台海校开展反对军阀和革新海军的宣传活动。

郭寿生说："不敢说教导，我们互相切磋，交流看法吧。"

林遵诚恳地说道："您是学长，务请不吝赐教！"

进入1925年，中国更加动荡不安。

春寒料峭的3月12日，孙中山先生在北京溘然长逝，全国震动。孙中山在1924年11月3日应冯玉祥、段其瑞、张作霖之邀，离广州到北京共商国是。行前本已生病的孙中山为了国家的统一，为了民族的奋起复兴，毅然乘船北上，不幸病逝。全国人民为之惋惜，为之悲伤。广州召开的追悼大会上通过宣言，号召全国人民站起来，站在国民党领导下的革命战线一边，团结革命战线上一切势力，向着反革命战线进攻。

消息迅速传遍全国，各地纷纷举行追悼孙中山先生大会。林遵和同学们参加了烟台的追悼大会。大会主席台的正中高挂着孙中山先生的遗像，遗像两旁是他的遗言："革命尚未成功，同志仍须努力。"人们默哀鞠躬，沉痛悼念这位站在正面指导时代潮流的伟大的革命先行者，追思他领导辛亥革命，推翻几千年的帝制，建立共和国的丰功伟绩！感念他为了救中国，耗尽了毕生精力，鞠躬尽瘁，死而后已！孙中山先生的死甚至比他活着更有号召力，激起千百万后来者前仆后继，踏着他的足迹前进。

追悼大会上，人们高呼口号："继承孙中山先生遗志，打倒帝国主义！"

"反对军阀混战！"

林遵随着人们高声诵读孙中山先生遗嘱："余致力于国民革命凡四十年，深知欲达此目的，必须唤起民众，联合世界各国以平等待我之民族共同奋斗……"

今天，此时此刻，林遵觉得除了海军二字以外，又有革命两个字深入到了自己的心胸。

中国南方革命风潮激荡，影响所及，"打倒列强除军阀"的群众运动风起云涌，上海、青岛等地在日本纱厂做工的工人先后大规模罢工，日本帝国主义和北洋军阀勾结起来进行镇压，在5月15日公然枪杀了工人代表顾正红。5月30日，上海工人、学生在租界举行示威游行，抗议日本帝国主义的暴行。英国租界的巡捕竟无理逮捕了100多人。一万多群众闻讯集中在公共租界的南京路巡捕房前抗议。群情汹涌，要求立即放人。英国巡捕丧心病狂地开枪屠杀群众。十多人当场倒在血泊中，伤者不计其数，造成了震惊中外的"五卅惨案"。全中国愤怒了，学生罢课，工人罢工，商人罢市，全国规模的反帝爱国运动风起云涌。各地纷纷成立"青沪惨案雪耻会"。烟台和青岛近在咫尺，烟台至今仍然被英国强行租借，烟台人民更加痛恨英、日帝国主义，同仇敌忾，纷纷走上街头。烟台海军学校全校学生不顾当局阻拦，冲出校门，参加游行。林遵走在游行队伍的前列，带头高呼口号："打倒帝国主义！""收回租界！""打倒列强，洗雪国耻！"

林遵积极参加了"烟台洗雪国耻会"，在学校，在街头，宣传讲演，散发传单，唤起民众。

烟台大街小巷弥漫着悲伤，奋起救亡的呼声响彻海港。禁止售卖洋货，设卡检查，堵截洋货运输流通，显示了人民的力量。

"五卅运动"后，林遵以救亡图存的义愤，继续本着入学的初衷，刻苦学习海军知识，淬砺海军意识，想尽快使自己成为一名合格的海军军官，报效国家。

一天，郭寿生约林遵来到海堤散步。

海上低云重压，浪涛推涌。

林遵望着海面说："一场风暴将要来临了。"

郭寿生说："是的，'五卅运动'之后，中国革命和反革命营垒的斗争是越来越激烈了，阵线也越发分明了。"

林遵知道老大哥有话要说，认真地看着他，等着听他剖析时局。

郭寿生说："现在，奉系军阀和北洋政府依靠英国、日本帝国主义，镇压群众运动。山东军阀张宗昌和奉系穿一条连裆裤子，都是认贼作父，当了帝国主义的帮凶。当今中国的海军所以四分五裂，也是军阀割据造成的。"

林遵急切地问道："那么，难道海军就没有前途了吗？"

"现在，只有南方革命，只有国民革命才能救中国！也才能革新海军！"

"那我们能够做什么呢？"

"你知道'新海军社'吗？"

林遵说："听说过。在我们学校也有'新海军社'吗？"

郭寿生笑着说："不只是我们学校，许多地方的海军都有'新海军社'。都是些要求革新海军的青年，要求进步的青年，要求改造中国的青年，集合在一起，学习理论，讨论时事。我看你也是一个热心海军事业的青年，你有兴趣参加'新海军社'吗？"

林遵欣然回答说："我当然愿意参加'新海军社'啦。"

大海开始涨潮了，一波接一波，越来越汹涌澎湃。

从此，林遵就是"新海军社"的成员了。

此时的中国，军阀割据，军阀混战。吴佩孚拥兵武汉，孙传芳自封东南五省联军司令，张作霖占据华北和东北。支持他们的后台老板就是英国、日本帝国主义政府。

1925 年 10 月，爆发了直系军阀孙传芳、吴佩孚反对奉系军阀张作霖的大战，引起了人们极大关注。林遵参加"新海军社"发起的讨论，读到了一份反对直奉战争的宣传通告。这是以中国国民党代理宣传部部长毛泽东的名义发布的通告："奉直两派军阀，无论哪一派胜，均于中国不利，因两派背后均有凶恶的帝国主义。"人民对于敌友之分辨，"全看其与帝国主义有无关系。""真正人民的领袖，乃中国国民党。真正人民的政府，乃广州国民政府。真正人民的军队，乃广东的国民革命军。"号召人民进行反对军阀的斗争。"被压迫的中国全体民众，乃一切中国问题的主宰。"

文章直指帝国主义，文章热切呼唤人民群众，林遵振奋不已。

1926 年 7 月 9 日，国民革命军在广州东校场誓师北伐。7 月初，叶挺独立团占领湖南醴陵，11 日占领长沙。消息传来，林遵和同学们循着地图追寻国民革命军的北伐踪迹，兴奋不已，说道："按这样推进的速度，用不了多久就可以打到山东了！"

《新海军》月刊被查禁后，新海军社在上海出版了《灯塔》杂志，传播更多振奋人心的消息，林遵积极秘密地向同学们传送新出版的刊物。

地火在烟台海军学校学生心中燃烧，风暴在烟台海军学校学生心中酝酿、积聚。

新的一期《灯塔》月刊"二二二特刊"秘密送到了。"二二二"标志着一个有特殊意义的日子。林遵迫不及待地翻阅起来。

1927 年 2 月 17 日，北伐革命军占领杭州，准备向上海进攻。革命阵线和反革命军阀面临决战，当此紧要关头，中国国民党和中国共产党策划举行上海第二次武装起义。2 月 22 日，黄浦江上，响起了震天撼地的炮声。海军"建威"炮舰、"建康"驱逐舰武装起义，加入上海工人武装起义行列。两舰受命炮击高昌庙兵工厂，进而炮轰龙华敌军司令部，给军阀孙传芳以严重打击。两舰起义，促使北洋政府海军总司令杨树庄在 3 月 14 日率领舰队在上海通电归附国民革命军。第二舰队司令陈绍宽率领"海容"等军舰攻击北洋军队控制的吴淞炮台，迫使北军孙传芳残部撤退。陈绍宽率领"海容"、"永绩"、"楚有"、"楚同"等军舰溯江袭击在逃北军，缴获了北洋军阀的"泰安"、"钧和"、"策电"、"决川"、"浚蜀"、"楚振"等军舰。

林遵遥想南方，想象海军舰队易帜，脱离军阀派系，是何等的痛快，何等的英勇，何等的进步！他和同学们为海军积极响应国民革命感到振奋。林遵第一次知道海军名将陈绍宽。

山东仍旧在奉系军阀张作霖统治下，在杨树庄通电转向北伐革命军后，盘踞在北京的张作霖任命张宗昌为北洋政府海军总司令，沈鸿烈为副司令。沈鸿烈率领东北海防舰队由青岛南下，准备袭击已经归附北伐革命军的军舰。但也不敢贸然行动。

3 月 24 日，北伐军攻占南京，英、美帝国主义国家的军舰借口保护侨民，公然炮轰南京，打死、打伤中国军民 2000 多人。

消息传来的那天，正是上午下课，准备吃午饭的时候，林遵激奋地站在台阶上大声呐喊："同学们，帝国主义如此欺负我们，我们还能忍受吗？在帝国主义列强屠杀南京人民的时候，我们还能够吃得下去饭吗？"说着，他愤而把饭碗摔碎在地下，号召道："同学们，我们要游行，要求所有中国军队一致对外，保卫中国！我们拥护'建威'、'建康'号军舰起义，拥护海军舰队在上海易帜。打倒列强除军阀！打倒列强除军阀！"

林遵一呼百应，同学们纷纷摔了饭碗，高喊着"打倒列强除军阀"的口号，开始游行。

学校当局被学生突如其来的行动震惊了，慌忙关闭学校大门，阻止学生上街游行。林遵和同学们更加激奋了，在学校操场游行了一圈又一圈。

身陷囹圄，心骛八极

风云突变，盘踞在山东的奉系军阀张宗昌加紧了对学生运动的镇压。

这一天，烟台海校学生正在上课，突然，集合号声吹响了。不在训练日程的突如其来的集合，弥漫着一种不祥的气氛。学生们奔向操场，整齐列队。

一群持枪的马弁簇拥着东北海军参谋长谢刚哲杀气腾腾地登场了，他面对学生厉声宣布："军医林俊雄，出列！"

"学生林遵，出列！"

"学生高如峰，出列！"

"学生林祥光，出列！"

一共8个人被叫出列。还没等人们弄明白是怎么回事，预伏的士兵冲上前来，两人扭住一个，叫人动弹不得。

谢刚哲蛮横地宣布说："本人奉前敌总指挥、海军副总司令沈鸿烈命令，查办私通革命军，破坏学习的案件。烟台海校学生倾向革命，私通革命军，奉命查办！林俊雄、林遵等八人解往济南，交军法处审判，其余师生勒令限期退学，学校立即解散。"

师生群情汹涌，拒不解散。

林遵毫无思想准备，脑子一片空白，面对这突如其来的打击，有些不知所措。虽然他曾经想过军阀不会容忍学生革命，但没有想到他们竟然这样残暴和不顾一切，他真想大声抗议，挣脱扭住他的士兵，冲上前去抗争，但他看到林俊雄泰然自若，眼神示意大家镇定，便捺下性子等待。林俊雄是在郭寿生离开烟台海军学校后《新海军社》在烟台的领导人。林遵很信任他，看到他也同时被捕，而且，有这么些同学在一起，倒使林遵壮胆了，减轻了孤立无援的感觉。

被押解到济南的路上，林遵一直在想，这不是真的。我一个学生，怎么会要受军事法庭审判？不，这不是真的！然而捆绑在身上的绳索，又使他不能不面对现实。林遵不知道将要面临怎样的前途，但他能够肯定的是，自己并没有做错什么事情。帝国主义军舰在南京开炮，屠杀中国同胞，我们起来反对帝国主义，难道不应该吗？当此时刻，凡是中国人，都会站起来反对压迫，反对屠杀！这是天经地义，何罪之有？

林遵被带进一间审判室，被推着在一个干瘦的老气横秋的军法官面前站住，那个人张口便说："林遵，你知罪吗？"

林遵坦然回答说："我没有罪！"

"大胆！小小年纪，竟敢目无军纪，私通革命党，抗上作乱，扰乱军心，还要狡辩！"

林遵觉得应该陈述事情的真相，义正词严地说道："英国人向南京开炮，枪杀我同胞，同学们起来游行反对帝国主义，何错之有？"

"你承认了就好，谁指使的？"

林遵一下子警觉了起来，大声说道："没有人指使。"

"那就是你煽动指使的！"那人终于露出了凶相。

林遵激奋了，说道："帝国主义这样子欺负我们，是中国人都会起来反对的。"

"狡辩！押下去！"

囚室里四堵高墙，与世隔绝，人被压迫得几乎喘不过气来，林遵"哇哇"大吼一声，没有任何回应，他气愤地握拳向高墙砸去，手破了，出血了，他没有觉得疼痛，他摇着铁门，大声喊道："我要出去！"

我要出去！我不能被他们关死在这里！我才19岁，便身陷囹圄，心有不甘！

林遵想起了父亲、母亲，想起了儿时的家。

清光绪三十一年，公元1905年，南京。

8月，长江发大水的季节。白花花的江面，日日见涨，时时见涨，江水滚滚翻翻，奔腾直下。一声炸雷响起，天被戳破了，暴雨倾盆倒下来。风趁雨势，雨趁风威。风雨交加，惊涛裂岸。这风雨就像时局一样，飘摇动荡，不安中孕育着变化，震撼中盼望新生。

长江舰队的鱼雷艇副艇长林朝曦的心情，就如同这急风骤雨，不安中饱含着期待，冒着大雨，急急往家里赶去。

林朝曦刚一推开黑漆大门，便听得上房里传出新生婴儿的啼哭，他三脚并作两步，走到房内，从接生婆手里接过婴儿，笑呵呵地说："是一个男孩！"他把孩子高高举起，高声大气地宣布道："林家有后了！又是一个干海军的汉子！"

响应这一声祝愿，门外长江大浪滔天，向东流去，流入大海，冲激起浪花如雪。

这个孩子取名林遵，号遵之。在未来的岁月里，他将在长江上，在大海上书写他的人生壮举。

1911 年 10 月 6 日，中秋节。

林家堂屋正中，红纸写着"天地君亲师之位"的牌位，供桌上围着绣花的红桌幔，香炉里的檀香燃起袅袅青烟，果盘里供着新鲜的莲藕、柑橘、桂圆和月饼。

林遵 6 岁了，跟在母亲身后摆放供果。

母亲指着墙上的牌位教林遵认字："天，是天老爷，刮风下雨，都归他管；地，是土地神，五谷杂粮、瓜果菜蔬都是靠他生长的；君是皇帝，住在北京大圈圈里的一个黄圈圈里，可是了不得的；亲是祖父、祖母、爸爸、妈妈，生你、养你的是他们；师是老师，明年送你上学，就有老师了，老师会教你读书识字，懂得做人的道理。这些都是要尊敬的。"

林遵提问说："那住在大圈圈里黄圈圈里的皇帝管什么呀？"

母亲无言以答，说："小孩子家，别问那么多。你自己去玩吧！"

林遵蹦蹦跳跳来到天井里，蹲在一只大洗澡盆旁，澡盆里贮满了水，上面漂着一只玩具汽船。汽船舱里点着一盏小巧的煤油灯，火焰产生的气体推动着汽船，发出"啪啪啪"的响声向前航行。林遵高兴地叫起来："开船啦，出海了！"

林朝曦刚好走进大门，听见了儿子的呼叫，高兴地说：

"好儿子，长大了一定要当管带，当舰长！"说着，抱起儿子让他骑上自己的肩头，说道："儿子，骑大马！"

林遵张着两只小手喊道："不，我要开大船！"

林朝曦放下儿子，开心地说："天生是个当水手的！"

林遵来到天井里，专心地玩着汽船。

林朝曦对妻子说："如今时局不稳，过了节，我就把你和孩子送回福建老家。这样一来，万一有什么变故，我在南京也就没有后顾之忧了。"

妻子忧心忡忡地说："那将来会怎么样呢？"

林朝曦瞥见在天井中一心玩汽船的林遵，笑着说："将来看我儿子的了！"

其时，清王朝气数已尽，风雨飘摇，清朝海军动荡不安。孙中山的革命党不断在两广起事，四川、湖南、湖北都闹起了"保路"运动，朝廷派兵弹压。大江南北，可说是"山雨欲来风满楼"了。朝廷对汉人不放心，无缘无故撤了"海蓉"军舰的管带林葆怿，换了个满人喜荣；把"海琛"舰的管带也撤了，换了荣续；连"海容"舰的帮带陈鹏翥也撤了，换成了吉升。换上来的这些皇亲国戚、贵胄王孙，在北京颐和园的昆明湖里划划船，悠哉游哉，也算是在水师学堂学成了！由他们来当管带，这海军还能干下去吗？林朝曦这些当鱼雷快艇艇长、副艇长的都朝不保夕，担心随时被撤换！海军中有人暗地里参加了革命活动。海军军官中有一个严鼎元，每天用菜汁洗脸，把皮肤染黑了，跑到北京行刺朝廷出洋的五大臣，可惜没有成功。南京水师学堂的学生萨福锜帮助革命党往北方运军火，他还到北京、天津刺探军情，可惜也没有成功，被朝廷捉住杀了。但是，共和，大势所趋，不可逆转。

中秋节过后四天，林朝曦还没有来得及送妻儿老小回福建，便爆发了武昌起义。各省纷纷响应，宣布独立，脱离清王朝统治。镇守南京的提督张勋妄图螳臂当车，镇压革命。而与南京近在咫尺的镇江督军福建人林述庆宣布起义，南京也酝酿着巨变。

11 月 10 日夜，在南京下关江面停泊的炮舰"镜清"、"保民"、"建安"、"南琛"、"楚谦"、"江元"、"江亨"、"登瀛洲"和"列"、"张"、"湖鹏"鱼雷艇以及刚从岳阳下驶来的"联鲸"、从汕头驶回的"楚观"等 13 艘舰艇相约灭灯下驶，次日黎明到达镇江，起义反正。林朝曦也随在其中。

不久，起义舰艇由镇江向南京进发，配合江浙联军进攻据城顽抗的张勋。张勋败走，南京光复。

12 月 2 日拂晓，革命联军进入南京。老百姓摆香案，鸣鞭炮，焚香欢迎革命联军。

林朝曦喜滋滋地回到家中，一进堂屋，看到"天地君亲师"的牌位，连声说："这牌位要换！皇帝早就该推翻了。"他重写了"天地国亲师"的牌位张贴起来。唤过林遵说："儿子，如今共和了，要尊奉国家。"他教林遵指认说："不再是'天地君亲师'，而是'天地国亲师'，共和了！"

妻子笑说："孩子还小，懂什么呢？"

夜晚，锣鼓喧天，人潮涌动。推翻帝制，建立共和，天翻地覆，欢欣鼓舞。南京，万人空巷，人们提灯游行，庆祝南京光复！林遵骑在父亲的肩头，在家门口看人群提灯庆祝游行。

提灯队伍宛若游龙，迤逦绵延，一盏一盏的灯，连成光的河流，灿若繁星，一眼望不到尽头。洋溢着喜庆，洋溢着激情，人们扬眉吐气，人们满怀希望！

林朝曦到底还是把家眷送回老家，一个人随鱼雷艇队投奔广州革命大本营。林遵随母亲回到福州老家。

八闽山水

福州，藏山负海，闽江穿城而过。

一座不大的城市，几条大街，无数横巷，低矮的瓦屋，白色的粉墙，显得安谧宁静。于山、屏山、乌石山和一些更小的山，隐在城中，使这城市独具特色。尤其是一条大江，汇聚了八闽之水，流入大海。每当大潮，海水倒灌入江，河水泛滥上岸，行人只有蹚水而过。林遵常常站在河边，一望就是老半天。他喜欢这随海潮涨落的大江大水，望着河上扬帆航行的船只，心随着它们顺水出海。

林遵进私塾读书，囫囵吞枣地读过《论语》、《孟子》，但他最喜欢的还是初入私塾时先生教的《幼学琼林》，那里的自然知识、地理掌故、神话故事，激起了他更大的求知欲，使他浮想联翩。林遵13岁了，一天，他爬上家里的后楼，抬头就见正中悬挂着一幅拓片，黑底白字，十分醒目，岳飞手书"还我河山"四个大字，叫人怦然心动。他不由得默谣起岳飞写的《满江红·书怀》来："怒发冲冠，凭栏处，潇潇雨歇。抬望眼，仰天长啸，壮怀激烈……"

从 6 岁起，父亲就教他背诵这首词，如今，他长大了，岳飞那激情澎湃、铿锵有力的词句，句句敲击着他的心扉。岳飞这首词真的是"千载下读之，凛凛有生气"，几百年来，激励了多少人啊！尤其是当帝国主义正在瓜分中国的时候，读起来更是令人热血沸腾，令人悲愤莫名！他从书架上找到了岳飞的另一首《满江红·登黄鹤楼有感》，不由得吟哦出声。"何日请缨提锐旅，一鞭直渡清河洛！"何等的英雄气概，何等的爱国激情！

家藏满架的图书，排列一墙，琳琅满目，目不暇接，林遵徜徉其间，几乎废寝忘食。一天，他读到了南宋文天祥的《正气歌》，这也是父亲从小教他背诵过的，捧读之下，更叫人热血奔涌，他大声吟诵那火一样的词句："人生自古谁无死，留取丹心照汗青！"

文天祥生死不渝的民族气节，百折不挠的顽强斗志，顶天立地的凛然大义，他的文章、诗词都是血泪写成的，辞情哀苦，却意气昂扬，读来叫人潸然泪下，却又豪情万丈，让少年林遵崇拜得五体投地。

这一天，林遵看到怀念文天祥的文章《登西台恸哭记》，被深深地打动了。他似乎看见了南宋末年的爱国志士谢翱，登上富春江畔汉代严子陵隐居垂钓的西台，回想起随文天祥征战的情形，于是，"设主于荒亭隅，再拜跪伏祝毕，号而恸者三"。

文天祥被杀害后，谢翱无时无刻不怀念文天祥，尤其不能忘记文天祥与他分别时对他说的话，"每一动念，即于梦中寻之"。南宋灭亡后，元朝的严酷统治，使谢翱思念文天祥却悲不敢泣。即使是十二年以后，他仍然要避开元朝统治者的耳目，悄悄地"哭于子陵之台"。而这次祭奠，还遇到元朝巡逻的船只，他不得不噤声躲避。甚至他写这篇《登西台恸哭记》，也不得不假托是纪念唐朝的宰相，曲折地抒发自己的悲思。

少年林遵读着那和着血泪写下的词句，似乎看见谢翱泪流满面，一面用手杖击石，一面悲歌招魂，悲痛至极，竟至手杖和石头都被击碎了。

林遵设身处地，体会到那种亡国的惨痛，反复咀嚼文中动人心魄的句子，直到熟记于心，默诵出来。

几十年后，1954 年林遵在《自传》里，还提到《登西台恸哭记》等给他的影响：

> 我在幼年时期就喜欢看书，特别喜欢看历史。我的家中有一些旧书，其中且有辛亥革命时期出版的书籍，如宋谢翱《登西台恸哭记》、明无名氏《扬州十日记》等。我阅读这些书籍，再以当时中国衰弱的局面，使我感到"国家兴亡，匹夫有责"，因而就产生了一种旧式的爱国主义和崇尚气节的思想。我对洋人侵略中国以及他们利用传教士侵占中国领土的事件，基本是仇视的。我进入教会学校，是因为我父母觉得教会学校管理严，课程紧，我自己则认为洋人国家强盛，要跟洋人学就要进洋人办的学校。同时，毕业后可进海关或邮局，出路好，

不会失业。（这是我）民族气节不够强的表现。在那里我中了毒，种下了政治麻痹、自卑感和崇拜帝国主义思想的根源。

少年林遵浸润在激情的文字中，感受着岳飞、文天祥这些民族英雄的感召，他们那种"杀身成仁，舍生取义"的爱国主义思想在林遵心里扎根生长。

林遵喜欢上了诗词，尤其喜欢辛弃疾的词。一部辛弃疾的词集《稼轩长短句》，奋发激越，慷慨悲歌，引起少年林遵的共鸣。辛弃疾晚年曾经在福建为官，他在福建写作的《七闽之什》，更使林遵倍感亲切。他对这位"以气节自负，以功业自许"的英雄心仪久之。林遵似乎看见 21 岁的辛弃疾带领起义军驰骋中原，打击入侵的金军。看见他率领 50 名勇士突入敌营，捉获叛徒，号召起一万人马跟随他南下，投奔南宋朝廷。对山河破碎发出的心底呼唤："道男儿到死心如铁，看试手，补天裂。"但是，"壮岁旌旗拥万夫"的辛弃疾只落得"却将万字平戎策，换得东家种树书"！林遵惋惜辛弃疾恢复失地的主张没有实现，为他不被南宋朝廷重用而愤懑不平。"今古恨，几千般，只应离合是悲欢？江头未是风波恶，别有人间行路难。"生在只图偏安小朝廷的南宋末年，权奸当道，英雄无用武之地，徒呼奈何。林遵佩服辛弃疾的矢志不渝，老而弥坚，他喜欢辛弃疾在镇江写下的《永遇乐·京口北固亭怀古》，那是激越爱国主义情怀，倾注全部心血感情的好词。"想当年，铁马金戈，气吞万里如虎……凭谁问：廉颇老矣，尚能饭否？"

烈士暮年，壮心未已，跃然纸上！

林遵特地找来《读史方舆纪要》，查找关于北固楼和金山的记述。原来，在镇江城北郊外，有一座北固山，下临长江，三面滨水，回岭斗绝，形势险要。晋代谢安在这里修建了北固楼，贮存作战物资。金山则在镇江的江中，因为裴头陀开山得金，所以叫金山。山上有著名的佛寺金山寺。此时的林遵，绝没有料到镇江、金山、北固亭，将是他生命中的一个重大转折点。这是后话。

1921 年，林遵 16 岁，转入福州格致中学，一所美国人开办的教会学校。上地理课时，林遵第一次看到地球仪，不由得发出惊叹："地球这么大，地球上有这么多海！"

地理老师说："人类是经由大海而发现新大陆的。意大利人哥伦布是一个勇敢的航海家，1492 年，他和 87 个水手带着西班牙国王给中国皇帝的信，乘三艘大船横渡大西洋，他没能到达中国，但作为欧洲人，他最先发现了美洲，寻找到了新大陆。"

地理老师的话，深深烙进了林遵心里。从少年向青年过渡，林遵真切地感到海洋的广阔，第一次朦胧感觉到海洋和建功立业是连在一起的。但他不由得发出疑问：中国为什么没有哥伦布？三宝太监郑和下西洋，不是比哥伦布早了近一百年吗？今天的中国，还能出现一个哥伦布，还能出现一个郑和吗？

这些问题是这所教会学校不能给他回答的。19 世纪以来，由外国传教士在中国创办的学校，传播西方资产阶级民主思想，传播西方文明和科学技术，极力培养出不同于中国旧式知识分子的新知识分子。外国人用参加八国联军打败中国迫出的庚子赔款，用之于"教育中国学生"，培养适应西方侵略需要的人。美国人雷麦在他所著的《外人在华投资》中披露：美国教会、慈善机关在中国的投资，总额达 4190 万美元；在教会财产中，医药费占 14.7%，教育费占 38.2%，宗教活动费占 47.1%。他们下大力气培养亲西方的知识分子。林遵是一个典型。

此时，林遵身陷囹圄，心骛八极。他似乎看见了风雪迷茫中，年近六十岁的林则徐，在贬戍新疆途中踽踽而行。明天，为他送行的大儿子不得不返回了，林则徐在痛彻儿女情长之时，尤不忘告诫儿子："苟利国家生死已，岂因祸福避趋之。"前面已是玉门关，西出阳关，远离江东，远离中原，林则徐慷慨抒怀："中原果能销金革，两叟何妨老戍边。"

这就是林则徐！置个人得失于不顾，只想到国家的安危。

从狭窄的洞口送进来牢饭，一个窝头、一块咸菜。林遵没有一点胃口，但他硬吃了下去。必须吃饭，才能活下去；必须保持体力，才能坚持；必须坚强，才能有力量！

黑暗中，没有一丝声音传进来，任自己怎么喊叫，也传不出去，完完全全与世隔绝，这是最难以忍受的。林遵不知道同学们的情况，也不知道自己将面临什么，不免忐忑不安。

"天地有正气，杂然赋流形。"文天祥的《正气歌》涌上心头。林遵默默背诵起来："在秦张良椎，在汉苏武节……"他看见了张良反抗暴秦的统治，鼓动人捶击秦始皇。他看见了苏武被囚禁在与人隔绝的荒漠中，不辱使命，坚守气节，身怀报国的壮志，年年望着南飞的大雁，期望着自由。他们给了林遵坚持下去的力量。这些杀身以成仁、舍身以取义的古人，使他热血奔涌。

林遵为了不空度时光，为了不使自己消沉，他心驰神往于中国海洋。默诵魏源《海国图志》，期盼"中国必能以巨舰争雄于海上，而后有自全之势"。他愤然而起，大声呐喊：建设中国新海军，刻不容缓，举国上下，拼全力犹嫌不足，哪里还容得军阀们的破坏！

不知过了多久，林遵被从单人牢房里放出来，他不让人搀扶，大步跨了出来，没有萎靡颓丧，没有怒气冲冲。林遵看到了林俊雄，看到了同学们，看到了久别的亲人，百感交集，慨然高声说："又看见你们了！"

林俊雄告诉林遵说："张宗昌派兵把同学们赶出了学校，强迫烟台海军学校解散了，同学们分头到了上海，集中住在高昌庙码头的'建威'、'建安'两艘军舰上，我们要争取出去，到上海去和同学们会合！"

林遵愤慨了："北方再也没有海军学校了！天津的海军学校毁于英、法联军的侵略。刘公岛的海军学校因为先后被日本和英国强占而不存在了。现在，我们烟台海军学校也被奉系军阀破坏了，要想建设海军，只有到没有军阀的地方去！"

监狱的日子是漫长的，好在和同学们在一起，林遵坚持锻炼身体和读书。年底，国民革命军攻克济南，林遵和同学们才从监狱出来。他们立即赶往上海，和先期来到上海的同学集体转学到福州马尾海军学校继续学习。这些烟台海军学校第18届的学生，被称为烟台海校寄闽班，继续完成学业。

啊，那风华正茂、热血奔涌的年月，眼里揉不得一星儿泥沙，追求纯洁，追求公道，追求理想，追求纯而又纯，多么的真诚！

1955 年人民解放军第一次评定军衔，要求干部书写自传作为评定依据，我反复翻阅林遵在 1954 年为此写的自传，对于这段经历，他不着一字。60 年代和以后我采访林遵时，对此他也绝口不提。按说这是林遵在大革命时期一段骄人的经历，但他自己从不说起，其人品可见一斑。在自传里，林遵还就"走私汽车"作了检查和说明。林遵担任中国驻美国大使馆海军副武官的时侯，用自己的积蓄买了一辆小轿车自用，1946 年回国时，装载在"峨眉"号中带回国内。有人以"走私汽车"的吓人罪名举报。当时国民党官员以权谋私，司空见惯，这算不了一宗罪。林遵买车自用，不属"走私"。林遵起义后，成为中国人民解放军一员，主动将汽车交公，1954 年又在自传中再次主动检查和说明。

林遵在迈阿密回忆起在烟台的经历时，已经过去了二十一年。他想到自己在海军的经历，在海上的道路，走得多么不易啊！多少次燃起振兴海军的希望，又多少次破灭啊！由此及彼，林遵思考罢课的一千名水兵的命运。

林遵独自走进迈阿密海滩咖啡馆，这里是中国水兵常常聚集的地方。他悄悄在一个角落里坐下。

林遵看见戴熙愉走了进来。

水兵们正低声热烈地交谈。有水兵兴奋地说："许世钧滚蛋了，这是民主的胜利，当今世界，抗战胜利了，法西斯垮台了，有谁能阻挡民主的潮流？"

一个水兵激愤地说："抗战刚刚胜利，中国好容易成为世界五强之一，我们的领队却营私舞弊，公然贪污，这叫我们还怎么能信任他们！"

一个水兵慷慨激昂地说："我们到底把许世钧赶走了！今次发生在美国的事情，是中国水兵民主传统的一个证明。在中国海军的历史上，海军学校的学生赶走顽固派校长的事情，烟台海军学校发生过，其他海军学校也发生过。只要是合理的，就不能拿违反军纪来责怪我们！"

一个水兵忧心忡忡地说："不知道新派来的指挥官林遵是个什么样的人？"

一个水兵断言说："'天下乌鸦一般黑'，对那些大官们我算是看透了。"

好几个水兵冲动地说："如果和许世钧一个样，照样叫他滚蛋！"

戴熙愉独自在邻桌啜饮咖啡，他听着水兵们的议论，深感忧虑，他感到对军官的不信任情绪在蔓延。大抵在一次民主胜利之后，随之而来的总是无政府主义的泛滥，这对组成舰队不利，对于还没到任的林遵指挥官也不公平。尽管他对林遵那天所表示的态度很不满意，但他仍然寄希望于这个抗战中表现出有所作为的指挥官。他端着咖啡杯来到水兵桌前，说道："可以吗？"

一个水兵给他让出一个座位，说道："请坐！"

水兵多数都认识他，知道他同情水兵们的要求，趁势问他道："你知道新指挥官是什么样的一个人？"

"福建人，海军世家，早年进烟台海军学校，最后在马尾海军学校完成学业。后来，到英国格林威治海军学院留学，还到德国考察过潜艇。抗日战争时在长江布雷，同日本人打游击，有战功。我在大后方听过他讲课。那时，他很有一股海军少壮派的气势！"说到这里，他想起几天前不愉快的见面，便有所保留地收住话头说："只是不知道现在有没有变化。"

水兵们很有兴趣地说道："说说他抗战时打日本鬼子的事。"

戴熙愉说道："抗战时我们马尾海军学校从福建一撤再撤，一直撤退到贵州桐梓，但是，一天也没有停止上课，大家都希望早点毕业，好到军舰上去打日本人。其实，那时候的中国，完全被日本鬼子封锁了，不要说到海上去，连到长江上去同日本人正面作战也没有可能，中国海军就只有水雷破袭战了。在桐梓，我们听林遵讲过水雷战的课。他的名声早在学生间传开了，当时，他是很叫我们佩服的。"

戴熙愉讲了林遵的故事。那是水兵们都经历过的年代，那是面对日本帝国主义的入侵，中华民族奋起救亡的故事，那胜利是多么的来之不易啊！

林遵悄悄地离开了咖啡馆，戴熙愉和水兵们的期望留在他的心头。

五、迈阿密　1945 年

唤起民族复兴的向往，踏上跨越大洋的航程。

士气涣散的队伍

林遵正式就任指挥官的第一天，宣布许世钧调离，同时提高士兵津贴待遇，部分满足了士兵罢课中提出的要求，矛盾有所缓和。但是，他的办公桌上仍然摆着一份水兵要求退伍复员的信件：

> 我们是抱着"国家兴亡，匹夫有责"的信念，响应号召，投笔从戎，参加抗日战争来到美国学习海军的大学生。现在，抗日战争胜利了，世界大战结束了，不要打仗了，我们要求当局按照原来允诺的，让我们复员，重返原来的学校，继续完成我们的学业。

信的末尾没有具体署名，只写是一群原交通大学学生。林遵心情沉重，感到事情棘手。他意识到水兵们在这个时候提出要求复员退伍，事出有因。而大学生和高中生是水兵中的骨干，没有他们就不能完成训练。他们的去留，更直接影响整个队伍的巩固。林遵原本想让参谋挑选一些水兵来谈话，但看看没有署名的信件，打消了这个念头。他直接从花名册上随意选择了十几个从交通大学和南开中学入伍的水兵，准备让参谋把他们召集起来。但他转念一想，觉得还是不妥，这仍然难免引起水兵的紧张和疑惧。

林遵一个人来到水兵居住的地方，随意走进一个分队的房子。水兵们纷纷站了起来，林遵招呼大家坐下后，自我介绍说："我是林遵，新任指挥官。我随便走走，同大家互相认识一下。"

林遵一说，气氛不那么紧张了，但是，水兵们还免不了拘束，也还有人十分警惕，谁知道新任指挥官"葫芦里卖的什么药"呢？林遵感到了些微的敌意，笑了笑，说道："我们大家随便谈谈。"

林遵一一问了水兵们的姓名，问他们来自哪个学校。巧得很，这个分队大部分原来是交通大学的学生，少数是南开中学的学生。他们中的许多人是随学校撤退到大后方重庆的，对于国破家亡都有痛切的体会。林遵开门见山、直截了当地说道："我看到了部分原来交通大学同学写的信，要求复员。我不知道其中有没有你们，你们中是不是也有人想要马上复员？"

没有一个人回答。

林遵接着说道："我在重庆和一些大学、中学的同学有过接触，我还招收过不少同学参加青年远征军。我们可以说是老相识了。"

林遵的话拉近了彼此的距离。

林遵接着说："我理解，大家都是本着救亡图存，抗日爱国，消灭法西斯的想法，毅然投笔从戎的。特别是远涉重洋，来到美国学习海军，接收军舰，准备在太平洋上同日本人决一死战。十分了不起！大家前一段时间里都学习得很认真，对建设新海军表现出很高的热情，可以说取得了很好的成绩。现在，日本虽然投降了，但是，我们还没有学成海军，也还没有接收美国的军舰，为什么突然想要复员呢？"

一个水兵说话了，顺着林遵的话，反问道："现在，仗不是已经打完了吗？"

林遵说："世界大战结束了，仗是打完了，可中国的新海军还没有建立起来，我们的初衷没有实现，我们的目的还远没有达到，充其量不过是刚刚起步，中途打退堂鼓，半途而废，岂不可惜？"

一个水兵说："我家里只有一个老母亲，我需要回去尽孝道。"

林遵点点头，又问道："还有什么原因？"

一个水兵说："我身体不好，恐怕不适应海军生活。"

林遵仍然耐心地问道："还有什么其他的原因吗？"

一个水兵终于说道："我们是来抗日救国的，为什么要抓人？当局怎么看我们？说老实话，我们是真的有些寒心呀！"

林遵看到刚刚过去的事情，特别是逮捕 8 人押送回国，在水兵中留下了巨大的阴影，他果断地说："以前发生过的事情不会再有了，这点大家可以放心。我林遵绝不会贪污大家半分钱！大家可以在以后的行动中看。"

水兵学员开始抢着发言了。

这简直就是一场智力比赛，一场心理战，林遵终于听到了水兵的真实想法。

林遵认识到，这一千人的队伍，不比任何中国军队，他们来自青年学生，有文化知识，有爱国思想，有对民主的向往，不可等闲视之，不可粗暴对待。林遵还了解到，不少人去意已定，他们只打算完成在美国的学习，以此为跳板，回国后改去商船另谋高就。林遵希望他们能够稳定下来，完成在美国的学习，再经过海上航行的锻炼，他们中的多数人或许会改变想法，留下来参加中国新海军的建设。

林遵深知对水兵罢课事件，最明智的办法是尽量超脱，尽可能不牵涉其中。所以，他一直等到中国海军驻迈阿密办事处原来的领导人处理了有关事宜，8 个年轻的学兵已经被押送回国后，才来接任指挥官。到任以后，他觉得虽然可以摆脱与事件的干系，却无法不面对事件的影响和后果。根据他在烟台海军学校参加学生运动的经验，如此激烈的、大规模的活动，不是那 8 个被押送回国的低年级学生所能够影响的。他注意到那些从交通大学等高等院校来的学生对从中学来的学生有莫大的影响，事情的发生，可能同他们有直接关系。但是，绝不能深究，不但不能追究，而且还要依靠这些学生，影响这一千人的队伍，稳定下来，认真学习，完成训练。如何看待学兵罢课，需要重新审视。

《叛舰喋血记》的重演

林遵问过戴熙愉，也问过几个水兵。迈阿密风波的前前后后，在他脑子里清晰了。

1944 年冬天，在抗战大后方重庆，一些大学生和中学生，为了挽救民族危亡，报名参加中国海军学兵大队，由潘佑强、许世钧率队赴美训练、接舰，准备参加太平洋战争。他们先乘美军运输机，从重庆出发。受困于日本军队的封锁，战时的中国只有一条对外通道，就是飞越喜马拉雅山"驼峰"航线。限于当时装备、技术水平，没有密闭的喷气式运输机，螺旋桨飞机受升限制约，又没有先进的导航设备，在缺氧的条件下，在15000 英尺高空飞越世界屋脊，十分危险。为开辟这条航线，美国飞行员付出了巨大牺牲。乘坐这样的飞机，也叫人心惊肉跳。著名剧作家黄宗江当年 23 岁，燕京大学三年级学生，应征赴美学习水兵。他在 2009 年接受我采访时说："那年头，当海军，去美国，坐飞机，很新奇，很诱人，但那是把心提到嗓子眼里，把命提溜在手心里的生死之旅啊！"至今，在世界最高峰的山谷里，还散落有当年失事飞机的残骸。所幸一千名海军学兵都安全飞越"驼峰航线"到达印度阿萨姆邦汀江，然后乘车经加尔各答到孟买。旅途上每人发给旅差零用津贴费 100 印度卢比，约合 30 美元。学兵们在孟买军营等候了近一个月，3 月中旬搭乘美国"坚尼尔曼"（Genneral maann）号运输舰经过一个多月的航行，4 月中旬到达美国西海岸圣迭哥港，再乘火车到美国南部佛罗里达半岛的迈阿密美国海军训练中心。

许世钧中校主持中国海军驻迈阿密办事处，动辄惩办学兵，学兵中偶有违背纪律的，他就处罚，关禁闭，甚至扣发士兵全月津贴，引起不满。而士兵对于途经印度时，没有足额发放旅途津贴费，甚至克扣了服装制作费，也早有耳闻。但因正在战争之中，一直隐忍未发。到了 10 月，二次世界大战已经结束，士兵的质疑和不满日渐滋长。有人粗算了一笔账，按照规定，每人每天旅途津贴费 2 美元，实际只发了不足 1 美元。以每人每天扣发 1 美元计算，1000 人 40 天的旅途津贴费，即被许世钧等人贪污了 4 万美元。至于服装制作费用，更不知道有多少被中饱私囊。士兵们为抗日救国，放弃学业，从军报国，而贪官们却在国难当头的时候，寡廉鲜耻，肆无忌惮地喝兵血，发国难财，这怎么可以容忍？积怨已久，酝酿爆发，一致要求追查清楚。这时，传来学兵即将分散上舰的消息，士兵们更加议论纷纷：一旦分散，就无法追查了。恰在这时，为准备上舰上级发下了仅仅印有英文"China"字样的臂章，士兵们认为这样有损国格，借此提出拒绝佩戴，拒绝接舰。

这天午夜，学兵第四中队第一分队队长黄宗江和几个学兵代表，将抗议信连同一盒臂章退交宿舍值更官。黄宗江代表学兵发言，声明将拒绝参加接收军舰的仪式。

许世钧接到报告后，仍然掉以轻心，直到第二天下午，才带着几个军官来到阿克赛旅馆，继续敷衍学兵。学兵们立刻将他围住，要求他当面回答质疑，说清楚印度旅途津贴费的事情。许世钧见势不好，想脱身而走，更激起士兵的愤怒，将他推拥到 12 层楼上一套办公用房。闻讯赶来的士兵们，团团围住许世钧。激愤中，一个年纪最小，仅有 16 岁的学兵任治佑指着许世钧说："你把你们贪污印度旅途津贴费的事情当场向大家说清楚。你不说清楚，休想走出旅馆大门。"

许世钧态度蛮横，两手叉腰，威胁说："你们围攻领队，是犯法行为！"

学兵们回答说："你们克扣和贪污士兵的差旅费，才是真正的犯法行为！"

许世钧铁青着脸，一言不发。

学兵们愤怒了，有人喊道："把狗贪官关起来！"

许世钧这才哭丧着脸说道："在印度的一切事情，都是总领队潘佑强决定的，与我无关。扣发你们的差旅费，因国家经济困难，都缴回国库支援抗战了。"

许世钧的推脱和狡辩，更加激怒了士兵们。

有人喊道："把这个贪官关到厕所去！"

年轻的学兵把许世钧推进了洗手间。

同许世钧一起来的军官向美国当局谎报军营发生了暴乱，一个美国海军上尉带着五六个手持卡宾枪的美国宪兵来到 12 层，要把许世钧带出去。中国学兵抗议说："这是我们中国军队内部的事情，请美国人不要干预。"

但是，美国宪兵不听，持枪拦阻学兵，强行把许世钧解救出去。学兵们受到挫折，群情激奋中，不知道谁喊了一声："我们抗议，我们罢课！"

许多人激愤地说："我们是为了抗日来从军的，现在，抗战胜利了，日本投降了，我们为什么还要在美国受洋气？我们不学了！我们回国去！"

接着，走廊上出现了"我们罢课"的告示，绝大多数学兵同声响应。

虽然有人犹疑、反对，但是，大多数人处在激愤之中，罢课就开始了。积极主张罢课的学兵组成了纠察队，在楼口守卫。

海军食堂设在阿克赛旅馆外面，学兵们提出口号："不出旅馆，不去食堂吃饭，不去训练中心上课，直到答应补发旅差费！"

就这样，罢课又演变成绝食行动了。

第二天，迈阿密的报纸纷纷报道"Chinese Navy Strike"，中国海军罢课！美国当局震动，中国驻美国大使馆震动，中国国内震动。

罢课坚持了四天，开始复课。许世钧根据上峰指示，策划了大逮捕。

复课后第三天，早餐后，在训练中心入口处，按照事先准备好的名册，宣布逮捕五六十名学兵，由美国宪兵押上囚车，径直开到美国海军监狱关押。由一个审讯组分别进行甄别审讯，最后将原武昌大学学生范同熙、重庆高等职业学校学生张显德、重庆南泉中学学生陶寿喜、重庆市商会人员王知才、沪江大学学生卢锡章、重庆南开中学学生任治佑等 8 名学兵押解回国，交军事法庭审判。

林遵不禁想起了他曾经留学的英国朴茨茅斯，著名的

"本特"号就是从那个港口起航，在太平洋上演出了既惊心动魄，又发人深省的《叛舰喋血记》。今天，中国水兵中发生的事情，何其相似乃尔！

林遵看到学兵罢课抗议，是对于贪污腐败的抗争，对于要求民主的呼唤。事件的发生，没有任何政治背景，水兵只是为了争取自己应有的权益。当然，这也反映了水兵对长期以来的海军陋习和军官作风的不满。许多迹象表明，那被押送回国的8名学兵，不一定是事件的主角，应该另有人在。有几个人引起了林遵的注意，尤其是第四中队第一分队队长黄宗江，十分活跃。在他和一些年长的学兵身边，围绕着许多从中学来的更年轻的学兵。那8个学兵在事件中出头露面，走在前面，而真正能够发生影响的可能是这些大学生。那封集体签名要求补发旅差费的信就是由黄宗江起草的。那个罢课通告的及时出现更是蹊跷。

林遵经过深思熟虑，反复权衡，力争相安无事，他召集一些从大学里来的学兵，包括担任了学兵分队长的黄宗江和年长的学生开会，开宗明义地说："罢课的事情已经过去了，学兵要求补齐应该领取的旅差费，上峰已经应允调查补发。大家都是在国难当头的时候，为了挽救民族危亡来当海军的，本指挥官十分钦佩！我知道你们中没有一个人是为了金钱才来当海军的，你们都是其他学兵的学长，你们是他们的榜样。不用我说，你们也都知道自己的责任。因此，要求你们继续秉着投笔从戎的初衷，完成下一阶段的学习，特别是带领年纪比你们轻的学兵完成学业，把美国赠送的8艘军舰开回中国去，建设我们的新海军！本指挥官不问过去，一切看现在。我们都是在一条船上，只有'同舟共济'，才能够到达彼岸，舍此没有其他。你们都是大学生，都知书达礼，应该懂得这个浅显的道理。我希望不再发生任何不负责任的行为，我对大家有殷切的期待！"

林遵觉得他必须使这些学生知道，他心如明镜，不是一个糊涂官；他知道分寸，是一个明白官。他要的是大家和睦，要是风平浪静！他"敲山震虎"，要给他们安抚和定心丸，也要亮出纪律和杀威棒。

林遵注意到，这些反应敏捷的学生，对于他的用心，已经了然于胸。

58 年后的 2003 年，黄宗江回忆当年经历，讲述了一个富有浪漫情调的故事：1944 年，他怀着对美国著名的描写海洋的作家奥尼尔·杰克伦敦的向往，参加"中国赴美参战海军"学兵队，到美国后，第一课就是突击补习英语。因为他是大学西语系的学生，无须恶补英语，倒是成了辅导英语学习的美国姑娘温妮的汉语老师。那时，迈阿密残留着对黑人的歧视，街车上黑白分明，白人坐在前面，黑人只能站在车的后部。黄宗江愤怒不已，当着温妮的面用美国俚语破口大骂，斥责种族主义。温妮申明说：我并不把中国水兵当成有色的。黄宗江更加愤怒说：我才不想充你们的白！温妮和黄宗江常常租车出游，一天，街头临别时，黄宗江试探说："你不吻别我吗？"温妮吻了他。那时，在美国军中服务的女性被称为 Wave，与"波浪"是同一个词。于是，美国 Wave 与中国水兵就这样双双坠入了爱河。黄宗江记述道：

> 我们在迈阿密训练结束，准备接舰登舰。我们这些水兵因上级贪污我们的旅费，积怨已久，这时感到登了舰便分散了，乃聚议绝食抗议（拒绝参加接舰仪式）。这当然是犯上乃至可称作乱的大事，但箭在弦上不得不发，我是发箭的带头人之一。午夜，我们三数代表走到宿舍值更军官面前，由我发言并递交我起草集体签名的申诉书，我还捧着一盒英文 China 标志的臂章，声称所发中国军人佩戴英文臂章是一种侮辱，乃退交以示抗议。此时已夜深，我绕道至附近的电话总机，托值班的 Wave 带一封短简转交她同宿舍的温妮，简单地写道：我明日将参加上演"Mutiny on The Bounty"（好莱坞 20 世纪 30 年代名片《叛舰喋血记》），如我被捕，请温妮设法与我联系……事败是必然的，抓了几个骂大街的中学生，押送回国，当"八舰"归国停泊南京下关时，他们还来码头接我们，一切不了了之。我们这些带头的大学生只受了一次训斥，长官声称彼此心照不宣，警告今后再犯，严惩不贷。

另一个因为参加罢课而被捕押送回国的任治佑，2003 年写文章回忆说：

> 谈判僵持不下，走廊里人越聚越多，群情激昂，有

人建议关住领队许世钧作人质。我因去得早，挤在门口边，后面人递过一把锁，我将门锁挂上，旁边卢锡章将门锁上。……中美联合开始大逮捕。我在救火实习课上由美军宪兵和一名中国军官将我逮捕。试问，一个 16 岁的初中生，能运动得了那些大学生和老海军吗？出于义气，我始终没有供出黄宗江。

以后，在 1982 年我与黄宗江见面时，我问他当时的后台，他也问我是不是共产党。而有一点是肯定的，不愿做洋奴的中国青年海军士兵在爱国主义驱动下，敢于在留美部队中造反，反贪污，反内战。

中国水兵在迈阿密的罢课，简直就是 20 世纪 30 年代电影《叛舰喋血记》的翻版。连黄宗江与美国姑娘温妮的浪漫故事，也与"本特"号带头哗变的大副克里斯琴和塔希提岛姑娘的浪漫故事相似。

罢课风波基本平息，林遵集中精力组织训练和接收军舰。

首次登舰

一月的早晨，迈阿密海湾平静的水面由暗黑转成了铅灰色，寒冷的微风阵阵吹来，驱散了朦胧的朝雾。长长海滩上的现代化建筑群，被曙光渲染得绚丽多彩，整个海湾显得生机勃勃。林遵顺着甲板向舰艏走去，踩着脚底下的钢铁甲板，有一种舒服的，甚至是亲切的感觉。海港里咸中带腥的海风，夹着烟气的刺鼻气味，闻起来也是舒服的。这是林遵熟悉的世界，也是久违了的世界，是日思夜想，等待、向往了太久的世界。

林遵亲自主持水兵首次登舰仪式。

8艘军舰停靠在码头，从舰艏到舰尾悬挂着满旗，军乐队奏响了进行曲，一派节日气氛。

码头上水兵队伍排列整齐，水兵们个个精神抖擞，人人都以急不可待的心情在等待着什么，盼望着什么。当喊到一个水兵的名字时，那个水兵响亮地回答一声，从队列里跨出来，大步从舷梯登上军舰，跑到旗杆下面，站到以舰长为首的行列里。接着，第二个水兵也应声从队列里跨出来，快步登上军舰，按序排列在第一名水兵之后……

"太康"号护航驱逐舰全体舰员登舰完毕。

"太平"号护航驱逐舰全体舰员登舰完毕。

"永胜"号扫雷舰全体舰员登舰完毕。

"永顺"号扫雷舰全体舰员登舰完毕。

"永定"号扫雷舰全体舰员登舰完毕。

"永宁"号扫雷舰全体舰员登舰完毕。

"永泰"号海岸巡防舰全体舰员登舰完毕。

"永兴"号海岸巡防舰全体舰员登舰完毕。

登舰仪式像盛大典礼般隆重，军官和水兵们情绪激动，血管偾张，两眼炯炯放光。林遵也激动不已，他要的就是这个效果。他要让所有官兵都记住这神圣的时刻，他要让他们永远铭记这新航程的起点，他要让他们知道这8艘军舰来之不易，他要让他们明白中国新海军建设任重道远！

这8艘军舰吨位都比较小，在美国海军中没有像大吨位军舰那样以著名的地名或人名命名，只有编号。护航驱逐舰"太康"号原为美国海军 DE–6，1450 吨；军舰长 88.5 米，宽 10.8 米，两台 6000 匹马力柴油主机，最高航行时速 21 节；火力配备有 76 毫米炮 3 门，双联装 40 毫米炮 2 门，20 毫米机关炮 6 门，舰尾装备有滚放式深水炸弹架和抛射式深水炸弹发射器；装备有对空、对海雷达，有探测潜艇和海底障碍 QCS 型声呐，有无线电通信设备，有定向仪、电罗经等；

护航驱逐舰"太平"号原为美国海军 DE–47，1450 吨，装备和性能与"太康"号相同；

扫雷舰"永胜"号原为美国海军 AM–257，945 吨，长约 55 米，宽约 9.1 米；

扫雷舰"永顺"号原为美国海军 AM–258，945 吨，长、宽和性能与"永胜"号相同；

扫雷舰"永定"号原为美国海军 AM–259，945 吨，长、宽和性能与"永胜"号相同；

扫雷舰"永宁"号原为美国海军 AM–260，945 吨，长、宽和性能与"永胜"号相同；

海岸巡防舰"永泰"号原为美国海军 PCE–867，850 吨，长、宽和性能与"永胜"号相同；

海岸巡防舰"永兴"号原为美国海军 PCE–869，850 吨。长、宽和性能与"永胜"号相同。这 6 艘军舰也都配备有雷达、声呐、深水炸弹等。

这 8 艘军舰都是美国 20 世纪 40 年代建造的轻型军舰，在当时，是装备比较先进的军舰，是中国所没有的。特别是中国海军原本弱小，1937 年"七七"事变时，中国海军仅有 59 艘舰艇，5 万多吨，其中还有许多应该退役和年久失修的舰艇。同当时日本海军比，不及日本海军舰艇的二十五分之一。就是这些舰艇，在抗日战争初期也几乎损失殆尽。今天能够得到这 8 艘军舰，也可以说是差强人意了。

林遵登上旗舰"太康"号舰桥，通过扩音器向 8 舰官兵发表训词。这是他多日来日思夜想、精心准备的讲话，他慷慨激昂，语重心长：

> 今天，我们组成了中国新海军的一支舰队，大家都是这个大家庭的一员，从今天起，我们将要和我们的军舰一起，朝夕相处，同舟共济，乘长风，破万里浪！
>
> 我们都晓得，海军的责任就是保护国家，做外交的后盾。一个国家的强盛，在很大程度上就看有没有强大的海军。现在，中国是世界五强之一，但是，我们中国的海军同英国、美国等强盛国家的海军比，相差很大。我们打开中国地图，就晓得中国东南一半靠着大海，是濒海的大陆国家。从辽宁与朝鲜交界一直到广西与越南交界，我国海岸线绵延万里，沿海还有几千座岛屿。辽阔的海疆，漫长的海岸，统统是中国的海上藩篱。但是，从甲午战争以来，中国门户洞开，直到今天，我们并没有把这藩篱建立起来。我们生存在太平洋边沿，没有海军，何以立国？我们既然号称世界五强之一，就要有与之相称的海军！愿从今日起，我们共同努力，建设中国

的新海军。祝我们的新海军突飞猛进，使我们的国家与
英国、美国等强国并驾齐驱！

　　我们来当海军，是为了国家。大家抱着消灭法西斯、
报效国家的伟大志愿，离开家乡，离开父母，远涉重洋，
来到美国学习海军，实在可嘉，令人敬佩。我希望大家
不改初衷，不半途而废，坚持到底，一定要学好海军。
我记得海军的老前辈陈绍宽总司令在招考海军学校学生
的时候，出过一道考试题目，其中有一句："He is a smart
officer." 鼓励大家成为灵敏、干练的军官。今天，我转赠
给大家，希望我们 8 舰的官兵，成为中国新海军的种子，
由今天的 8 舰，发展到将来的 80 舰，直到建成中国的新
海军！

　　林遵的讲话在 8 舰官兵心中回荡，他呼唤爱国家、爱民
族，引起了共鸣，激起了水兵们的豪情。中国新海军建设，从
此起航！

双喜临门

　　林遵忙着接收军舰，检查装备，点验和熟悉部队，准备
航渡到古巴的关塔那摩基地展开海上训练。事情千头万绪，容
不得再出一点纰漏。特别是安定人心，是头等大事，绝不敢掉
以轻心，稍有疏忽。从来到迈阿密那一天起，哪怕是躺在床
上，也都是军舰、水兵，水兵、军舰，但他也没有忘记胡志贞
一天天临近的预产期，他希望能赶回去，在她临盆的时候握着

她的手，给她以帮助。

在华盛顿，胡志贞觉得生产前的阵痛开始了，他按照林遵临走前的安排，早早地去了医院，住进待产病房。

墙是雪白的，床头的茶几是雪白的，眼睛接触的全都是雪白的，四周静极了，没有鲜花，没有丈夫在身边，显得那么空荡荡的，无依无靠，她有些害怕，有许多担心。当知道自己怀孕以后，她庆幸来到了美国，来到了丈夫的身边。她憧憬孩子出生的时候，林遵就在自己身边，有了他在身边，就什么都不怕了。自从结婚以后，她觉得自己变了一个人似的，做姑娘的时候，最讨厌凡事婆婆妈妈，喜欢大小事情都自己拿主意，一切由自己做主。可是，同林遵结合以来，却凡事都想听听林遵的意见，凡事都可以依赖林遵！有时候也气恼自己怎么就失去了女人的自主性，可事到临头，首先想到的还是林遵！她想，这大概就是女人，是上天的安排！可现在，她最需要林遵的时候，林遵却不在身边！她担心生产困难，毕竟自己已经32岁了，要算高龄产妇了。她害怕生出来的孩子会有缺陷。当然，这是不会发生的。只要有林遵在身边，就一切都不用担心了！

胡志贞颠来倒去地想了许多。阵痛越来越紧。她想着林遵临走时曾经答应过，在她临产时尽量争取赶回来。林遵是个言而有信的汉子，但这回她知道那只是安慰她的。他肩膀上压着如此重的担子，怎么能放得下呢？怎么能让他放下工作来陪伴生孩子的妻子呢？

阵痛越发厉害了，医生、护士把胡志贞送进了产室。胡志贞又想到了林遵，她在心里向他说：一定要为我们生一个健康的孩子！

1946 年 2 月 1 日，胡志贞预计的产期，林遵清早起来，心里一动，可能是心灵感应，他觉得孩子应当出世了。果然，华盛顿中国大使馆给林遵来了长途电话，大声道喜说："恭喜你呀，生了个千金！母子平安！"

果真是"心有灵犀一点通"，预感准确。林遵决定利用起航去关塔那摩之前的空隙回华盛顿去看望胡志贞，看望新生的女儿。

林遵当天飞到华盛顿，直接去了医院，径直来到胡志贞床前，连声说："抱歉，我失信了，没有赶回来陪你。平安就好！"

胡志贞嗔怪说："你那么忙，哪个叫你来陪我哟！快看看我们的宝宝吧！"

林遵小心翼翼地抱起孩子，看着那新鲜的红萝卜似的小生命，喜不自胜地端详着孩子的面貌说："像谁？像你，像我，像我们两个！我们爱情的结晶！"

胡志贞笑着说："小声点！不害臊。"

林遵依旧笑呵呵地左看右看，认真端详，忽然故作惊讶地说："你看你看，额头上少了些头发，一个丑丫头！"

胡志贞不依了，说道："胡说，一个漂亮的姑娘！"

"不，丑丫头！丑小鸭！"林遵故意坚持说。

胡志贞真的要生气了。

林遵自顾自地念叨说："丑丫头，丑小鸭。丑小鸭会变白天鹅!"

逗得胡志贞开心地笑了。

胡志贞说："给孩子取个名字吧。"

林遵胸有成竹地说："她出生在中华民族抗日战争胜利的时候，就叫'华庆'吧!"

胡志贞也欣然同意。后来，孩子的爷爷觉得"庆"字过于直白，取"卿"、"庆"同音，给孩子改名"华卿"。

胡志贞关心地问道："迈阿密那边的事情安排得怎样？水兵们欢迎你吗？"

林遵说："刚有点头绪。水兵们对我嘛，谈不上欢迎，但看得出来，暂时接受了我。"

"这就好。"

"我赶回来看看你，看看我们的孩子，我马上要赶回迈阿密，整个舰队要行动，我不能在华盛顿多待，明天就赶飞机回去。"

胡志贞叹了一声，说："你任务在身，你走吧，不要耽误了。我和孩子，你尽可放心，不用你管!"

林遵感谢善解人意的妻子，说道："我明天才走，今天让我做些什么吧!"

胡志贞满是柔情蜜意地说："你从美国南方赶到东边的华盛顿，恐怕很累了，好好休息吧!"

林遵说："你看我强壮得像头牛，还用得着休息吗？"

胡志贞笑着说："那好，'命令'你看着我和女儿!"

林遵笑着回答说："遵命!"

惜别迈阿密

孩子的出生，使林遵觉得这世界也变得明亮了，他对事物的看法，似乎也变得宽容起来了。这会儿，他意识到水兵们罢课、绝食，被美国宪兵逮捕，关进美国海军监狱，给这些青年人留下了难以抹去的阴影。他从胡志贞的义愤和戴熙愉的冲撞中，也深刻感受到这一点。再想想自己青年时被军阀关进监狱的经历，他改变了责怪水兵的态度，对他们的行为有了某种同情。而且，他甚至想如果没有水兵们的这次行动，没有这个变故，也可能就没有对他的任命，他也不可能得到这个梦寐以求的机会！

明天，中国舰队将航渡墨西哥海湾，去设在古巴关塔那摩的美国海军基地训练。要离开美国迈阿密了，林遵命令放假一天，军官和水兵可以轮流离开军舰，去告别在这里结识的朋友，再最后流连这美丽的度假地。他了解中国海军的军官和水兵对这座城市的依恋和依依惜别之情。

最早来到这里的是中国海军军官队 60 人。他们远涉重洋，经过近一个月海上航行后，于 1945 年 1 月 2 日在美国西海岸的洛杉矶登岸，然后乘坐火车，几乎是横穿整个美国大陆，来到东南岸的佛罗里达州的迈阿密，住在"好景饭店"。1 月 6 日，就进入迈阿密美国海军训练中心开始复习天文航海、海图作业、船艺、信号、枪炮等基础知识；6 月起，根据接舰后将要担负的职务，分门别类学习航海、舰务、枪炮等专业知识。水兵队 1000 人，也是经过近一个月的海上航行，于 1945 年 4 月底到达圣迭哥。当天，即乘火车来迈阿密，住在阿尔克赛饭店。5 月，即开始在美国迈阿密海军训练中心学习。

当时，日本军队仍然在继续顽抗，太平洋地区的形势十分紧张，美国想尽快使中国海军投入太平洋作战，从实战出发，着重培养实际操作技能，精心组织对中国水兵的训练。一个曾经在中国燕京大学担任过语言教学的理查德博士，用他自己创立的基本英语速成教学法，结合海军用语学习，在短时间内，使中国水兵能够听懂授课，能够使用简单的英语，有效地突破了语言关。训练中心广泛采用电化教学、直观形象教学，大大加快了海军业务学习进程。

中国海军官兵在这里生活、学习了近一年时间，自然会有深深的依恋。

迈阿密，印第安语，意为"大水"。美国南方一座美丽的海滨城市，她像一颗明珠，镶嵌在佛罗里达半岛的东南端，东面是大西洋，西面是墨西哥湾，得天独厚，四季如春。婆娑摇曳的棕榈树，艳丽香浓的热带花丛，把一座城市装点得如锦似画。豪华饭店，购物商场，鳞次栉比。幽静美丽的别墅，掩映在绿树红花间。迈阿密海滩，绵延十里，游人如织，五光十色，男男女女在沙滩上尽情享受着日光浴。美国是一个富饶的国家，这里是一个富人的天堂！让水兵们再去看看这热闹的花花世界吧，明天，他们将投入风簸浪颠的海上训练！

林遵看着水兵们三五结队，络绎离开军舰。他看见了年轻的少尉戴熙愉，叫住他说："你有空吗？我想和你谈谈。"

戴熙愉答道："是。"

林遵笑笑说："我只是想和你随便谈谈，你是我来到迈阿密第一个认识的人。"

戴熙愉放松了，随着林遵的步伐边走边谈。

林遵问道："大家对迈阿密是什么印象？"

戴熙愉说："大多数感到很好，很羡慕。中国虽然也号称五大强国，但比起美国来说，简直不可同日而语！然而，迈阿密也并非一片阳光明媚，美国南方历来是农奴主统治根深蒂固的地方，直到今天，这里还公开实行种族歧视和种族隔离制度。在迈阿密的公共场所，随处都有'黑人不得入内'的标牌，连教堂也是黑白分明，黑人是绝对不许进入白人教堂的。在公共汽车上，黑人只能坐在汽车尾部的座位上，不能'越雷池一步'，稍有违反，轻则遭到呵斥，重则遭到殴打。这是中国海军官兵所痛恨的。我跟你讲一个例子，有个中国水兵有一次到电影院去买票看电影，因为也是'Coloured'，有色人种，买票被拒绝。水兵们知道了这件事情，下一个假日，他们结队去了那家电影院买票看电影，又遭到拒绝。中国水兵是有备而来，一起齐声发出怒吼：'我们是中国水兵，为什么不卖票？'惊动了周围的美国人，电影院才不得不卖票给中国水兵！"

林遵听了点头说："好！据理力争，赢得自己的尊严和权利。"

戴熙愉认真地看着林遵，欲言又止。

林遵坦率地说："你那天的讲话，我想了想，有些是有道理的。去年 10 月间发生的事情，事出有因，不能完全责怪水兵。我希望这件事情过去了，大家都不要再提了，大家都集中力量，搞好训练。"

戴熙愉很高兴和林遵有了共同语言，他说："其实，水兵们学习是很努力的，刚来的时候，许多人听不懂英语，更不懂海军，他们在半年多一点的时间里，突破了英语关，学会了自己岗位的业务，基本上可以上战位值勤，是很了不起的！"

林遵连连点头。

夜晚，水兵们流连在军舰甲板上，留恋地眺望他们居住过的阿尔克赛旅馆，眺望给了他们海军知识和技能的迈阿密美国海军训练中心，眺望他们已经熟悉的城市，他们心中涌起了依依惜别之情。随着军舰轻轻地晃动，一个水兵唱起了美国海军《起锚歌》，水兵们齐声合唱起来：

> 起锚了，
> 伙伴们！
> 起锚了，
> 向所有的欢乐告别，
> 黎明时分，
> 我们即将起航。
> 啊——，
> 像昨日在岸上那样的举杯痛饮，
> 要等到我们再度相聚之时。
> 祝你们航程愉快，
> 平安归来！

歌声苍凉悠远，又激情澎湃，有惜别，更有对前程的向往。

林遵怀着希望，等待明天的起航。

久违了，军舰！久违了，海上生活！离开得太久了，一切都要重新开始。

林遵在旗舰"太康"号安顿下来，他在舰长梁序昭陪同下，从水线下的锚链仓到最上层甲板、轮机舱、电罗经舱、弹药舱、炮塔、火炮射击指挥仪、海图室，都一一检查过。他留神观察舰员们的工作，他还看了所有的水兵住舱，看了炊事舱，仔细询问了军舰的生活保障情况。他在会议舱里会见了军官们，同他们做了简短的交谈。他好像是回到了阔别已久的家里。

在指挥官的舱室里，林遵拍了拍狭窄但十分整洁的床，心满意足地对自己说：有了军舰，有了大海，再有几本书，这就足够了！生命像是一瞬间回归大海了。

第二天早晨，阳光灿烂，风平浪静，林遵命令："全舰队，解缆起航！"

信号旗升起了。

"出港部署！"

水兵们双手后背，跨开双腿，在舰舷站坡。

美国海军军乐队奏起了"Auld lang Syne"（《友谊地久天长》）送别乐曲，迈阿密海军训练中心的教官们和一些美国朋友都在码头挥手告别。

8 舰向古巴海岸航渡。

军舰在轻轻跳动，甲板在轻轻摇晃。

林遵发出命令："列队进入海峡。"

信号旗在旗绳上升起，迎风啪啪飘扬。各舰依序前进。

舰队横穿佛罗里达海峡。

风急浪高，海浪在深凹的海沟上撞击推涌，军舰在波山浪谷里忽没忽现，不少官兵晕船了。能不能战胜风浪，舰队面临着第一个考验。

林遵在前甲板上巡行，他看到一个年轻的水兵在呕吐，林遵走过去关切地问道："难受吗？"

水兵见是林遵，连忙立正，但怕呕吐出来，不敢说话，只连连点头。林遵笑着安慰说："不要紧，我第一次出海，比你吐得还厉害！大海也是欺生的，头回生，二回熟，你跟它熟了，它就不要你'上贡做奉献'了。"

说得周围的水兵都笑了起来。

那个年轻水兵也不紧张了。

林遵继续说道："你知道为什么会晕船吗？"

那水兵摇了摇头。

林遵转向周围的水兵问道："你们谁知道晕船的原因是什么？"

水兵们茫然了，都不知道怎么回答，几乎每个人都有过晕船的经验，但谁也没有去想过一个人为什么会晕船。

林遵解释说："军舰大幅度横摇和纵摇，加上大幅度垂荡，速度过快地改变，而且不断地改变，引起重力发生变化，强烈刺激我们人的前庭器官，就造成人们晕船了。"

水兵们"啊"的一声，恍然大悟。

林遵继续说："我们在航行中，抬头仰望天空，或是老是俯瞰大海，最容易晕船。"他向那个年轻的水兵说："我给你传授一个老水兵的秘密，航行中尽量集中精力，凝视一个固定目标，这叫保持空间的定向，可以减轻或者避免晕船。"

年轻的水兵按照林遵的嘱咐去做，晕眩果然减轻了许多。

太阳在远方沉入海天线，舰队进入夜间航行。

林遵一直坚持在舰桥上，密切注意整个舰队。

长列的海浪从黑暗中翻滚而来，咆哮着直扑军舰舰艏，喷溅出泛光发亮的浪沫。风刮得越来越紧，乌云满天，把月亮都遮没了。林遵和舰员们同暗夜和海浪搏斗，军舰在破浪前进。

经过一夜的航行，舰队接近古巴海岸。

清晨，4 时 50 分，星星逐渐隐没，天色依然昏暗，黎明前的海上，寒浸浸的。只有海图桌的篷布罩中透出微弱的灯光。林遵命令舰队以黎明前战斗状态编队航行。他知道经过一夜航行，官兵们都有些疲惫了，他很想让他们在拂晓前睡一个好觉，但是，他明白这不是睡觉的时候，他命令发出战斗警报。

信号灯光在旗舰和各舰之间往返。

旗舰甲板上，响起了官兵们紧急奔向战位的脚步声，随后，各个战位传来"准备完毕"的报告声。

林遵站在舰桥上向军舰后方看去，后续舰尽管模模糊糊，看不真切，但军舰尾后泛着白色的航迹，翻腾激越。他知道命令在执行。

天色渐渐亮了，水天线清晰可辨，蓝黑色的海洋和明亮的天空，界限分明。官兵们都精神抖擞地站在战位上。

林遵一直以良好的军人姿态挺立在高高的舰桥上，这时，他通过扩音器向旗舰官兵讲话："全体官兵，本指挥官对刚才的行动十分满意。为什么要在拂晓前采取战斗部署？因为军舰在黎明和黄昏时候，最容易受到意外的攻击。在军舰进港和出港时，尤其容易受到意外攻击。所以，都必须采取战斗部署。一旦遭到攻击，我们就可以全速投入战斗。几百年来的海军传统如此，英国海军从纳尔逊时代就采取这一措施，保障军舰不会遭到意外的攻击。我们要建设中国的新海军，要学习海军的优良传统，养成我们的战斗作风！"

天已大亮，林遵发布命令："全舰队转入巡航状态！"

林遵从舰桥上下来，在甲板上看到一个水兵，长长的头发露在帽子外面，林遵叫住他说："你的头发该理了。"

那水兵摸了摸自己的长头发，不好意思地回答道："是。"

林遵加重语气说："不要把头发长了当作小事情，海军的仪表，海军的良好习惯，就是靠平时一点一滴养成的。"

水兵心悦诚服地说："明白了。"

林遵回归大海的日子就这样开始了。从1937年到现在，已经九个年头了，中国海军建设遭到日本侵略者的破坏，如今百废待兴，需要急起直追啊！

舰队航渡到关塔那摩美国海军基地。

关塔那摩，与美国的迈阿密隔海相望，古巴东南沿海的一个天然良港，扼控从大西洋进入加勒比海的航道。美国政府早在 1903 年就强行租借关塔那摩建立海军基地，经营多年，已经建成了一个优良的军港。

关塔那摩海港入口处极狭窄，只有 3000 多米，港池却是 70 平方千米的宽阔港湾。

加勒比海阳光灿烂，古巴岛上风光旖旎，官兵们都向往登岸，以一睹这岛国的美丽景色为快。林遵却下令在关塔那摩港湾中锚泊。风姿绰约的棕榈树，如锦似霞的繁花，可望而不可即。

没有放假，没有休整。林遵更下令出航，进行单舰射击训练。这又大大出乎许多官兵的意料。

军舰航行到预定海域，旗舰上升起了信号，命令各舰开始射击训练。

林遵站在旗舰舰桥上，举起望远镜观察各舰火炮射击的弹着点。靶船上张着耀眼的白帆，在几千米的远处飘摇晃动。只见各舰匆忙射击，炮弹沿着弧形的弹道，飞向靶船。火光闪闪，炮声隆隆，硝烟阵阵，煞是热闹，只是徒然在海上激溅起处处水柱，命中靶标的极少。林遵本想下令停止射击，一转念，隐忍着没有作声。尽管浪费炮弹，但可以让官兵们听听炮声，闻闻火药味，感受感受炮弹出膛引起的震荡，更可以让官兵发现"花架子"的危害，清楚地看到训练中的差距和缺陷。

舰队返航回到锚地，从当天下午一直到深夜，林遵分别把各舰舰长召到旗舰上，一一列举实弹射击的弱点，一一提出改进的办法。他态度严厉，批评一针见血，告诫舰长们说："我们是一支新组建的部队，几乎全是新兵，从来没有海上经验，无论是军官还是水兵，有经验的老手寥寥无几，怎么办？一是抓实战演练，一是抓骨干培养。首先抓部门长，抓炮长。他们是骨干，抓好了，他们再去抓水兵，就可以取得事半功倍的效果。"

林遵来到每一艘军舰，同舰长、副舰长和各部门长一道详细制订计划，组织操演，学习怎样作战。

星期天，舰队又出海了。甲板上牢骚四起，没等人们发出抱怨，没等到驶出港口的航道，林遵突然下令发出战斗警报。

"碰撞应急演习！"

官兵们闻风而动，精神大振。

接着，是消防演习。

再接着是损害管制演习。

林遵规定的严格演习终于结束，已经是临近午夜了，官兵们都筋疲力尽了，但个个兴高采烈。

一个风雨如晦的日子，海况复杂，舰队又出海了，再次进行海上打靶演习。

一艘带有拖靶的扫雷艇，在波浪中起伏。

一架拖着红色筒靶的飞机，在天空中掠过。

各舰相继开火射击。

弹药搬运，通信联络，射击指挥，射击速度，射击命中率，都大有改善。林遵心中高兴。

舰队返航了，停靠在码头。林遵决定，一反通常一次只允许1/3舰员离舰的规定，除值班人员外，其余舰员一律都可以上岸。官兵们顿时响起一片欢呼声。

全舰队官兵这才开始真正了解自己的指挥官。

在"密苏里"号战列舰上

战列舰"密苏里"号驶入关塔那摩,引起林遵和中国舰队官兵的注目。

这是一艘重型巨舰,排水量 58000 吨,名副其实的海上"巨无霸"。巍峨耸立,气魄雄伟,宛如一座钢铁城市。它久负盛名,还因为它是同盟国接受日本帝国主义投降的见证。

林遵和中国舰队的官兵参观这艘军舰。

从舷梯登上军舰,就看见主甲板处镶嵌着一块圆形的紫铜标牌,上面镌刻着英文:"1945 年 9 月 2 日日本无条件投降在此签字"。

新闻纪录片记录下当时的情景。

东京湾,"密苏里"号战列舰威武、高大,极富震慑力量。主甲板上已放置好一张长条桌。这原来是军舰士官室里一张饭桌,权当投降签字用。上面铺着绿色台布,迫令日本政府投降的文件也已摆在桌上。

舰桥上、炮座上挤满了新闻记者和军舰官兵。人们等待那盼望已久的时刻到来。

海军军乐队奏响了胜利进行曲,盟军最高统帅麦克阿瑟和各国受降代表来到了受降桌前。

日本政府外相重光葵、陆军总参谋长梅津美治郎等从军舰舷梯爬上甲板。重光葵拄着拐棍,一瘸一跛走在前面,其他人亦步亦趋，鱼贯来到受降桌前。他们不再是气焰嚣张，不可一世，而是沮丧，狼狈，无可奈何。

多行不义必自毙，这是自然法则，这是侵略者的必然下场。

重光葵弯腰躬身，代表日本天皇裕仁俯身在日本投降书上签字。接着，梅津美治郎代表日本帝国大本营在投降书上签字。日本正式向同盟国无条件投降。

随后，同盟国代表麦克阿瑟签字，接着，美国代表尼米兹海军上将、中国代表徐永昌将军、英国代表福莱塞海军上将、苏联代表杰列维雅科中将签字，澳大利亚、加拿大、法国、荷兰、新西兰等国代表依次签字。

反法西斯战争胜利结束，第二次世界大战胜利结束！人们欢声雷动，乐队再次奏起胜利乐曲。

林遵站在受降军舰的甲板上，感慨良多。他想起了在秋浦河牺牲的水雷队队员范祥元、朱星庄和陈庸正，他们都是多么优秀的青年，他们还没来得及孝敬父母，还没来得及享受生活，就牺牲在日本帝国主义的枪口之下。日本帝国主义欠下的中国人民的血债，是永世不能忘记的。

日本，历史上给中华民族带来了最深重的灾难。从15世纪起，日本倭寇开始袭扰中国沿海地方。《明史》记载，从明朝嘉靖中期开始，"倭剽掠，辄得志，盗无所忌，来者接踵"。倭寇为患，几百年一直连绵不断。公元1609年（明万历三十七年），日本江户幕府德川家康悍然派兵入侵中国藩属琉球，强占琉球群岛。1905年甲午战争中，日本迫使中国清朝政府割让台湾、澎湖列岛。到了 1931 年，日本制造"九一八"事变，强占中国东北。1932 年，制造"一·二八"事变。1937 年，悍然发动全面侵略中国的战争。中国人民经过八年抗战，牺牲了几千万人，终于取得了民族独立战争的胜利！这胜利得来是多么不容易啊！痛定思痛，林遵觉得中国迫切需要建设一支能够保卫国家的新海军！

抗日战争之初，中国海军舰船仅及日本海军的 1/25，在战争之初，就完全丧失了海上抵御侵略的机会和可能。既没有用海的舰船，也失去了用海的海洋空间。抗战进入相持阶段，虽然用水雷战消耗了日本海军力量，迟滞了日本海军的进攻，但作为海军主要战斗力量的舰艇，却只能避退后方。作为一个海军军人，心中的隐痛，是无从叙述的。今天，战争结束了，尤需急起直追，迎头赶上！

林遵和官兵们仔细参观"密苏里"号战列舰，它的厚实钢甲，它的 26 万匹马力的主机功率，它的 35 节的航行速度，它的 400 毫米的主炮，它的先进的雷达、无线电设备，它的井井有条的管理，都给人以深刻印象，让人羡慕。但是，林遵想得更多，他天生是一个对新事物敏感，努力追求海军新技术的舰长。

林遵审视刚刚结束的第二次世界大战。从大西洋和太平洋上的海军角逐来看，日本海军仅以 6 艘航空母舰的舰载飞机，成功地偷袭了美国珍珠港。虽然在战略上犯了致命性的错误，但是，不能不说日本人在运用航空兵上取得了胜利，在战术上获得了巨大成功。后来，美国海军也"以其人之道还治其人之身",从航空母舰上起飞轰炸机摧毁日本东京。美国飞行员们明知起飞的飞机无法返回航空母舰,他们仍然勇往直前,轰炸日本后飞到中国大陆降落。海军航空兵的成功运用,表明在海洋上,战列舰的时代已经过去,代之而起的将是航空母舰,是海上飞机,是海军航空兵。

林遵又带领官兵们参观了停泊在关塔那摩港湾的美国海军"罗斯福气"号航空母舰,获得新的感受和新的知识。他强烈意识到,对于中国海军来说,航空兵,航空母舰,还是一片空白,是一个全新的课题。这是今后要认真研究学习的事物。

回国前,林遵要求各艘军舰向美国方面提交需要修理的项目和补充机械备件的详细清单。林遵亲自一项一项地查核,务求仔细周全,使每艘军舰的检修都达到最佳状态,修理备品能够满足长途航行的需要。

军舰舷边,悬挂着脚手架,官兵们站在上面,兴高采烈地敲铁锈,重新油漆军舰。

林遵手拿小锤和钢丝刷和水兵们一道工作,一点一点敲除铁锈,然后涂上防腐剂,再刷上银白色的油漆,把军舰整饰一新。

新的一天开始了,8舰官兵统一换上了崭新的中国海军服装。

一支全新的中国舰队整装待发。

林遵抽空赶回华盛顿,走进家门,只见胡志贞正在逗女儿说话。

三个月不见,女儿华卿长大了,认识人了,咿呀学语了。

他高兴得把女儿抱起来，高高举起说："我女儿长高了！"

胡志贞仔细端详林遵，说道："瘦了，但是，精神头很足！看得出来，干得顺手，很得意！"

林遵说："知夫者，莫若妻也！你真正是我的知己。"行色匆匆，情意浓浓，林遵有许多话要对胡志贞说。他把胡志贞拉到自己跟前坐下，兴奋地说："原来，我很有些担心，现在好了！这些水兵个个都很聪明，有文化，什么航海哪，枪炮哪，他们一学就会。这样一支队伍，带好了，做什么都行！"

胡志贞了解林遵，知道他又有了新的想法，有了新的打算，她充满爱意地望着林遵，鼓励他说出来。

林遵热切地说出自己的设想："上峰命令，我带领这支舰队从大西洋出发，经太平洋回国，沿途宣慰所到国家的华侨同胞。这次远航，时间大概三个月，对水兵们是一次难得的远航训练。经过在关塔那摩的强化作战训练，再加上回国途中的远航，横跨太平洋，航程长，海况复杂，还可能遇上台风，这都对锻炼舰队有好处。这样一来，我熟悉了这支舰队的官兵，官兵也了解了我，这支队伍就更好带了。我想，回国以后，就以目前的 8 舰为基础，集中训练，集中建设。训练成一舰，可以带动一艘新舰。一而十，十而百，中国新海军的建成，指日可待！"

林遵说得热情洋溢，说得兴奋异常，说得十分有把握，说得眼睛发亮。胡志贞也为之振奋。不过，她觉得这只是林遵个人的一厢情愿。她不忍使林遵扫兴，不忍打击他的情绪，只是轻轻地说："但愿天从人愿，一帆风顺。"

林遵信心十足，满怀希望，分析说："抗战胜利了，中国是世界五强之一了，上峰难道不愿意中国强大，不愿意拥有强大的海军吗？我想，会的。在当今世界，没有海军是不行的，特别是中国，过去就吃了没有海军的亏，应该急起直追了。陈绍宽总司令的话，我一直记得，他说：'自道光二十二年南京条约起，继之以咸丰八年开始丧失内河航行权；同治十三年断送了琉球群岛；光绪十一年，中国于战争胜利中反而放弃了安南；光绪二十一年，又失去台湾全岛与澎湖群岛。纵观百年以来，一部伤心痛史，外患纷呈，神州失色。……假如我国海军足以自卫，则敌人有所忌惮，未必敢轻率地向我寻仇，更何敢向世界挑战？'他讲的是至理名言。中国要记住抗日战争的痛苦教训，加快建设新海军，刻不容缓！"

胡志贞疼爱地看着林遵，敬佩他对事业的执着。

林遵究竟只是一个职业军人，他对上峰寄予希望，而不明了海军在上峰眼中的地位和作用，终不免使自己陷入痛苦。

林遵和胡志贞相拥着来到落地窗前，天上的星星在闪烁，下面的花园里飘来阵阵花香。

胡志贞依偎在林遵胸前，说道："这回你可要好好休息几天，好好陪陪我们女儿！她出生以来，你还没有带过她一天哩。"

林遵抱歉地说："准备远航，有许多事情要做，我抽空回来一天，安排你们回国的事情。我托人替你们买船票，你自己带着女儿坐邮船回国，我照顾不了你们了。"

胡志贞说："哪个要你照顾哟，我们母女俩自己会照顾自己。明天你好好在家休息一天，买船票这些事情你都不要管了！我自己会办好的。"

在关塔那摩强化作战训练三个月，官兵们熟练地掌握了岗位操作，可以独立工作了。留在各舰帮助训练的少数美国海军官兵也撤走了。国内命令林遵率领舰队准备回国，沿途宣慰旅居海外的华侨同胞。林遵最在意的是将要率领舰队去日本，去那个曾经给中国带来无穷灾难的日本，看看那个曾经不可一世的帝国现在是什么样子。

迈阿密絮语

2016 年 6 月，我来迈阿密，追寻当年中国海军足迹。

蓝天如洗，热风扑面，椰树婆娑，只有热带才有的树的芬芳，花的秾艳，叫人心旷神怡。海滩雪白耀眼，海湾里游艇琳琅满目，美不胜收。70 年过去了，这里美丽依旧，仍然是富贵闲人的天堂。第二次世界大战时的记忆远去了。

1944 年底，世界反法西斯战争胜利前夜，中国抗日战争最艰难的黎明前的黑暗时，日本军队打到了贵州独山，战时陪都重庆震动。十万火急，危在旦夕。"国家兴亡，匹夫有责"，一大批中国青年踊跃投身民族救亡行列，78 名青年军官、1000 多名大、中学校学生参加赴美接舰的水兵大队。水兵们于 1945 年 1 月分别乘美军运输机经危险万千重的驼峰航线飞越喜马拉雅山到达缅甸密支那，转印度加尔各答，从孟买乘美国军舰，避开日本海军的袭击，在海上漂游近一个月，到达美国西海岸的圣选哥。然后乘火车横穿整个美国，来到美国南方佛罗里达半岛的迈阿密，在美国海军训练中心接受训练。我寻找当年美国海军训练中心，无处问津；寻访当年中国水兵驻地"阿尔克扎旅馆"（Evergrade Hotel），也不可得。而这都是当年中国水兵梦魂萦绕的地方。

　　1938年抗日战争爆发不久，中国海军舰艇或毁或沉，退缩到长江上游，作战的海洋空间没有了，在长江上开展水雷游击战也难以为继了。林遵等一批青年军官力主组织舰船到沿海作战，但是，苦于没有军舰。其时，林遵的老朋友林祥光担任中国驻美国大使馆副武官，林遵向他诉说自己的想法，得知与林祥光同时任驻美国副武官的杨元忠，了解到加拿大、巴西等国海军根据美国战时租借法案，向美国借舰参加作战，萌生了中国海军向美国借舰参加作战的想法，他已经向美国海军军令部负责同中国海军联络的翟瑞乐中校提出咨询。翟瑞乐早年在北京担任过语言军官，对中国热心、友好，赞赏杨元忠的设想，陪同他去美国海军军令部战备处交涉，得到积极回应，但必须由中国政府提出申请。杨元忠回到大使馆向武官报告，不料武官态度冷漠。恰在此时，武官被召回国述职，指定杨元忠代行武官职责。杨元忠立即拟定运用租借法案借舰参加作战的报告，请武官带回国内向当局申报。同时，把副本寄给了重庆的海军同学。不久，同学来信说，他见过这位武官，武官认为借舰是杨元忠多事，决定不向上呈报。杨元忠哭笑不得。但他不甘放弃，向驻美国大使，正在美国主持采购国防物资的宋子文求助，都得不到支持。杨元忠无可奈何。不久，得知武官带领一批进修的海军军官已经离开重庆转印度候船来美国，他决心趁此时机，以代理武官的身份将报告直接报送重庆军令部。等到武官回到美国时，木已成舟，已无法阻止了。可是，重庆军令部直到半年多以后才批准借舰参战的报告，杨元忠即与美方商定，拨借"太"字号护航驱逐舰、"永"字号护航炮舰各4艘。然而，军令部批复时改成驱逐舰、潜艇、布雷舰、扫雷舰各2艘。原案是4大4小，修正案则为2大6小。而且，美方规定驱逐舰、潜艇不能拨借，改以护航驱逐舰和驱潜舰代替。比原案逊色多了。预计在1944年训练成军，配合美军在太平洋对日军作战的设想，也由于迁延耽搁而成泡影。

1984年杨元忠先生在台湾《传记文学》写文章对"无谓的阻扰"、"真吃'官僚乡愿'的亏"、"借得到舰来不及参战"深为感慨。

林遵与杨元忠都深知，中国近代海军发轫于清末左宗棠、沈葆桢创办马尾船政学堂，一直奉英国海军为圭臬，从严复到民国的海军总司令陈绍宽都是从英国皇家海军学院毕业的，很少与美国海军有联系。抗日战争后期，被人称为海军少壮派的林祥光、林遵、杨元忠等虽也留学英国，但看到第二次世界大战后美国海军的崛起和世界海军潮流，希望得到美国帮助重建中国海军。林遵曾经说，多年来，中国海军上上下下追求建设一支强大的海军，多方求索，矢志不渝。杨元忠在拓展海军学习渠道、适应海军发展潮流方面起了很好的作用，帮助战后的中国很快拥有一支比较先进的舰船部队，也促进了海军人才成长。1949年4月，林遵率领海防第二舰队30艘舰船起义，一批经过迈阿密训练的舰长、部门长和士兵，转入人民海军，成为帮助新海军尽快掌握技术的不可或缺的力量。国民党海军撤退台湾后，最初 10 年间的三任海军总司令马纪壮、梁序昭、黎玉玺，也都是当年 8 舰中的舰长或副舰长。

第二次世界大战开始时，美国没有参加作战，1940 年 12 月 17 日，美国总统罗斯福发表讲话，提出美国可以向反法西斯国家借出军火。他生动地比喻说：假设邻居失火，我只能把浇园的水龙带借给他去灭火，而不应让他事先付钱买这条水龙带。他进一步说："美国必须成为民主国家的兵工厂。"1941 年 3 月 11 日，美国参、众两院通过《战时租借法案》，经罗斯福签署后正式生效。美国开始改变中立状态，由孤立主义走向参战。美国先后共向英、苏、法、中等几十个反法西斯国家提供 500 多亿美元的物资，其中，给予中国的援助为 8.45 亿美元。美国履行承诺的义务，在迈阿密用新的海军理念，利用先进的电化教育手段，着重实际操作技术的速成训练，帮助中国青年学生较快完成了向合格水兵的转变。参加收复西沙群岛的"永兴"号驱潜舰副舰长李景森回忆说："共同参加反法西斯战争，美国给了我们帮助。为了打击德国法西斯的潜艇，当时刚刚发明声呐，实际就是水下雷达技术，精确探查敌方潜艇位置，这是当时最新的秘密武器装备，美国海军训练中心无保留地向中国海军传授这项技术和装备。"

"永兴"号航海官兼军需官戴熙愉回忆说："依据《战时租借法案》，美国赠送给中国海军 8 艘军舰，其中的"太平"号、"永兴"号在 1946 年 12 月由林遵率领航向西沙群岛、南沙群岛，收复了曾经被日本军队侵占的中国南海诸岛。我们始终是记得的。"但也不无遗憾地说："只是美国人健忘，今天在南海采取了有悖当年的正确作为。"

今天，南海风云变幻，人们当记取反法西斯战争中的经历。1943 年 11 月，中国、美国、英国三国在埃及首都开罗举行同盟国首脑会议。美国代表提出《开罗宣言》草案，明确写明满洲、台湾和澎湖应"归还中华民国"。英国代表却提出只需写明"必须由日本放弃"满洲、台湾和澎湖即可。中国代表指出如果不明确宣布这些土地归还中国，而使用含糊的措辞，那么，联合国家共同作战和反侵略的目标，就得不到明确的体现。《开罗宣言》也将丧失其价值。美国代表赞成中国代表的意见，将宣言初稿此段文字表述为："被日本所窃取于中国之领土，特别是满洲和台湾，应归还中华民国。"《开罗宣言》草案经中、美、英三国首脑一致同意后，送交美、英、苏三国首脑举行的德黑兰会议。斯大林明确表示："朝鲜应该独立，满洲、台湾和澎湖等岛屿应该回归中国。"1943 年 12 月 1 日，中、美、英三国在重庆、华盛顿、伦敦三地同时发表《开罗宣言》，指出中、美、英三国对日作战的目的在于制止和惩罚日本的侵略；"剥夺日本从第一次世界大战爆发后，在太平洋上夺得或占领的一切岛屿"，使日本强占的中国领土，例如东北地区、台湾和澎湖群岛等"归还中国"。

战后美、苏对立，冷战激烈。1951 年 9 月 4 日至 8 日，美国公然不顾《开罗宣言》、《促令日本投降之波茨坦公告》和其他有关国际协议规定同盟国家不得与敌国单独媾和，对日和约应先经中、苏、美、英四国外长会议准备，并采取大国一致原则签订全面对日和约，于 1951 年 9 月 4 至 8 日在旧金山召开美、英、法等 48 个国家的对日和会，把对日作战的主要国家中国（包括台湾国民党政府）完全排除在外，单独对日缔结《旧金山和约》，篡改《开罗宣言》和 1945 年 7 月 6 日《波茨坦公告》精神，在权利一章中只指出"乙、日本放弃对台湾及澎湖列岛的一切权利、权利根据及要求。""己、日本放弃对南威岛及西沙群岛之一切权利、权利根据与要求。"他们背弃了 1943 年 11 月在开罗会议上的主张，故意只字不提上述领土的归属问题，为以后亚洲领土纠纷种下祸根。

参加过对日作战的印度和缅甸拒绝参加旧金山会议，苏联、波兰和捷克斯洛伐克拒绝签字。越南、朝鲜、蒙古宣布不承认该条约。中国政府郑重声明，《旧金山和约》由于没有中华人民共和国参加准备、拟制和签订，是非法的、无效的，绝不承认。

逝水沧桑，往事如昨，不可磨灭，不可遗忘。

去迈阿密途中，笔者在美国首都华盛顿看到第一次和第二次世界大战纪念碑，还看到了朝鲜战争、越南战争纪念地，展示美国人对战争的记忆，发人深省。在大片草坪上，一组几十个战士塑像散在野地，小心搜索，互相呼应，凸显朝鲜战争的艰难困顿，地面石碑上镌刻数字："联合国军"（美军）伤亡 47 万多人，惊心动魄。另一组越南战争中三个士兵塑像，显现出茫然、无奈。镌刻着千万牺牲者姓名的黑色大理石墙，组成一条甬道，步步引向地下，寓意深邃。朝鲜战争是美国将军承认"在没有取得胜利的协定上签字"的战争。越南战争导致美国分裂和觉醒。这两组塑像寓意人类应当远离战争的警示。作为战争对立一方的一名中国军人，我可以坦然对待这样的记忆。我想，美国军人，美国人民，必将记取世界反法西斯战争的启示。中美两国军人曾经同一营垒，也曾经兵戎相见，有足够的历史智慧，在广袤的海洋，在无限空间，摒弃"丛林法则"，避开陷阱，为人类持久和平做出新的贡献。

六、大西洋和太平洋　1946 年

　　百年苦难，人们期盼中国富强。"戡乱建国"把振兴中国海军的壮志打得粉碎。

艄公不努力，耽误一船人

　　舰队即将远航，一片喜气洋洋，上上下下迫不及待。从舰长到水兵，想的是乘长风，破万里浪，一帆风顺。

　　旗舰会议舱里的电风扇呼呼吹着，舰长们互相高声招呼，嘻嘻哈哈说笑打趣，轻松愉快。林遵走进来，舰长们立刻都站了起来。林遵示意大家坐下，开口问道："本舰队要远航回国了，各舰都准备好了没有？"

　　舰长们异口同声回答说："准备好了！"

　　一个舰长还补充了一句："万事俱备，只欠东风。就等指挥官的命令了！"

　　林遵却一下严肃起来，他对这个舰长说："真的准备好了吗？由于长时间航行，温度太高，轮机的某个管子突然爆裂了，怎么办？"

那个舰长没有想到突然发生的情况，一时间不知道如何回答。满座顿时严肃起来。

林遵加重语气说："前程会有风浪，会有各种意想不到的困难。特别是横渡太平洋，要穿过赤道，要遭遇台风，兮舰长时间航行，航向可能发生偏差，轮机可能出现故障……你们想过没有？应对这些意外，没有预案，事先没有准备，事到临头，就将不知道如何处置！俗话讲：'船到中流补漏迟'，不'未雨绸缪'不行。"林遵顿了顿，说道："给大家三天时间，各舰上上下下再仔细检查一遍，认真查找设备、机械，看看哪些部门还存在隐患，哪些设备还缺少备品；认真考核军官和水兵的操练，看看能不能胜任岗位操作，还有哪些不会的……三天之内，把需要本指挥官做的，需要向美国海军基地要求补给的，一五一十详细报告上来。"说到这里，林遵停了停，缓和了一下，继续说道："俗话讲得好，'艄公不努力，耽误一船人'！你们当舰长的，要知道肩上担子的分量，要知道责任重大。一旦起航，就不会再有练兵的机会，不会再有演习的机会，甚至连改正错误、补救失误的机会也不再有了！水手有句行话：'跳板一撤，就全靠自己了！'现在，发现有困难、有缺陷，立刻报告上来，还来得及补救。你们报告了，我不解决，是我的责任；你们事先没有发现，不报告，到了海上，就是你们的责任！我不知道，我说的话你们听明白没有？"

舰长们大声答道："明白了。"

林遵分别到各舰去，一个部门一个部门检查，连每艘军舰的锚链，都从锚链舱里拉到甲板上，一节一节仔细敲击检查过了，他才放心。每到一艘军舰，林遵都召集全体军官开会，听他们报告本部门的人员和工作情况，提出改进的意见，手把手教他们准备远航。

一切准备就绪，林遵命令起航。

军舰陆续起锚，烟囱里飘出缕缕棕色轻烟。

林遵一步也不离开旗舰的舰桥，丝毫不敢懈怠。

以"太康"号为旗舰的中国舰队起航，开始返回中国的航程。同行的还有美国新赠送给中国的一艘 15000 吨的运输修理舰"玛米"（Maumee）号，改名为"峨嵋"号，暂由美国海军人员驾驶，护送 8 舰远渡重洋。

8 艘军舰鱼贯驶出关塔那摩湾，沿着古巴岛东海岸编队航行。

朝阳照亮海面，金光灿烂。舰队浩浩荡荡，乘风破浪。

从 15 世纪郑和宝船舰队结束航行以来，大洋上已经久违了中国舰队的踪影。从那时以来，400 多年过去了，一支中国舰队重新出现在海洋上。这支舰队将从大西洋，经加勒比海，穿过巴拿马运河，进入太平洋，沿着墨西哥海岸，向西北航行至美国洛杉矶，然后横渡太平洋，回到中国。这是一次壮举！林遵想要使一千多名官兵都有一种光荣使命感，要让他们感受到海洋的魅力，培养出献身海洋的精神。

舰队在古巴第二大城圣地亚哥短暂停留后，直驶古巴首都哈瓦那。

古巴是大安地列斯群岛中最大的海岛，原来居住的是印第安人。1492 年哥伦布到达这里，16 世纪初沦为西班牙殖民地。1868 年到 1898 年，30 年间，古巴人民为争取独立、自由，进行了前仆后继的抗争。1898 年美国发动对西班牙的战争，驱逐了西班牙人，占领了古巴。1902 年古巴成立共和国。

舰队驶进哈瓦那（La Habana）港。

哈瓦那，古巴西北端的良港，港深池阔，海运繁忙。

8 艘中国军舰停靠在码头，舰桅上飘扬着中国国旗，在风中啪啪作响。太阳照耀着银白色的舰身，光彩夺目。

哈瓦那的华侨，扶老携幼来到码头上。

许多老年华侨远远地看到中国军舰，悲喜交加，不由得泪流满面。他们急步向前，跌跌撞撞走到军舰面前，扑通跪下，号啕痛哭，涕泪滂沱，三跪九叩，匍匐在地。

林遵和官兵们赶忙扶起老人们。但是，老人们流着眼泪，执意要继续磕头跪拜。他们如嘶如吼，如泣如诉地说："让我们好好拜拜家乡土地，拜拜爹娘，拜拜列祖列宗！"

林遵搀扶起一位老人，老人家泪流满面，哽咽着诉说："几十年了，回不了家乡，看不见故土，不能孝敬爹娘。爹娘老了，不能为老人家发丧送终；日本鬼子打进中国，我们不能捐躯报国。我们是不忠、不孝，我们是不肖子孙啊！"说到这里，老人大放悲声，说不下去了。

林遵也禁不住陪老人一起落泪。

老人强忍泪水，说道："见到你们，见到祖国军舰，就见到了亲人，见到了故土！"说着又要俯身下拜。

风亦呜咽，天亦堕泪。

林遵命令官兵们搀扶华侨登上军舰甲板，让亲人们亲手摸摸这代表着祖国的军舰。

林遵受到强烈的冲击，从来没有这样强烈地感到祖国在每一个中国人心中的分量。

18世纪末19世纪初，西方殖民主义者就开始在中国东南沿海一带贩卖人口。清朝道光七年（1827年）的《粤游小志》中记载："东省……有诱愚民而贩卖出洋者谓之卖'猪仔'。"鸦片战争以后，贩运"猪仔"的罪恶活动更加猖獗。从1850年到1870年的20年间，达到疯狂高峰。大批中国人被骗卖到海外。他们中的绝大多数是农村破产，迫不得已外出打工谋生的农民。他们被叫作"契约工"、"赊单工"，蔑称为"猪仔"。古巴是拉丁美洲华工集中的地方。从中国到古巴，当时海上航程在100天以上。华工们不仅要遭受风浪颠簸之苦、饥渴病痛之灾，还要忍受欺凌侮辱，"生入地狱之门，死作海岛之鬼"。据不完全统计，1847年中国工人开始来到古巴，在以后20年间，即有114081名中国工人来到这里，被折磨致死的竟有53502人，几乎一半的人都客死他乡。非人的待遇，常常激起反抗。

当时，葡萄牙人占据的中国澳门，就是贩卖、运送"猪仔"的罪恶之地。1855年，澳门就有5家"猪仔馆"、卖人行。19世纪40年代到70年代先后被贩卖到古巴的15万华工，绝大多数是从澳门运送的。1859年11月，"挪威"号苦力船运送1038名华工前往古巴。华工们只能拥挤蜷缩在底舱，没有足够的食物，没有足够的淡水，连足够的空气也不可得，加上人格侮辱，华工们实在忍无可忍，起而反抗。凶残的船主命令开枪，华工们一批批倒在血泊中。华工们前仆后继，焚烧底舱，破釜沉舟，拼死一搏，130 多人牺牲，最后还是被镇压下去。1872 年 8 月，西班牙"发财"号苦力船从澳门出海，1000 多名华工不堪忍受欺凌和饥渴，在途中三次暴动。船主命令向底舱开枪，浇泼沸水，打死了许多华工。然后，把其他的华工分批押上甲板，将他们的发辫捆在船舷上，剥去他们的衣裳，疯狂地鞭笞，活活打死了许多华工，残酷地镇压华工的反抗。

华工们到达古巴，已是九死一生，奄奄一息。他们被卖到矿山或种植园，被当作奴隶一样对待。在极端艰苦的条件下，从事非人的劳动。终其一生，累断了筋骨，流干了血泪。身处异国，叫天不应，叫地无门，被压榨得只剩一把骨头，最后抛尸异地，死不瞑目！

几十年后，20 世纪 90 年代，一个名叫海斌的水兵在回忆文章里记叙了他当年拜访华工老人的情景：

　　汽车穿过新城通衢大道，驶入哈瓦那西侧濒临墨西哥湾的半岛上，这是老城所在地。山冈上留有许多西班牙式的古老建筑。山冈下是茂密的热带植物园，绿荫丛中隐现出幢幢漂亮的别墅，那是富有的企业家、政府官员的住宅。在另一边山脚凹地里是华人聚居地，与黑人住宅区紧紧相连。华人区的街道狭窄，两边大都是中式低矮平房，商店门前挂着中文招牌，宛若中国南方小村镇。我们来到一座中式院落门前，匾额上写着"广东会馆"。入内有一天井，中间是堂屋，靠正中墙下设有一长方供桌，放有香炉。墙上挂着关圣帝君的画像，左右配以财神菩萨和灶君画像。从这些陈设供奉可以看出华侨浓厚的乡土怀旧观念，就是在国外多年，他们仍然保持着中华民族的传统文化习俗。

我们进入左边一间厢房，一个白发苍苍的干瘦老人半躺在一张木躺椅上，这就是叶福堂老人。

屋内陈设简陋，一张挂着蚊帐的木床，一个衣柜，一张小圆桌和几把木椅。老人已经80多岁，虽然腿脚行动不便，但精神矍铄，思路清晰，记忆力特好，几十年前的往事，娓娓道来，向我们叙述了他曲折坎坷的苦难人生。

叶福堂老人生于清朝同治年间，原是广东潮州地区的小商贩，光绪八年，他到广州进货，遇到一个人口贩子，假说澳门有便宜洋货，把他拐骗到澳门卖给"猪仔馆"。一进猪仔馆就被关进一间大黑屋，失去了自由。他放声痛哭，家有老父老母，但无法通报消息。同屋中有100多人，大多是被拐骗卖进来的，也有几个人是因为欠债或赌博输了而冒险出洋想赚钱的。过了几天，洋人强迫他们签订合同到外国打工8年，谁要说不去，洋人就用木棍痛打，直打得遍体鳞伤。洋人行凶的时候，为防止声音外泄，猪仔头不断敲锣，乱放鞭炮，掩人耳目。有的被打成重伤，有的竟被打死。叶福堂和许多人一样，只得答应签订打工合同，心想只要熬过8年满期，就可以回国了。一天晚上，几个持枪的洋人把几个人的发辫绑在一起，一队一队地押解到猪仔船上，关进船下底舱。船舱狭窄，人多拥塞，密不透风，闷热难当。每人只有一尺之地，晚上睡觉只能蜷缩成一团。每天只有两顿臭米饭，吃喝拉撒都在舱里，舱内臭气熏人。洋人持枪把守舱口，不准任何人出来。华工们被关在底舱，不见天日，不知白天黑夜，也不知道开向何方。海上遇到风浪，船身颠簸摇晃，华工们大都晕船呕吐。最叫人难以忍受的是淡水供应越来越少，华工干渴至极，要求喝水。先还给一点臭水，后来连臭水也不给了。华工们齐声要求喝水，洋船主说猪仔闹事，命令洋水手对着舱下放火枪，打死好几个人，死尸被拖上甲板抛进海里。人们吓坏了，再也不敢闹喝水。

船舱中渴死病死的有 20 多人。华工们受尽折磨，也不知道船走了多少天，总算到达港口，全舱人已死去 1/4，幸存者也已是奄奄一息了。叶福堂下船后才知道到了古巴国，也不知道古巴国离中国有多远！华工们上岸后被剪辫洗身，送入卖人行。发卖时，都要脱光衣服，赤身裸体，分成上中下三等，买主看验估价，与卖牲口一样，羞辱太甚。叶福堂和一部分人被卖入制糖作坊，另一部分人被卖入甘蔗种植园，雇主是西班牙人。契约华工集中住在监狱似的工棚，门禁森严，不得越雷池一步。每天在工头的监督下，劳动长达 10 多个小时，稍有懈怠即遭鞭打。契约华工受到的虐待，比黑奴还要厉害。黑奴作为主人的财产和工具，如果折磨死了，还要花钱再买，因此，主人对自己的牲口还有一定的体恤。对契约华工则不然，华工只是在契约期内为雇主劳动的奴隶，雇主在短时期内，用最残酷的手段，尽最大可能榨取华工的全部血汗。大部分华工在契约期间即被折磨死亡。一般劳工的寿命只有5年，连死后的遗骸也被雇主烧成骨灰，当作蔗田的肥料。少数华工侥幸活下来，苦熬8年到契约期满，雇主又蛮横地不给满身纸（证明契约期满为自由人的文件），强迫华工续约，如果不从，送官府罚做无钱官工，有如罪犯。做了若干年官工后，还要做"绑身工"，即由官府将华工出租，工资大部上交，华工所得只能勉强维持生活。有的华工被折磨了十几二十年，才取得满身纸，但人已衰老，周身病痛，而且身无分文，多想回国，却筹不起盘缠，只有望洋兴叹。终其一生，流落异国！叶福堂在制糖作坊做了8年契约工，期满后被强迫续约，又做了8年工。1895年，古巴爆发革命，糖厂华工和黑奴纷纷起义，焚烧了甘蔗种植园，杀了西班牙雇主，参加革命军。叶福堂英勇作战，在一次战斗中他腿部负伤，成了瘸子。古巴独立后，他成了自由人，但身体已经伤残，他想回广东老家，又一时筹不起路费，他托人打听父母的消息，得不到回音，却传来国内兵荒马乱、民不聊生的消息，纵然回去也无谋生之路。无可奈何，只得留在异国。现在，人已到耄耋之年，靠着古巴政府微薄的抚恤金和广东会馆的救济，他才得有栖身之地，看来只有老死他乡，了此残生。

老人说到这里，不禁老泪纵横，泣不成声。

林遵和官兵们满怀悲愤，为华侨同胞一洒同情之泪。

林遵和水兵来到哈瓦那市中心广场。这里矗立着古巴民族英雄何塞·马蒂的铜像和纪念碑。在这座纪念碑不远处，还矗立着一座 10 多米高的圆柱形大理石碑，黑色大理石基座上镌刻着古巴将军冈萨洛的题词：

在古巴的中国人，没有一个是逃兵，没有一个是叛徒。

在古巴的华侨，参加了古巴人民反对西班牙殖民统治、争取独立的战争。和古巴人民一道为反对西班牙殖民统治英勇献身，建立了功勋，赢得了古巴人民的褒奖和尊敬。

林遵和官兵们在纪念碑前肃立致敬。

古巴政府十分重视中国海军舰队的来访，古巴总统亲自在哈瓦那中心广场主持欢迎仪式，检阅了中国海军舰队的分列式。中国海军官兵以三列纵队行进在哈瓦那大街上，古巴人民和华侨万人空巷，争相一睹中国海军风采。

林遵更深刻地感到，海军作为一个国家强弱的标志，具有一种震撼人心的力量。热切盼望着尽早回到祖国，一展平生抱负！

在巴拿马运河区

4 月 18 日，中国舰队离开哈瓦那，驶入加勒比海，4 月 21 日傍晚抵达科隆（Colon），巴拿马运河北端的海港。15 世纪，意大利人哥伦布（Cristoforo Colombo）从欧洲第一个航海来到这里，于是有了这个地名。舰队在这里等待通过巴拿马运河。

巴拿马运河，沟通大西洋和太平洋，在天然湖泊加通湖的两端，用人工凿通巴拿马地峡而成。1881 年开凿，历时 33 年，于 1914 年完工，1920 年通航，全长 81.3 公里，宽 91 至 304 米，水深 13.5 米，南北两端各有三座水闸，升降调节水位，可以通航 4.5 万吨的海轮。运河开通以前，从大西洋到太平洋必须绕道拉丁美洲南端的麦哲伦海峡，或常年风暴肆虐的合恩角，路程遥远，航道险恶。运河开通以后，从大西洋到太平洋的航程缩短了 1 万多公里。

中国舰队开始通过运河。各舰鱼贯进入第一级船闸，闸门关闭，开始注水，提升到第二级船闸水位，进入第二级船闸，然后再进入第三级船闸。打开第三级船闸，舰队进入加通湖天然水道。这时的水位已比大西洋海平面提高了 26 米。

加通湖是一个美丽的湖，加通湖天然水道约为运河全程的一半。

军舰在波平如镜的湖面航行，四周风景如画。令人啧啧称奇的是，由湿地形成的蘑菇状的小岛，在湖面冉冉漂浮，起伏流动，真正是名不虚传的浮岛。

驶出加通湖，进入人工开凿而成的库累布航道。

　　林遵震撼了。两岸层峦叠嶂，峭壁如削，叫人联想起中国的长江三峡。三峡是天然的航道，而这是人们用双手开辟的航道！

　　两岸是绿色的热带雨林，苍翠欲滴，林中奔跑的动物，时隐时现。这里没有"两岸猿声啼不住，轻舟已过万重山"那种一泻千里的气势，却另有一种凝重，叫人肃然起敬。需知开凿这沟通两大洋的通道，无数人在 33 年间手足胼胝挖山不止，有多少人献出了宝贵的生命！

　　舰队来到巴拿马运河的另一端，同样经过三级船闸，由高程水位降下来，驶出运河，来到太平洋，进入巴拿马的巴尔博亚港。

　　中国舰队在这里停留三天，慰问华侨。林遵和部分宫兵访问了巴拿马首都巴拿马城。

　　林遵拜谒了巴拿马总统希门尼斯，受到礼遇。巴拿马总统向林遵说："欢迎阁下率领中国舰队访问巴拿马！巴拿马与中国相隔万里，但是，巴拿马人对中国并不陌生，多少年来，在巴拿马的中国人对巴拿马建设做出了很多贡献，巴拿马人同旅居这里的华侨相处融洽，我们是朋友！"

　　总统的话是由衷的，说得十分恳切。林遵感到多少年来，华侨经过艰辛努力，终于赢得了居住国的尊敬。

　　林遵陪同希门尼斯在总统府的阳台上检阅了中国舰队水兵队伍。

　　回到军舰，林遵放眼巴拿马运河区，别样的滋味涌上心头。

巴拿马运河区是国中之国，到处飘扬着美国国旗。美国人在这里颐指气使，高人一等。巴拿马人在自己的国土上，却没有主权，没有尊严。林遵联想到远在祖国的香港，至今还在英国管治之下；想起了澳门，至今继续被葡萄牙所窃踞；想起了那曾经遍布中国沿海和内地城市的租界，他对巴拿马人所受的屈辱感同身受！

林遵陷入了沉思。

1492 年 10 月 12 日，哥伦布作为欧洲人第一个来到美洲，以为来到了他想到达的印度，自以为发现了新大陆。而事实上，发现这里的是早已居住在此的印第安人，哥伦布只是一个最早闯进来的欧洲人。哥伦布带来了欧洲文明，更带来了掠夺和杀戮。哥伦布引来了大批西班牙殖民主义强盗，残酷地屠杀印第安人，贪婪地抢劫财富。科尔特斯（Hernan Cortes）在 1519 年洗劫了墨西哥城。1521 年建立了西班牙人在墨西哥的殖民主义统治。皮萨罗（Francisco Pizarro）1531 年侵入厄瓜多尔、秘鲁，杀戮原住民，毁灭了印加古国，建立起西班牙殖民主义统治。一时间，满载金银的运宝船，来往于大西洋，使得西班牙一夜暴富起来。接踵而来的是葡萄牙贩卖非洲黑奴的奴隶船，进行极端的非人道的罪恶交易。随后是荷兰殖民主义者，英国殖民主义者，法国殖民主义者，他们都给拉丁美洲人民带来了苦难。这或许是哥伦布所始料不及的。林遵觉得，对于一个航海家来说，这不能不说是一个悲剧。哥伦布自己的命运也是悲惨的，最终在贫病交加中死去。

拉丁美洲的人民不断反抗殖民主义统治，在 1776 年美国的独立革命和 1789 年法国资产阶级革命影响下，拉丁美洲各地爆发了推翻殖民主义统治的起义，历经几十年，粉碎了殖民主义的枷锁，建立了 20 多个独立国家。但是，并没有摆脱不幸的命运。1903 年 11 月 3 日，美国支持和怂恿巴拿马从哥伦比亚分离出来，成立巴拿马共和国，11 月 18 日，美国就强迫巴拿马签订不平等条约，由美国保证巴拿马的独立，由美国取代法国获得巴拿马运河开凿权，同时把运河沿岸宽 16.9 公里，面积共计 1432 平方公里的地带划为运河区，由美国享有永久租借权。这一不平等条约把巴拿马共和国拦腰切断，并且，随时可以用"维持秩序"和"执行卫生法令"等为借口干涉巴拿马内政。巴拿马人民不断抗争，要求收回运河主权，但都遭到美国横蛮粗暴的拒绝。

　　林遵望着繁忙、喧嚣的巴拿马运河区，义愤之情难以抑制。他是一个富有正义感的人，容不得人间的不平。他不明白，已经是 20 世纪了，怎么还容忍殖民主义的存在？怎么还能堂而皇之地占领别国的土地？林遵曾经在英国学习 5 年，目睹了大英帝国的老牌殖民主义嘴脸，也在德国停留了一年多，目睹了希特勒法西斯的暴行，他认为罗斯福制定的《租借法案》对于支持和援助各国打败德、意、日法西斯起了积极作用，他把罗斯福领导的美国看作民主、自由的堡垒，他甚至认为世界的希望在美国。然而，在美国当武官的日子，他看到了美国的种族歧视；在古巴关塔那摩，他看到了与大英帝国一样的殖民主义；在巴拿马，他看到了伪善和丑恶。他开始重新审视美国。

谁先到达美洲

中国舰队离开巴尔博亚，进入太平洋，沿中美洲哥斯达黎加、尼加拉瓜、危地马拉海岸向北航行，来到墨西哥合众国阿卡普尔科港（Acapulco Mexico）。

海港码头上有一座纪念碑，纪念最早到达这里的中国人和中国船。其造型独特，十分醒目，引起了林遵和中国海军官兵的特别注意。

谁先到达美洲？

林遵在上中学时，只知道意大利的航海家哥伦布是发现美洲的第一个欧洲人。

15 世纪，意大利人哥伦布受 13 世纪《马可波罗游记》的影响，为了实现黄金梦，说服西班牙国王派他携带给中国皇帝的信去中国。哥伦布相信地球是圆的，从欧洲向西航行，必定能够到达东方的印度和中国。1492 年 8 月 3 日，哥伦布带领 87 名水手，乘三艘帆船，从西班牙的巴伦西亚港出发，经过两个多月的航行，于 10 月 12 日到达巴哈马群岛。登上圣萨尔瓦多岛后，哥伦布听到当地人总是说"印第安"，便以为到达了印度。哥伦布立即"展开西班牙的旗子"，"拔出宝剑插在地上"，宣布以西班牙国王的名义接管该岛，命名为圣萨尔瓦多岛，自命为"印度"总督。以后，他又三次航行到中南美洲，都以为那就是印度，当地土著是印度人。过了一些年后，人们才知道这里并不是印度，而是欧洲人所不知道的美洲，一个新大陆。

这就是林遵最初知道的哥伦布的故事。后来，他在烟台海军学校学习的时候，读到了大学者章太炎写的一篇《法显发现西半球说》的文章，使他重新看待哥伦布。他记得章太炎的文章说：

> 近法兰西《蒙陀穆跌轮报》言，始发现亚美利加者，非哥伦布而为支那人。自来考历史者，皆见近不见远，徒以高名归哥氏。按，纪元四百五十八年，支那有佛教僧五众，自东亚之海岸直行六千五百海里而上陆，其主僧称法显。纪元五百二十年，公其旅行记于世。今已传译至欧洲。据其上陆地点，确即今墨西哥。今按所谓旅行记者，则法显《佛国记》（法显传别名）。其发现美洲之迹，当在东归失路时……本欲自锡兰（斯里兰卡）东归广州，乃反为风所簸，东向耶婆提国。

林遵对航海和航海家有一种天生的向往和追求，他曾找到被简称为《佛国记》的《晋法显自记历游天竺事》，知道公元 399 年（东晋隆安三年）春，法显结伴 10 人，由长安出发去印度寻求佛经，公元 412 年（东晋义熙八年）从斯里兰卡乘中国商船回广州，途中遇到大风，不得不向东航行，经过 105 天，到达今墨西哥南部西海岸一带。停留了 5 个月，于第二年春五月，乘船向西航行回中国，经过 112 天，于当年秋九月回到山东崂山。

《法显传》深深打动了林遵。

"法显离汉地多年，所与交接，悉异国人。山川草木，举目无旧，又同行分道，或留或亡，顾影唯己，心常怀悲"。法显自从到印度寻求佛经，离开祖国，离开亲人已经十几年了。这一天，他在狮子国看见一位中国人思念故国而不可得，日日供奉着一把白绢扇，以慰思乡之情。法显感同身受，"不觉凄然，泪下满目"。于是，法显搭乘从罗马帝国（大秦）返回中国的大海船回国。法显记载了那艰险的航行：

> 上可二百余人。后系一小船。海行艰险，以备大船毁坏。得好信风，东下二日，便值大风，船漏水入。商人欲趣小船，小船上人恐人来多，即砍绳断。商人大怖，命在须臾，恐船水漏即取粗财货掷入水中。法显亦以君墀（水瓶）及澡罐并重物弃掷海中……如是大风昼夜十三日，到一岛边。潮退之后，见船漏处，即补塞之。于是复前。海中多有抄贼，遇辄无全。大海弥漫无边，不识东西。唯望日月星宿而进。若阴雨时，为逐风去，亦无准。当夜暗时，但见大浪相搏，晃然火色。鼋鼍水性怪异之属。商人慌惧，不知哪向。海深无底，又无下石住（石锚）处……如是九十日许，乃到一国，名耶婆提。……停此国五月日。复随他商人大船，上亦二百余人，赍五十日粮。以四月十六日发……东北行，趣广州。

林遵依据法显的旅行记录，想象那是怎样的一次航行啊！

船队离开狮子国两天，即在海上遇见风暴。船队在大风中穿过马六甲海峡，转东北方驶向广州。在南海上又被大风吹向太平洋深处，一直向东而去。在大洋中颠簸飘荡，经过 105 天航行，于公元 412 年 12 月底竟意外地到达墨西哥西海岸的阿卡普尔科。在当地受到印第安人的友好接待，停留了 5 个月，修理船舶，补给物品。公元 413 年 5 月（东晋义熙九年农历四月十六日），起航回中国。船队先向西北航行一个月，在洛杉矶西南部的太平洋上，转向西航行，经过四个月 120 天的航行，在当年 9 月回到中国山东半岛的青岛崂山，完成了在太平洋上往返的壮举！

以此推算，法显和中国船队到达拉丁美洲比哥伦布早一千多年！

意大利人哥伦布是为寻找到印度和中国的航路而到达这里，中国的法显是因遇风而漂泊到这里，虽然，他们偶然到达拉丁美洲，但是，丝毫不影响他们作为航海家的辉煌和成就。特别是法显作为一个有心人，详细记载了这次航行的起航地点、时间、风向、航向、海况、航程、天象、季节，而且详细记载了所到之处的山川地貌、人文社会、风物人情，留下了极宝贵和丰富的航海史料，这是对人类的贡献，值得中国人引为自豪和骄傲！

林遵是一个涉猎广泛的人，他注意到，也有西方学者经过考古，认为最早寻获美洲大陆的是中国人。他们提出有意义的根据是：美洲红印度人（即印第安人）的形体、语言都与中国人相似。拉丁美洲的印第安人大都颧骨突出，脸面扁平，鼻梁不高，有许多亚洲人种的特色。在墨西哥发现了泥塑神像，面貌和中国人一样；同时还发现了中国铜钱。在秘鲁也有类似的考古发现。林遵还注意到，中国古代《梁书》记载，有慧深等五位和尚于公元459年来到他们称为"扶桑"国的地方，这应是哥伦比亚以南的美洲西海岸一带。这也是中国人很早来到美洲的佐证。更早的还有殷人渡海的传说和文字记载。如果印第安人确实是殷商人的后裔，那更早于哥伦布几千年了。

今天，林遵和中国舰队也将大洋横渡，续写一千多年前法显和中国船队的壮举。

华人和美国西部

舰队离开阿卡普尔科，向北航行，到达美国西海岸的圣迭哥军港，预计停留20天，整顿和检修机械，为横渡太平洋做准备。

林遵和各舰舰长制订航渡计划，设想可能遇到的困难，制订各种预案，特别是应对台风的防台风航行预案。

每到一个国家、一个海港，林遵总是和官兵们前去拜访当地华侨会馆和中华商会，代表祖国向华侨表示慰问。圣迭哥是美国西部富裕的加利福尼亚州的重要港口，这里聚集了许多华侨。

中国人对美国西海岸的旧金山（圣弗朗西斯科）、洛杉矶、圣迭哥并不陌生，他们从中国南方来美国，几乎都是从这些地方上岸。1848年，加利福尼亚发现黄金，开始改变了美国西部荒凉的面貌。成千上万的人，包括中国人来到这里淘金，或者经营商业。1850年时，中国人在旧金山开的商店、餐馆集中在当时的市中心朴茨茅斯广场，这就是后来发展成美国历史最长、规模最大的唐人街的雏形。

唐人街，这是中国人在海外创造的奇迹。尽管从爱尔兰，从意大利，从欧洲来到美国的移民，要大大多于中国人，但只有中国人造就了属于自己，并且得到当地人认可的街区。在美国的许多城市，都有唐人街。尽管这里的建筑是西式的，但是，浓烈的中国气氛总是扑面而来。满眼皆是中国字的招牌，到处悬挂着镶边的三角旗，餐馆前的红灯和正在营业的幌子永远热情地招呼顾客。一派中国集市的热闹和氛围，叫人顿时忘记这里是异国他乡！

林遵特别注意横贯美国的中央太平洋铁路的建筑历史。他收集了许多有关资料。

加利福尼亚的淘金热和美国西部开发，使加利福尼亚州变得富庶。但是，大片荒无人烟的沙漠、平原和高山，把加利福尼亚和其他州分隔开来，这种分隔有导致美利坚联邦分裂的危险，兴建一条铁路就可以把西部和东部牢固地连成一体。于是，1863 年 1 月开始修建中央太平洋铁路。这是一项极其艰巨的工程，要穿过沙漠和沼泽，要穿越内华达山脉和落基山脉，被称为"19 世纪最伟大的工程"。中国工人为此付出了劳动和智慧，付出了血汗和生命，做出了杰出的贡献。

1868 年夏季，14000 名筑路工人越过高山，进入内地大平原。这支筑路大军 9/10 是华人。当时，在美国的华人有 1/4 在修建这条铁路。一个叫 R. W. 霍华德的人在《宏伟的钢铁线》中写道："如果没有中国人关于使用炸药的知识并重视炸药的作用，如果没有中国人在令人目眩的高空贴着几乎垂直的悬崖上干活，如果没有中国人用生命闯过了白人难以忍受的艰苦难关，中央太平洋铁路公司负责的路段绝不会建成。如果建成，时间上也要拖得很久。"1938 年出版的《四巨头》中具体描绘了当时情景：

> 华人应用了从中国带来的技术，以完成最困难的一段路程——在美洲河峡谷以上 2000 英尺的地方修筑花岗岩的扶壁和陡峭的岩石路堤，使铁路线越过开普角。峡谷的两侧没有立足之地，不屈不挠的华工用古老的办法，坐在绳索吊着的筐子里，从山顶放下来，然后悬空用铁锤和撬棍把岩石一点一点地敲掉，开出一段狭窄的通道。随后再艰难地将其扩深，最后在美洲河之上 1400 英尺的地方开出了一条铁路路基。

1876 年南太平洋公司副总经理大卫·D. 科尔顿在国会听证委员会作证时，有人问他："如果没有华工，你们能建成这条铁路吗？"他回答道："我想不会修建得那么快，而且对在同样的时间内能修多长也没有那样大的把握。"

1943 年出版的《基督教世纪》第 6 卷中，奥斯瓦德·加里森·维拉德在《给华人以正义》中说："我想提醒你们，不要忘记华工为开发这个国家西部所做的一切……（他们）在森林深处披荆斩棘，忍受着寒冷和酷暑，冒着被敌对的印第安人杀死的危险，帮助开发我们的西北帝国。"

在修建了中央太平洋铁路之后，华工们又参与修建了美国其他铁路和加拿大、巴拿马的铁路。

林遵也注意到早在 1882 年美国就制定和通过了《排华法案》，美国西部和许多地方陆续发生排华活动，而且每一次排华都以暴力为标志，至于各种各样的骚扰，更是在美国生存的华人生活中的一个无从避免的厄运。当然，美国也有不少有识之士和对中国人友好相待的人。但是，这并不能改变华人在美国受歧视的地位。《排华法案》和种族歧视所依据的基础，就是认为华人是天生的劣等民族。

然而，世界终究起了变化，中国人在第二次世界大战中全民抗战，坚持抗战，牵制和消灭了大部分日本军队，援助了美国，最后把不可一世的日本帝国打得一败涂地，把日本军队赶回了老家，赢得了胜利。这使得美国人和所有外国人，不得不对中国刮目相看了。美国总统罗斯福看到了即将迎来的二次世界大战后的新时代，对新世界做出了现实的反应，主张美国要摆脱种族歧视政策的桎梏。正是在这样的情况下，1942 年，美国众议院提出了废除《排华法案》的提案，1943 年提出了"废除《排华法案》并规定移民限额以及为其目的"的《马格纳森法案》，获得通过。1943 年 12 月 17 日，由罗斯福签署生效。

林遵收集和研究了这些材料，不由得发出感叹：每一个中国人都是聪明的、勤劳的，都是有能耐的。尽管他们在海外为所在国做出了巨大贡献，但是得不到应有的尊重和地位。尽管他们每一个人都是一条龙，但是，最终只是一条虫。原因就在于中国积弱积贫，屡遭侵略，连国家领土的完整都无力保护，哪里还谈得上保护海外的中国人？只有中国强大了，博得国际的尊重，海外华侨才能舒眉吐气，才能挺直腰杆！他是多么希望中国从此真正强大起来，争得在世界上应有的地位啊！

阿洛哈

1946年6月初，远航准备停当，中国舰队离开圣迭哥，开始万里大洋横渡，航向西太平洋夏威夷群岛的檀香山。

中国舰队驶进檀香山，码头上已经聚集了成千上万的侨胞，举臂招呼，高声喊道："阿洛哈！"

"阿洛哈！"一声声，一阵阵，像海潮一样此起彼伏，让中国海军官兵心里感到热乎乎的。水兵们不完全明白"阿洛哈"的意思，但那份热情，那份欢迎之意，明白无误，溢于言表。军舰刚一停靠码头，一群华侨少女就登上军舰，把用鲜花编织的花环挂在水兵的颈上。后来，知道了"阿洛哈"是夏威夷人的问候语，有"你好，欢迎"等多层意义，夏威夷人在款待客人的时候，也总是不断呼喊"阿洛哈"，以致人们竟把夏威夷岛称作"阿洛哈"了。这恰巧和檀香山的译音 Honolulu 相近。

Honolulu，在夏威夷语中是"避风港"的意思。它位于夏威夷群岛的瓦胡岛东南岸，地处太平洋中心，素有"太平洋十字路口"之称。檀香山，也是华侨聚集的地方，檀香山是一个中国味道十足的名称，原本是华侨对此地的称呼而为海内外认可。正如认可把圣弗朗西斯科（San Francisco）按照华侨的习惯叫作旧金山一样。华侨对开发这里的贡献，由此可见一斑。

檀香山的华侨扶着老人，抱着孩子来参观中国军舰，络绎不绝。

他们都是久已离乡背井的人。有一个年纪很大的华侨，急匆匆来到码头，迫不及待地登上军舰甲板，长长出了一口气，说道："我看到了，我看到中国军舰了！"他用手小心地抚摸大炮，抚摸舱壁，对水兵说："我二十岁离开'唐山'，几十年了，做梦都想回家乡啊，无奈凑不起盘缠，今天登上中国军舰，也算是回了一趟家了！"

老人呜咽，水兵们也热泪盈眶。

还有许多人，全家在军舰上照相留念，年轻的孩子们，不大会说中国话，老人向他们说："你们生在檀香山，没有到过中国，今天上了中国军舰，好比踩着了中国的土地，什么时候都不要忘记，你们是中国人！"

许多华侨邀官兵去家里做客，有的开着小汽车带官兵去游览。

华侨什么时候来到檀香山，已不可考。有材料表明，1853年，来檀香山的华侨300多人，到1894年前后，激增到2万多人。中国人什么时候开始侨居外国，也没有准确的记录。据估计，第二次世界大战前，散居世界各国的华侨已达一千万人上下。一般认为，唐朝以后，就有华人在南洋一带定居。宋代的《萍洲可谈》中说："汉威令行于西北，故西北呼中国为汉；唐威令行于东南，故蛮夷呼中国为唐。"至今，还有许多地方的华侨称中国为"唐山"，自称为"唐人"。这是有历史缘由的。

林遵怀着敬意拜访华侨会馆，拜访中华商会，拜访著名侨领和老华侨，他寻访孙中山先生的革命足迹。孙中山初期革命活动就是从檀香山开始的。林遵瞻仰了孙中山在檀香山读书的伊奥兰尼学校。这所学校建于1863年，1879年孙中山随母亲来檀香山，就在这所学校求学。正是在这里，孙中山接受了民主思想的熏陶。1894年10月，孙中山在上海上书清朝大臣李鸿章要求改革，遭到拒绝，这促使他猛醒，回到檀香山，发起建立兴中会。1894年11月24日，在火奴鲁鲁埠卑涉银行华人经理何宽的住宅里集会，28岁的孙中山慷慨陈词，情绪昂扬地大声疾呼："要救中国，只有革命！"

20多位华侨宣誓入会，通过了《兴中会章程》。

这是一篇战斗檄文，林遵在少年时读过，至今还记得那激越的火一样的词句：满清王朝"庸奴误国，荼毒苍生"，以致"辱国丧师，剪藩压境，堂堂华夏，不齿于邻邦，文物冠裳，被轻于异族"。"强邻环列，虎视鹰瞵，久垂涎于中华五金之富，物产之饶，蚕食鲸吞，已效尤于接踵，瓜分豆剖，实堪虑于目前"。必须"亟拯斯民于水火，切扶大厦之将倾"，唤起"四百兆苍生之众，发奋为雄"，"联络中外华人"，"申民志"，"扶国宗"，"振兴中华"！

1894年年底，孙中山和几个兴中会会员先后回国，准备于1895年在广州发动起义。

檀香山的华侨是中国资产阶级民主革命的先驱。今天，抗战胜利之际，华侨都殷切盼望中华民族从此出人头地，祖国从此强盛起来。

　　林遵和官兵还惊叹夏威夷的美丽。这里满眼都是绿荫，四处都是花的芬芳，空气中弥漫着树的清香。在著名的维基基海滩（Waikiki Beach），但见远天寥阔，大海澄碧。金色的沙滩，婆娑起舞的棕榈，沙滩上惬意休闲的男女，共同沐浴着海风和阳光，尽情享受和平和安逸。林遵不由得想起，不久前，这里曾经有过残酷的杀戮、惨烈的战斗。

　　汽艇载着林遵和中国舰队的官兵来到珍珠港中心的福特岛，只见海上矗起一座白色建筑，呈长方形，看上去如一艘船，又似一口棺木，两头翘起，七个拱洞像瞪着的惊恐的眼睛，两侧有六个巨大的水泥圆柱，也是白色的。整个建筑，给人以深刻印象。这就是著名的亚利桑那纪念馆，纪念珍珠港事件中牺牲的美国海军官兵。

　　1941 年，德国法西斯席卷欧洲，中国人民正同日本法西斯浴血苦战，此时的美国，犹自置身战争之外。12 月 7 日，星期天。美国海军太平洋舰队的 8 艘战列舰、7 艘巡洋舰、28艘驱逐舰、5 艘潜艇和其他舰艇共 80 艘停泊在珍珠港。大炮都被防护罩遮裹着，军舰都处于平时状态，没有丝毫戒备。早晨，海面平静如常，水兵们刚从周末的欢乐中醒来，正准备星期日离舰休息。7 时 55 分，日本海军航空兵的 190 架飞机，突然偷偷袭来，遮蔽了珍珠港上空。这是蓄谋已久的突袭，8月间，日本联合舰队司令山本五十六就制订了袭击珍珠港的计划。11 月 26 日，由南云忠一率领 6 艘航空母舰、2 艘战列舰、9 艘驱逐舰、3 艘潜艇、8 艘油船和 400 架飞机组成机动编队，从日本单冠湾秘密出航，经 12 昼夜航行，于 12 月 7 日 4 时，隐蔽地运动到了夏威夷群岛瓦胡岛以北 230 海里的海域。与此同时，日本人在外交上采取掩护和欺骗行动，派出政府代表团到美国访问，进一步麻痹美国人。日本人沿用他们惯用的伎俩，不宣而战，利用星期天假日发动偷袭。飞机从 6 艘航空母舰上起飞，首先轰炸瓦胡岛和福特岛上的机场。接着，轰炸珍珠港内的美国军舰和地面仓库、船厂、兵营。

日本海军航空兵第一波攻击结束，炸毁了美军机场上 260 架飞机。鱼雷击中了停靠在福特岛边的"西弗吉尼亚"号战列舰、"俄克拉荷马"号战列舰、"亚利桑那"号战列舰。把这三艘 3 万吨以上的巨舰炸成废铁，倾覆下沉。

8 时 54 分，日本海军航空兵第二波攻击开始，171 架飞机在珍珠港上空来回俯冲轰炸，继续摧毁美国太平洋舰队。包括 8 艘战列舰在内的 18 艘主要军舰被炸沉没，炸死、炸伤美军 3600 多人。太平洋舰队遭到惨重损失。美国人震惊，如梦方醒。第二天，12 月 8 日，美国总统罗斯福宣布对日作战。

美国人把珍珠港遭到偷袭的 12 月 7 日定为"Day of Infame"，耻辱日。"知耻而后勇！"

林遵从这些材料中得出一个结论：山本五十六、南云忠一们的决定是大胆的，计划是周密的，行动是诡秘审慎的，取得了可以夸耀的战术上的胜利，但是却犯了致命的战略性的错误。本来，美国一直在犹豫，一直在避免直接参加第二次世界大战，由于日本偷袭珍珠港，使美国人同仇敌忾，一致要求惩罚侵略者。罗斯福因势利导，决定直接对日作战，加速了日本灭亡的进程。

　　在亚利桑那纪念馆，在曾经被炸成一片废墟的战列舰停泊区，至今还从海底军舰的残骸泛出油污。水下显现"亚利桑那"号一座炮塔，锈迹斑斑，触目惊心。那六个圆柱，叫人想起被炸沉没的另外七艘战列舰。纪念馆的墙上镌刻着战死者的名字，一千多人的长长名单，惊心动魄，令人不忍卒读。

　　纪念馆的入口处悬挂着一口雾钟，是从一艘沉没的军舰上取下来的。从那时以来，它不再敲响，不再为雾里航行的军舰导航，但它却警钟长鸣，像是从没停止过发出"当当"的响声：拒绝战争，呼唤和平！

七、南京 1946 年

　　　　终于归国，却被"剿共"的决定兜头浇了冷水。报国志难酬，还好，有南沙……

在《马关条约》签订的地方

　　中国舰队停留日本，林遵严申纪律："日本投降了，但是，十分混乱，要防止发生任何意外。没有命令，任何个人不得单独离开军舰，每艘军舰都要以没有瑕疵的舰容，表现中国人的气概。我们要以战胜国的姿态，以世界五强的姿态出现在日本！"

　　1946 年 7 月的一天，林遵和中国舰队官兵乘火车去东京。林遵再次以清朝末年中国舰队访问日本的事例告诫官兵，严格命令："我们去东京，不列队，但是，必须保持严整军容，两人成队，三人成行。不许去花街柳巷，不许粗暴对待日本老百姓，不得有损军人尊严。每个人都要牢记：你是中国海军！"

　　车行 40 公里抵东京。因为战争导致长期物资匮乏，黑市猖獗，日本人奔波倒卖，火车拥挤不堪。中国水兵乘坐同盟军专用车厢，得以免受拥挤。沿途所见，断壁残垣，山河破碎。战争后期，美军对东京实施大轰炸，摧毁了日本发动侵略的大本营，城市一片废墟，东京火车站荡然无存，临时竖起一块木牌，上写"东京驿"。由此可见战后的凋敝。唯一例外的是，日本天皇的皇居（皇宫）仍在。美国空军网开一面，特意留下这孤零零一座白色皇宫，花岗岩短墙半绕，不宽的一条护城河，已没有了往日的骄狂。皇居对面还有一栋建筑被留存，现在是盟军司令部所在，飘扬着美国国旗，门口是美国海军陆战队守卫。

当时的"永兴"号副舰长李景森在 1946 年回忆说："那时候，日本人见到盟军，见到中国海军，总是不断弯腰鞠躬。鞠躬是日本民族见面打招呼的习惯，类似西方人握手、中国人打躬作揖。但一想起日本军队在中国的暴行，两相对比，前倨后恭。令人感慨。"

林遵特意来到昔日《马关条约》签订的地方。昔日谈判处清风楼已不复可寻，但是，历史沉痛犹在。1895 年日本虽然取得了甲午战争胜利，但是，按日本人自己的话说，已经"海陆军备"、"几成空虚"，不得不同意与清朝媾和。3 月 5 日，李鸿章以"特简大清帝国钦差头等全权大使"来到日本，与日本内阁总理大臣伊藤博文谈判。日本使出惯用的"强叫花"伎俩，漫天要价，恫吓凌逼，李鸿章痛感"要挟过甚，碍难允行"，谈判陷于困境。3 月 24 日，日本浪人小山丰太郎竟枪击李鸿章，子弹击中李鸿章左颊。国际舆论大哗，谴责日本野蛮丑恶行径。日本外务大臣陆奥宗光担心"如一度引起欧洲列强的干涉，我国对中国的要求亦将陷于不得不让步的地步"。4月1日，日本同意停战。4月17日，李鸿章与伊藤博文签订《马关条约》。条约之外，还签订了《另约》和《议定专案》，中国被迫废弃原来与朝鲜的关系，割"台湾全岛及所有附属各岛屿"、"澎湖列岛"、辽东半岛，赔款二万万两，开沙市、重庆、苏州、杭州为通商口岸，开放长江航行权，允许日本继续占据威海卫。日本强盗嘴脸暴露无遗，日本欲壑难填，无以复加。

从1860年鸦片战争起，外国帝国主义用坚船利炮打开中国大门，先后从海上进行了84次入侵，其中，日本入侵30次。入侵地点从辽东半岛到海南岛和南沙群岛，遍及中国南北，窃踞台湾长达半个世纪。西方列强从中国勒索赔款白银7.1亿两，加上利息则高达16亿两。其中日本勒索赔款2.6亿两，占7.1亿两中的37%。

16世纪末，日本丰臣秀吉开始向外武力扩张，对朝鲜和中国发动侵略战争。1894年甲午战争中，日军侵入中国旅顺、大连，疯狂屠杀、抢劫。当时，一个名叫詹姆斯·阿伦的英国海员如实记载了他目睹的大屠杀：

> 在我们走过的地方，几乎每条街道都堆着很厚的尸体，他们不分男女老少和身份，在街道上成批地被屠杀了。有些可怜的幸存者（虽然他们的死也在眼前），仍带着低声悲泣和哀恸的声音，寻找他们已经失去的亲人。在彩色纸灯笼的灯光帮助下，他们弯着腰辨认那些残肢

断臂的尸体……日军疯狂杀戮、奸污、洗劫，犯下了无法形容的暴行。

到了20世纪，从1931年起，日本帝国主义先是制造了震惊世界的"九一八"事件，野蛮侵占中国东北。1937年又制造了"七七"卢沟桥事变，全面侵入中国。日本侵略军在中国土地上，进行了惨绝人寰的大屠杀。仅1937年12月，日军侵占南京，在华中派遣军司令松井石根和谷寿夫的指挥下，对中国人民进行了6个星期的大屠杀，杀害了30多万中国军民。仅远东国际军事法庭调查，确认日军集体屠杀和活埋中国军民就达19万多人，零散杀害的中国居民更是难以数计，仅收埋的尸体就有15万多具。14年里，日军毁灭了亿万中国人的家园，杀害了2500万中国人。日本帝国主义在中国犯下的罪恶，罄竹难书，比之希特勒屠杀犹太人的罪行有过之而无不及！

日本灭亡了，侵略者得到了应有的惩罚。然而，战后日本满目疮痍，老百姓生活困难，战争的后果，战争的灾难，最终落在普通老百姓的身上，老百姓是战争的最终受害者。

林遵心中满怀家仇国恨，激愤难平，又悲天悯人，深感和平之宝贵。

在日本的日日夜夜，林遵一直在沉思之中。近百年来，日本对中国的侵略，西方列强对中国的侵略，究竟是怎么得逞的？灾难并不是从1894年甲午战争才开始的。从16世纪中期以来，老大的中华封建帝国趋于衰落。明、清两代王朝无不以天朝自居，历史上曾经有过的开拓精神不见了，封闭保守的思想笼罩着整个中国，曾经有过的繁荣昌盛，逐渐转为衰败虚弱。在中国，历史不是以它应有的规律向前进步，而是停滞了，出现了长达 400 年的历史断层。与此同时，西方国家在崛起，在升腾。当西方殖民主义者用古老中国发明的火药经过改进而制造的大炮轰击中国大门的时候，中国人却仍然手持火铳，甚至只有长矛、大刀这样原始的冷兵器，进行不对等的抵抗。这是多么辛辣的讽刺，多么强烈的历史反差。

16 世纪东西方发生的大航海，标志着世界已经成为以海洋为联系交通的统一体，郑和七次下"西洋"的壮举标志着中国走在前列。然而，"片木不许下海"的海禁政策，使中国倒退了，使中国落后了，从原本居于世界前列的地位一落千丈。不仅束缚了中国的发展，而且遭致崛起的西方列强的入侵。这一惨痛的历史教训昭示人们，没有海权，门户洞开，国将不保。中国需要有经略海洋的观念，而其中的关键，是中国需要有海军，需要有强大的海军！林遵准备回国后，为此大声疾呼。

冰冷的挹江门码头

中国舰队从 1946 年 4 月 8 日离开关塔那摩，穿过大西洋，横跨太平洋，向沿途所经过国家的华侨送去了祖国的问候和关切，历时三个月，现在从日本横须贺起航，奔上返回祖国的最后的航程。

军舰破浪疾驶，游子们犹嫌船行太慢，恨不得一步跨入国门。

　　祖国别来无恙？官兵们在战乱时离开祖国，现在，抗战胜利了，祖国有什么新的变化？他们认定，祖国应当新生了，祖国应当是另一番景象了。他们期待祖国欢迎远游的儿子归来，他们期待祖国给学成回国，带回来一整支舰队的官兵以盛大的欢迎。

　　7 月 19 日，中国舰队抵达吴淞口，远远地就看见港口那高高的灯塔，官兵们激动了，他们心急地开始整理衣着行装，等待着进入黄浦江，停靠上海码头。他们齐聚甲板上，眺望那久违了的祖国山河。

　　吴淞口，海岸，绿树，村舍，都是那样亲切，甚至好像是闻到了家乡柴草炊烟的气味，暖烘烘的。人人心头禁不住高喊一声：祖国，我们回来了！

　　林遵站在"太康"号舰桥上眺望长江口，心里盘算着如何按照预先的命令，让整个舰队漂亮地停靠码头，显示中国新海军的风貌，给祖国、给老百姓一个惊喜。这时，通信军官递上一份电报，说道："海军总司令部紧急命令。"

　　林遵接过来打开一看，电报命令：舰队不进上海，不在上海停留。"峨嵋"号修理运输舰直接开赴青岛，交中国海军接收。其余 8 舰，立即直航南京，不得有误。

　　林遵不禁一愣，为什么突然改变停靠上海的命令？电报措辞严厉，字里行间有一层叫人猜不透的意思，但究竟是什么，却叫人摸不着头脑。作为一个职业军人，一个指挥官，首先是执行命令。林遵发布命令，坚决按照海军司令部命令执行。

"峨嵋"号改变航向，向青岛航渡。8 舰从吴淞口沿着长江，溯江而上，直接向南京前进。

8 舰在长江里鱼贯而行，人们心中都有疑问，但几乎都在向好的方面猜想，纷纷议论：海军总司令部决定，不在上海停留，直接首泊南京，在首都欢迎这远航归来的舰队，会更加隆重，更显器重。

"等着吧，南京的码头上必定会举行隆重的仪式，庆祝中国舰队远航回到祖国。"

7 月 21 日，舰队过镇江，南京在望。

官兵们早早地换好了上下雪白的军装，准备享受回到祖国的荣誉。他们翘首盼望那欢迎的队伍——奏响的军乐，激越的锣鼓，炸响的鞭炮——都是应有之义，都是情理之中的。他们期待着，热切地期待着。

然而，南京下关码头上，没有军乐，没有锣鼓，没有鞭炮，没有欢迎的人群。什么都没有，码头上冷冷清清。

岸上信号台传来命令："舰队在江中锚泊，不得靠岸！"

林遵下意识地向码头看去，码头上空着泊位，没有停靠什么舰船，8 舰完全应当而且可以顺利、自由停靠码头。他感到惊诧，如此冷落一支远航归来的舰队，不可思议。这究竟是为什么？

林遵想起陈绍宽担任海军总司令的时候，1929 年 6 月，自己和 8 名海军军官、12 名学员去英国留学，陈绍宽亲自主持考试、选拔，特别请英国籍的女教师传授英国的礼仪和习惯。1934 年学员学成回国，又亲自接见、谈话，给以鼓励，使人感到温暖。1937 年 4 月自己作为随员随陈绍宽去参加英国国王加冕典礼，后来转去德国学习潜艇，1939 年回国后，陈绍宽认真听取开展敌后水雷战的建议，叫人爱国热情高涨，叫人油然而生一种"士为知己者死"的激情。陈绍宽对所有出国留学的海军人员都是如此，怎么不令人信服？如果现在还是陈绍宽担任海军总司令，对于一支返回祖国的舰队，一定会组织盛大的欢迎。官兵们得到应有的尊重和鼓励必将更加安心，更加努力建设中国的新海军！可是，从 1945 年 12 月起，陈绍宽就不再担任海军总司令了。两相对比，叫人不胜感慨。林遵无可奈何地命令："各舰江中锚泊。"

林遵奉命晋见参谋总长兼海军总司令陈诚。他带着精心拟制的以 8 舰为基础，集中训练，练一船兵，成一艘战斗舰，化一为百，逐步扩大中国海军舰队的建议和计划，走进南京挹江门海军总司令部。

林遵满怀希望地想着，中国既然是战胜国，是世界五强之一，蒋介石无论从国家地位考虑还是从巩固领袖地位考虑，都应该加强海军建设。他深信自己的建议和计划应当得到重视，应当会被采纳。他知道陈诚是蒋介石的嫡系心腹，登上了参谋总长的高位，又兼任海军总司令，大权在握，此时正如日中天，志得意满。如果他能首肯这份建议，建设中国新海军的机遇便多了几分。

陈诚见了林遵，寒暄了几句，劈头问道："官兵稳定吗？还有闹事的吗？"

林遵恍然大悟，这就是不让舰队在上海停留，也不让在下关靠码头的缘由。水兵们在迈阿密罢课的事情还没有过去。

林遵谨慎地回答道："那件事情已经平息了。官兵们在美国学习都很努力，这次完全靠我们自己的官兵，驾驶这么小吨位的军舰，航行一万多海里，穿越大西洋，横跨太平洋，战胜大风大浪，军舰没有损坏，人员没有伤亡，确属不易。官兵们经过一年的学习，就可以独立操纵军舰，不努力、不专心是做不到的。他们都愿意报效海军，报效国家。"

陈诚不置可否，似乎没有听进去，兀自忿忿地说道："在国外闹事、罢课、绝食，给美国盟邦造成很坏的影响！这都是海军过去姑息、放纵的结果。所以，海军必须革新，必须严加管束！美国顾问团至今还在过问这件事情。押送回来的八个人，也没有审出什么名堂来，有四个人各判了六个月的刑，以儆效尤！为了显示宽大，已经在你们回到南京前十天全部释放。你们从国外回来，必须严防有人再度闹事。各舰要各派两名代表来见我，我要训话。"

林遵只有唯唯，但他还想转圜，以取得陈诚对他的支持，说道："总座亲自训话，是舰队官兵的荣幸，一定会给全体官兵以勉励。这批水兵文化程度高，接受能力强，在极短时间里学成回国，难能可贵，可以成为建设新海军的骨干力量。我拟订了一个计划，以这 8 艘军舰为基础，办成一个类似美国迈阿密海军训练中心的训练舰队，训练一批，成就一艘军舰，逐步扩大新海军的舰队，以期收到事半功倍的效果。"

林遵说着，把精心拟订的计划恭敬地递给陈诚。陈诚接过去，看也没看，随手放在桌上，语气一转，重重地说道：

"现在是要打仗。当前，国共双方停战协定只是一张废纸。6月26日，我们出动10个整编师30多万人，包围了共产党的中原部队。共军正在突围。我们在东北，在山西，在山东，在江苏，也都发动了全面进攻，取得了节节胜利，很快可以消灭共产党。美国人支持我们，你们这支美国装备起来的舰队，也要派上用场，要分别参加围剿共军的战争。不得有误！"

林遵听了，如同兜头一盆冷水浇来，心中暗暗叫苦，他还想尽力避免最坏的局面，说道："这支舰队刚刚组成，分散就没有力量了，无论如何不宜分散。"

陈诚显露出极不耐烦的神态，尖刻地说："军队是党国的军队，海军也不例外。委座让我来海军，就是要纠正海军各派系的杯葛，不管你是什么系，都要真正成为忠于领袖、忠于党国的海军。你可要好自为之！"

陈诚又进一步指责说："谁叫你们把军舰的名字叫什么太平、太康，取这么太平吉利的名字做什么？"

林遵解释说："是海军总司令部命名的，以中国一些县的名字作为军舰名字。"

陈诚一挥手打断林遵说："以后，军舰就用代号，看谁在剿匪战争中打得好，在戡乱建国中立了功，就用谁的名字命名军舰！"

话已至此，林遵再也不能说什么了。

陈诚在海军总司令部召集各舰士兵代表训话。士兵代表当场提出说："抗战胜利了，我们要求政府准许退役复学，继续原来的学业。"

陈诚听了感到刺耳，林遵也大感意外。

几天后，陈诚又特意在海军医院礼堂对舰队全体士兵训话。陈诚软硬兼施，说道："你们在抗日战争中，在国难当头的时候，投笔从戎，立志报国，忠勇可嘉。你们在美国学成回国，是中国海军不可多得的人才。你们在海军是很有前途的。按照海军制度，舰上军官必须经过海军军官学校毕业才能担任，但是，我要破格提拔你们。所有士兵一律晋升一级，我批准有些士兵直接晋升为军官。将来还要选择一些士兵送到海军军官学校深造。在座的诸位都有机会成为海军军官。你们不要辜负领袖的殷切期望，不要辜负党国的栽培！"

陈诚话锋一转，严厉地说："你们中有人要求退役复学，这是不允许的。政府花了很多钱，送你们到美国学习，你们学成了，应该多为党国效力，怎么可以一回来就要求退役？我要告诫你们，打消退役的念头。如果有人不听，擅自离开，政府将以逃兵论处，给以军法制裁和惩办。"

陈诚讲话以后，舰队军心大乱，许多人公开流露出离开海军的要求。林遵觉得一年多来的努力，对这一千多人的争取、挽留，对这支舰队的美好愿望和设计，都被陈诚这一席话打碎了。林遵也不能理解，为什么经过风雨同舟的远航之后，这些年轻人没有产生对大海的深情？为什么不看重大有作为的海军前途？直觉告诉他，迈阿密风波留下的伤痕影响着年轻人。林遵原本希望继续维系这支舰队，依靠这支舰队去训练人才，孵化出一支支新的舰队，建设中国新海军。这时，他才痛苦地发现，这原不过是一厢情愿的梦呓啊！

不久，陈诚调任东北行辕主任，去做"东北王"的美梦去了，蒋介石把他的又一个亲信，复兴社的头子桂永清派来担任海军代总司令。桂永清一上任就撤销了中国舰队的编制，把8 艘军舰分散调到各地，部署参加内战。林遵感到痛心，他的抱负，他精心拟制的建设海军的计划，在上峰的眼里，竟然一钱不值，竟然不屑一顾！

家是避风港

水手漂泊天涯，只有在遭遇风暴时才会想起岸上的家。林遵这会儿回到了家，回到了妻子身边，回到了女儿身边。胡志贞带着女儿从美国回来后，一手操办和营造了这个家。房子不大，简朴，温暖，舒适。林遵想说几句话感谢妻子，感谢这位能干的女当家。但是，心里的一种挫折感，总是挥之不去。他不善于掩饰，无法装作若无其事的样子，只连连点头，说道："真亏了你！"

胡志贞注意到林遵的一脸沮丧，一脸烦躁，一副身心疲惫的样子。她引他在沙发上坐下，把女儿举在他眼前，说道："快看看我们的女儿吧！她长得多乖，长得多快呀！"

林遵惊奇孩子的成长。他离开华盛顿的时候，女儿还是一个刚刚出生的婴儿，再见到时，已经是一个硬朗结实的小小孩了！他的烦恼果然隐退了，开心地笑了。

夜晚，胡志贞依偎在林遵身边，关心地问这问那，千方百计想拂去他心头的烦恼，林遵长叹一声说："完了，我的建议没有人理睬，舰队撤销了，8 舰分散了，一个整体解体了，还有什么力量？还有什么希望？我看，那些大员先生们都忙着接收，说穿了，忙着往自己怀里'劫收'金条、房子、美女，哪有心思建设中国海军！"

胡志贞说："我从美国回来，眼见从大后方回来的大官们，一个比一个贪！我是见怪不怪了，你也别为这个烦心。"

林遵长长地叹息一声，说道："陈绍宽在海军部长、海军总司令位置上做了14年，到底被挤走了。他一走，海军就无人了。陈诚、桂永清都是陆军，都是吃政治饭的，哪里懂海军哟！福建系的人调走的调走了，撤职的撤职了，被挤得没有什么地位了。海军有句话，叫作'无闽不成军'，这是历史形成的。他们不懂得这个道理，只为扩大自己的势力，排挤福建系，也排挤广东系。海军前途堪忧呀！更可怕的是，我建议8舰不要分散，他们开口闭口说海军是党国的海军，不是哪个派系哪个私人的，好像我提出不分散8舰，就是要私人把持8舰一样，真是叫人哭笑不得。跟这种人还怎么能够共事?！"

胡志贞同情地看着林遵，实在是找不出话来安慰他。

林遵继续忧心忡忡地说："不仅如此，上峰要动用海军去剿共，打内战。从中国人的良心出发，海军怎么可以去打内战？抗战刚刚胜利，人民要休养生息，国家要建设，又要打仗了，如何是好！"

胡志贞听了，紧张地说道："还要打仗呀？这怎么得了啊！"

林遵这才意识到不该说得太多，他怕吓着了胡志贞，说道："现在好了，反正我这个指挥官的职务解除了，乐得轻松一下，享享清福。"

胡志贞担心地问道："那以后怎么办呢？"

林遵故作轻松地说："走一步看一步吧。'船到桥头自然直'，不用着急。急也没用。"

胡志贞仍然感到林遵郁闷在心，她为他担心，为他不能实现自己的理想而不平。

南海，军情紧急

1946 年 10 月 5 日，法国军舰"希福维"号窜至中国南沙群岛的黄山马峙活动。这消息使林遵坐不住了。

第二次世界大战胜利后，法国殖民主义者重返印度支那，妄图继续染指中国的南沙群岛和西沙群岛。林遵记起在英国留学的 1933 年，法国殖民主义挑起的占领南沙群岛九小岛事件。

1933 年 7 月 25 日，法国政府突然发表公报宣布：法国军舰已于 4 月间先后占领了印度支那与菲律宾之间的南中匡海的九小岛，法国军舰"玛利休兹"号、"亚斯脱洛拉"号、"列尔特"号、"达勒逊"号占领的岛屿有斯巴拉脱来岛、唐巴亚岛、伊脱巴亚岛、双岛、洛爱太岛、西德欧岛。此后该九小岛的主权即属于法国。12 月 21 日，非法地将中国南沙群岛划归越南巴地省管辖。

日本政府也乘机扬言要占领中国南海的另外八个小岛。

中国政府向法国政府提出抗议和严正交涉。上海《申报》7 月 27 日，刊登"法占粤海九小岛，外部抗议"：

南京 7 月 26 日专电，外部发言人称，菲律宾与安南间珊瑚岛，仅有我渔人留居岛上，在国际间确认为中国领土。顷得法方官报，竟正式宣言占领，何所依据而出此，法政府也未宣布其理由，外部除电驻法使馆探询真情外，现由外交、海军两部积极筹谋应付办法，对法政府此种种举动将提严重抗议。

全中国群情汹涌，一致抗议，上海总工会 8 月 18 日致电中国外交部：

报载法政府于上月二十五日，公然占据我粤南九小岛，消息传来，同声愤慨。查该九小岛，业由粤省府查明，系在琼崖之南，确属我国领土，且位于菲岛及安南之间，水产丰富，夙为我民卜居之地，而于交通国防关系尤为重大。今法政府……希图染指，我如默尔而息，不予抗议，则行见帝国主义者得寸进尺鲸吞蚕食而无已，大好领土或将悉非我有，贴患前途何堪设想，为此迫切电陈，复乞迅向法政府严重交涉，以杜觊觎，而保领土，无任盼切之至。

全国各地纷纷敦促政府“当机立断，不再犹疑，立即向法政府严重交涉”。举国上下，掀起了保卫南海九小岛运动。正在英国海军留学的林遵和同学们关注事态发展，读着国内那些报道文字，义愤填膺，心急如焚，恨不得回国参加保卫南沙群岛的抗争。

法国帝国主义觊觎中国南沙群岛和西沙群岛，处心积虑，由来已久。早在 1931 年 12 月 4 日，法国政府就趁日本制造"九一八"事件强占中国东北的机会，突然照会中国驻法国公使馆说，安南帝国对西沙群岛拥有"先有权"，当即遭到中国政府的批驳和反对。法国人一再企图染指南沙群岛、西沙群岛，是法国殖民主义长期对中国侵略的继续。

18 世纪后期，法国和英国争夺东方殖民地的控制权，法国失去了印度，转而把眼光投向了具有重要战略地位的印度支那。法国殖民主义的谋士百禄多主教向法国路易十六国王献策说："在目前印度政治势力的抗衡上，似大有利于英国人。……按着我的意见，在交趾支那建立一个法国殖民地，是达到双方势力均衡的最稳妥、最有效的方法。实在说，如果考虑这个国家的出产和它的埠口的位置，我们便不难看出，如果我们把这个国家占领，则无论平时战时，都可以获得最大的利益。"当然，殖民主义者最终的目的仍是中国，百禄多直言不讳地说，先控制越南，然后进入中国的云南、广西，最后进抵中国的中部，"将使我们获得那个人们不认识的国家的富源"。

19 世纪初，路易十八继续依从路易十六的方略，不断侵犯越南。到了拿破仑三世的时候，1858 年 7 月，法国同西班牙一起发动了侵略越南的战争。1862 年 6 月，迫使越南阮氏王朝屈服，签订了第一次西贡条约，霸占了越南南部三省和昆仑岛。到了 1867 年，全部侵占了越南南部。法国殖民主义侵略军头目安邺在《总论法国拓地机宜》中露骨地说："由东京谷中开辟商路，以与中国南省通商，此为法人在东方最要之事。"1874 年 3 月 15 日，越南国王和法国在紫棍（西贡）签订条约规定："安南王约定使他的对外政策适应法国的对外政策。"越南成了法国的"保护国"，完全为法国所控制。1883 年法国内阁总理茹费理公开宣称："在蕴藏无限富源的亚洲，特别是在广大无边的中华帝国内，竭力攫取他们自己的一份。自然，必须征服那个巨大的中华帝国是不成问题的……"

林遵年轻时每读到这段历史时，深为中国成为列强俎上肉而愤慨，也为中国抗击法国的英雄们击节叹赏。

1873 年，法国侵略者第一次向越南北部进攻时，中国黑旗军首领刘永福接受越南国王的请求，率领黑旗军支援越南抗击法国入侵，大败法军，12 月 21 日在河内近郊斩杀侵略军头目安邺。

1881 年云贵总督刘长佑在给清同治皇帝的上疏中指出："法国之垂涎越南者已久。""法人志在必得越南，以窥滇、粤之郊，而通楚、蜀之路。""越南水陆距澳门五十余更，惟廉州协营汛地与之连界，海面向无师船往来。"他主张清政府派水师控制这一海区。以后，曾国荃"命提督黄得胜统兵防钦州，提督吴全美率兵轮八艘防北海"。

1883 年 5 月 19 日，刘永福的黑旗军又和越南军民一道，在河内城西的纸桥伏击法国军队，击毙侵略军头目李威利。这就是使法国人震惊的"东京事件"。随后，冯子材在镇南关、谅山和临洮大败入侵的法军，迫使法军狼狈逃窜，导致法国总理、殖民主义狂人茹费理倒台。

但是，腐败的清朝政府妥协避战。李鸿章在 1883 年 6 月
16 日的奏折中竟说："今越与内地相去数千里，若陈师远出，
而反戈内向，顾彼失此，兵连祸结，防不胜防。"法国人却继
续扩大战争，加强陆军力量，更派孤拔率领其远东舰队炮舰
20 多艘，沿中国海岸北上，以武力相威胁。李鸿章于 1984 年
5 月 11 日在天津与法国代表福禄诺海军中校签订《中法会议
简明条款》，承认法国全部占有越南。中国军队在战场上取得
了胜利，却虽胜犹败，倒被逼签订了屈辱条约，以致后患无
穷。法国染指南沙群岛、西沙群岛就是恶果之一。

第二次世界大战期间，日本于 1937 年 2 月 28 日占据海
南岛，3 月 1 日侵驻西沙群岛，3 月 30 日侵驻南沙群岛，把南
沙群岛、西沙群岛等划归台湾高雄管辖，改名新南群岛。反法
西斯战争胜利之际，同盟国于 1943 年 12 月 1 日发表《开罗
宣言》：

> 罗斯福总统、蒋介石委员长、丘吉尔首相……在北
> 非举行会议，业已完毕，兹发表概括声明：……我三大
> 盟国（笔者注：苏联当时尚未对日宣战）此次进行战争
> 之目的，在于制止和惩罚日本之侵略，三国绝不为自己
> 图利，亦无拓展疆土之意。三国之宗旨，在剥夺日本自
> 一九一四年第一次世界大战后在太平洋上所夺得和占领
> 的一切岛屿；在使日本所窃取于中国之领土，例如东北四
> 省（注：指黑龙江、吉林、辽宁和热河，即满洲国）、台
> 湾、澎湖群岛，归还中国；其他日本以武力或贪欲所攫取

之土地，亦务将日本驱逐出境；……

1945 年 7 月 17 日，德国投降后，美国、英国、苏联三国首脑在柏林近郊波茨坦举行会议，7 月 26 日发表经中国政府同意的对日最后通牒《中英美三国促令日本投降之波茨坦公告》，苏联在 8 月 8 日对日宣战后也在公告上签字：

一、余等：美国总统、中国国民政府主席及英国首相，代表余等亿万国民，业经合商，并同意对日本应予以一切机会，以结束此次战事。
……

六、欺骗及错误领导日本人民使其妄欲征服世界之威权及势力，必须永久剔除。
……

八、《开罗宣言》之条件必须实施，而日本之主权必将限于本州、北海道、九州、四国及吾人所决定其他小岛之内。

《波茨坦公告》发表后，日本仍然希图顽抗。8 月 6 日，美国向日本广岛投下第一颗原子弹；8 月 9 日，美国向日本长崎投下第二颗原子弹。

8 月 14 日，日本天皇御前会议，裕仁不得不表示，考虑"彼我双方的国力战力"，如果继续战争，"无论国体或是国家将来都会消失，就是母子都会丢掉"。8 月 15 日中午，裕仁天皇发布《停战诏书》，宣布无条件向同盟国投降。

　　中国政府于1945年10月25日收复台湾。南海诸岛暂由台湾省管辖。12月8日，台湾省气象局人员去西沙群岛调查，12日在林岛登陆，树立木牌："台湾省行政长官公署气象局接收完了"，背面写着"民国三十四年十二月十二日"。

　　第二次世界大战结束，法国殖民主义阴魂不散，重又回到印度支那，控制越南。1946年5月，法新社西贡专电称法国海军陆战队在西沙群岛登陆，逗留15天。此时，"希福维"号窜至黄山马峙是不祥的信号，不可等闲视之。

　　法国无视战后中国已经收复失地的事实，派军舰窜扰南沙群岛，严重侵犯中国主权。

　　1946年7月23日，菲律宾外交部长季里诺亦公然声称新南群岛（即指中国南沙群岛）属菲律宾国防范围。暴露出蚕食中国领土的野心。中国行政院1946年8月1日发出节京陆字第7391号训令，着广东省政府"遵办具报"。8月31日，又电令饬外交部、内政部、国防部会商，妥为应对。9月2日，行政院发出节京陆字第10858号训令，着内政、外交、国防三部会商应对，9月13日外交部顾问程希孟主持有关部门代表会商，会后由内政部长、外交部长、国防部长联名报告行政院，决定由国防部协助广东省政府从速接收、进驻南沙群岛、西沙群岛。"为应付将来可能发生争执起见，应由内政国防两部暨海军总司令部将有关资料送外交部以备交涉之用"。

　　海军总司令部对林遵说："你愿意不愿意担任进驻南沙群岛、西沙群岛舰队的指挥官？"

林遵略一思忖，回答道："为收复国土，保卫海疆，我愿意去！"

据当时任海军总司令部办公厅机要科长的徐时辅回忆：1946 年 11 月随海军总司令桂永清到广东、海南岛、台湾、澎湖视察时，接到海军参谋长周宪章报告法国军舰在南沙群岛海域活动。桂永清将此情况有意透露给美国驻中国海军顾问团团长莫雷少将，但美方反应冷淡。桂永清根据周宪章推荐，决定命令林遵为进驻南沙群岛、西沙群岛指挥官，兼管进驻南沙群岛工作，姚汝钰为副指挥官，兼管进驻西沙群岛工作。

林遵回到家里，兴奋地对胡志贞说："好了，有事情做了！"

胡志贞见林遵脸上的阴霾一扫而空，高兴地说道："有事情做就好。"

林遵说："不但有事做，而且是我十分愿意做的事情。"

胡志贞笑着问道："到底是什么事情呀？"

"组织舰队，去收复南沙群岛和西沙群岛。"

"怎么想起让你去呢？"

"可能是觉得我有点海上经验，还有点用处吧。"

胡志贞说："人家都忙着接收这接收那，苦差事找着你了！"

是呀，此去海疆边陲，没有洋房、金条、美女可以"劫收"，而且有可能同外国殖民主义军队发生武装冲突。炮火无情，自有生命之虞。即使没有战事，凶险的波涛，诡秘的航路，也叫人谈之色变，视作畏途。

　　林遵说："我知道是苦差事，让别人忙他们的去吧。去南沙群岛、西沙群岛，能够真正做一件对国家、民族有利的事情，千载难逢呀！我心甘情愿。"

　　林遵到海军总司令部领受任务。

　　海军总司令部第二署海事处上校科长姚汝钰把林遵迎进屋里，向他介绍组织"前进舰队"的情况。参谋张君然、程达龙、李秉成忙着具体准备工作。

　　军情比林遵已经知道的还要急迫。

　　日本投降后，日本军队在 1945 年 8 月 26 日撤出西沙群岛和南沙群岛。英国海军太平洋舰队司令福莱赛即以受降为名，在 1945 年 8 月一度派军队侵占南沙群岛的南威岛。1945 年 11 月 21 日，三艘美国军舰侵入黄山马峙海域。最近，法国军舰"希福维"号窜到黄山马峙海域活动。菲律宾原本也遭受帝国主义侵略，竟也提出无理要求，图谋侵占中国岛屿。

　　百年来，中国被列强瓜分侵略的历史，积淀着一种民族的忧患意识，这种意识无时无刻不萦绕在林遵心头。林遵的直觉告诉他，为了维护中国固有的主权，形势紧迫，刻不容缓。但是，由于西沙群岛和南沙群岛沦陷多年，海区情况不明，各岛实际情况不明，连有关航海图志和资料都不完全，给准备工作带来极大困难。

　　海军总司令部与林遵商量，以新从美国接收的 8 舰中的"太平"号护航驱逐舰、"永兴"号驱潜舰以及坦克登陆舰"中业"号、"中建"号组成"前进舰队"，首先进驻南沙群岛的主岛黄山马峙、西沙群岛的主岛林岛。进驻后各设海军电台一座，各派海军陆战队一个独立排驻守，每半年补给一次，驻守人员每年轮换一次，每人薪金按三倍支付。政府方面人员由内政部和广东省政府委派。

林遵找来有关历史档案，研究法国殖民主义在 1931 年和 1933 年先后染指西沙群岛和南沙群岛的行径。

南沙群岛、西沙群岛、中沙群岛、东沙群岛在历史上就是中国固有领土，但是，1931 年 12 月 4 日法国政府竟向中国驻法国公使馆发出照会，声称安南帝国对西沙群岛拥有所谓"先有权"。所根据的是越南古籍记载：1816 年安南嘉隆王管领该岛并树立旗帜；1835 年明命王又命人到该岛建立了塔和石碑。

法国人提出的这种主张是十分荒谬的。

从历史上看，1816 年安南嘉隆王时，正当中国清朝嘉庆二十一年。中国的资料证明，早在中国清朝乾隆年间出版的《海国闻见录》就已经把东沙群岛、西沙群岛、南沙群岛明明白白地列入中国版图。这是法国主教达贝孚在他所著的《越南地理》中引用并承认了的。《海国闻见录》是中国清朝雍正八年（公元 1730 年）成书并序，早于 1816 年 86 年。

从地理位置来看，西沙群岛范围在北纬 15 度 46 分至 17 度 7 分，东经 111 度 13 分至 112 度 47 分，地处琼崖大岛（海南岛）之东的中国海。根据 1887 年中法越南续议界务专条第一条规定，安南与中国广东交界线起于北纬 21 度 30 分，东经 108 度 02 分，界线以东属于中国，界线以西属于安南国。西沙群岛远在该界线之东。

从现状来看，琼崖之人散处西沙群岛，筑庐而居，置舟而渔，已有悠久历史。"西沙仅有华人居住，即此一端，法律上之解释已属我国领土，他国不得主张权利。"中国清朝宣统二年（公元 1909 年）广东水师提督李准曾经率领"伏波"号、"琛航"号军舰巡视西沙群岛，树旗鸣炮，公告中外，重申中国主权。"所历各岛，皆令海军测绘生绘之成图，呈于海陆军部及军机处存案。"1921 年 8 月，法国内阁总理白里安承认说："由于中国政府自 1909 年已确立自己的主权，我们目前对这些岛屿提出要求是不可能的。"1930 年 4 月在香港召开的远东观象会议亦公开请求中国在西沙群岛建立观象台。安南观象台台长法国人勃鲁逊参加了这次会议，没有异议，这表明国际公认西沙群岛属于中国。

1933 年 7 月 25 日，法国政府又以所谓"先占权"为由，悍然宣布占领中国南沙群岛中的九个小岛，同样是非法的。自 1931 年、1933 年以来，中国政府与法国政府间，就西沙群岛、南沙群岛问题的交涉往来不计其数，中国一直坚持自己固有的主权。中国维护自己的主权，法理上据理力争，更必须有军队作坚强后盾。

林遵全力投入组建"前进舰队"。一天，戴熙愉突然急匆匆来找林遵。他原来是"永兴"号驱潜舰的航海官，现在担任"太康"号枪炮官。林遵很喜欢这个年轻的军官，问他说："8 舰分散后，你们军官和水兵过得怎么样？"

戴熙愉直截了当地说："不好。上峰命令'太康'号调到渤海前线去打共产党，我要离开这艘军舰。我要跟您去进驻南沙群岛和西沙群岛，去保卫国家。"

林遵理解这个年轻军官的苦闷和要求。他们满腔热血，立志建设中国新海军，现实却使他们困惑、彷徨。他答应道："好。只是'永兴'号已经有了航海官，现在，'太平'号还缺少一个舰务官，你就去'太平'号吧。"

戴熙愉大喜，连忙说："可以可以，只要不去渤海就行。"

林遵摆摆手，不让他继续往下说，吩咐道："你到'太平'号，名义上是舰务官，实际上当我的参谋。这次去南沙群岛和西沙群岛，要有打仗的准备。这是自鸦片战争以来，中国同列强没有打完的官司，没有打完的仗。这一仗我们不打，我们的后人也要打。但是，这次南下，最大的难题还是航海。我们不熟悉南海，要求我们尽快多掌握南海海区的岛屿、礁滩、水文、气象等影响航行的因素。你和林焕章参谋两个人负责编制航海计划，先尽可能搜集有关海图和资料，特别要注意收集海洋水文和海洋气候的资料。"

八、南沙群岛 1946 年

　　中国先民最早发现和开拓南海，于史有据，于事可考。捍卫祖宗基业，捍卫汉域唐疆，海军义不容辞，责无旁贷。

"前进舰队" 秘密出航

　　"太平"号护航驱逐舰和"永兴"号驱潜舰停靠在上海吴淞码头，随着涌动的江水上下起伏。初升的太阳照在甲板和大炮上，渲染得一片金红。林遵从舷梯登上"太平"号，向军旗敬礼。

　　值更军官认出了是林遵，他眼睛睁圆了，挺直身躯，向林遵敬礼，报告说："指挥官，我这就去向麦士尧舰长通报。"

　　林遵答礼，说道："好的。我先自己到甲板上走走。"

　　林遵沿着舰舷向前甲板走去，脚踩在钢铁的甲板上，感到很惬意，很舒服。水兵们正在冲洗甲板，水龙带里喷出的水珠在阳光里闪耀。甲板上没有一件多余的东西，一切井井有条，这机械、仪器和大炮组成的世界，是林遵所熟悉的。虽然他离开军舰不久，却有一种久违了的感觉，有一种重又回家的感觉。他是属于军舰，属于海洋的。

林遵和麦士尧舰长一起检查军舰，从舰桅到底层的电罗经舱，一个战位一个战位、一个部门一个部门亲自察看，连锚链舱的锚链都要求全部拉到甲板上，一节一节、一环一环地仔细检查。林遵严格要求机器不带任何故障，整个军舰没有一点隐患。他告诫说："我们去收复南沙群岛、西沙群岛，那里从来就是航海的畏途，而且航海资料很少，情况不明。我们要闯龙潭虎穴，要斗狂风恶浪，不能有丝毫差错，不能有半点闪失。我们只有细心准备，才可能万无一失！"

林遵在"永兴"号和舰长刘宜敏一道严格仔细检查各种准备工作。

林遵面对海图，一坐就是几个小时，特别关注南海。

中国是一个濒临太平洋的海洋大国。渤海是我国内海，黄海、东海、南海都是北太平洋西部的边缘海。南海，南中国海，面积约为350万平方千米，北面是我国大陆，东面是菲律宾群岛，西面是中南半岛，南面是加里曼丹与苏门答腊群岛。这里是一个深海盆地，平均水深1212米，最大深度为5559米。东沙群岛、中沙群岛、西沙群岛、南沙群岛共有200多个岛、礁、滩、沙，像散落在南海上的珍珠。

南海海域辽阔，深受热带季风影响，夏季多西南风，冬季多东北风。海流的路径、方向、强度都随季风交替而改变。这给在南海航行的舰船以极大影响。尤其是台风，发生在热带海洋上的强大的大气涡漩，常常造成无法估量的灾难。

林遵深感对南海知道得太少太少，关于南海海水的温度、盐度、水压、海流、海浪、潮汐、内波、透明度、水色等影响海洋水体的因素，没有科学的、可靠的数据。云、风、气温、湿度、降水、气压等海洋气候、气象的资料也不完全，这给掌握南海海洋水文气候规律带来了极大的困难，增加了航行的危险系数。

林遵要求尽一切可能收集南海水文、气象详细资料，为即将开始的航行筹划几种航行预案。

笔者多年追踪近代以来中国海军为捍卫祖国万里海疆的航迹，20世纪60年代在南京海军学院听林遵讲述，在上海听戴熙愉多次回忆，80年代在广州听李景森、麦蕴瑜讲述……查阅其他亲历者的回忆文章和档案资料，依稀可溯当年艰难的航程，重现当年"气吞万里如虎"的壮举。

林遵对古代中国水师航行轨迹如数家珍，他说："中国先民最早认识、开拓南海，有史可据。唐朝诗人张谓在《杜侍御送贡物》中就杜侍御奉使南疆写道：'铜柱珠崖道路难，伏波横海旧登坛；越人自贡珊瑚树，汉使何劳獬豸冠'。全诗劝讽唐王朝息事宁边，和睦邻邦。早在汉代，伏波将军远出珠崖，立铜柱标勋，交好东南亚，越人自贡奇珍宝物，何需派使臣像能够分辨是非曲直的异兽那样远劳呢。全诗显示南海、南沙群岛、西沙群岛历史上就是汉域唐疆！我们必须捍卫祖宗基业。"

中华民族是古代大陆文明的先驱，同时也是古代海洋文明的先驱。中国人弄潮的历史，可以追溯至上古时期。许多上古时期的神话，反映出我们的先人认识海洋、驾驭海洋的理想。

鲲鹏"水击三千里，抟扶摇而上者九万里"。这是何等气派。

"有巨灵之鳌，背负蓬莱之山，而抃舞戏沧海之中。"这是何等浪漫。

"白泽神兽，能言，达于万物之情。"这是何等妙想。

"精卫衔微木，将以填沧海。"这是何等坚毅。

"天河与海通，近世有人居海渚者，年年八月有浮槎，去来不失期。"这是何等自信。

古《尚书》记载，"天下陆海之地"是华夏民族繁衍生息的空间。

"四海会同。"

"江汉朝宗于海。"

"环九州为四海。"

这就是华夏民族对于海洋，对于海洋和陆地关系的客观认识。

"见窾木浮而知为舟。"

"刳木为舟，剡木为楫。"

中国古代先民由朽木的启发，制造了独木舟，制造了划水的桨。于是，借"舟楫之利，以济不通"。"变乘桴以为舟楫，水物为之翔涌，沧海为之恬波"。

古代先民认识海洋，利用海洋，获得了何等的喜悦！

春秋战国时，已经有了吴、越等诸侯国利用舟船作战的记载。

东汉末年《释名》中记述:"帆,泛也,随风张幔曰帆,使舟疾泛泛然也。"可见秦、汉时造船业有很大发展,至汉末,已经广泛使用帆船了。这比西方早了几百年。

《唐鉴》记载:唐太宗贞观二十二年(648 年)在剑南制造出长 100 尺、宽 50 尺的巨舰。

《唐书·李皋传》有车船的记载:"挟二轮蹈之,翔风鼓浪,疾若挂帆席","鼓水疾进,驶如阵马"。

《萍舟可谈》记载:"舟师识地理,昼则观日,夜则观星,阴晦则观指南针。"可见,在 11 世纪的北宋中期,已经运用指南针为远离海岸的航行导航。指南针在航海中的运用,具有划时代的意义,为人类利用海洋、发展海洋文明增加了前所未有的手段,并为后来航海罗经的制造奠定了科学基础。

中华民族的先民很早就开始利用海洋交通海外各民族,流传许多带着神话色彩的故事,如徐福受秦始皇派遣,率领船队东渡扶桑寻找神仙,表明那时人们对海上交流的渴望。汉代与大秦、古罗马帝国的海上丝绸之路,已经是人类利用海洋交通的成熟范例了。

三国时,吴王孙权派遣康泰、朱应出使南洋各国。史书记载,这一时期与南洋 15 个国家有了交往。东晋的法显因为在海上遇风,漂洋过海,航行到了美洲。

隋、唐、五代、宋,海上交通进一步发展,中国和朝鲜、日本之间的海上交往频繁。唐代高僧鉴真和尚东渡日本,成为佳话。唐代的商船闻名于世,从海上直抵波斯湾和阿拉伯。

林遵为祖先开辟海洋的成就感到自豪。

　　林遵特别关注先民在南海，在西沙群岛、南沙群岛海域的活动。

　　三国时吴黄武五年至黄龙三年（公元 226 年至 231 年），孙权派遣中郎康泰和朱应出使，到达林邑（今越南归仁附近）和扶南（今柬埔寨和越南南部）。他们航经南海诸岛。康泰在《扶南传》中写道："涨海中倒珊瑚洲，洲底有盘石，珊瑚生其上也。"中国人在 1700 多年前就已经观察和认识到中国南海许多岛屿、礁石是珊瑚虫在礁盘上集聚而成。

　　后汉杨孚在《异物志》中说："涨海崎头，水浅而多磁石。"中国人最早在中国南海航行，准确地描述出这里暗礁星罗棋布。

　　宋代人在《宋会要》中说："其洋或深或浅，水急滩多，舟覆者十之八九。"

　　元人汪大渊在《岛夷志略》中说："中匿石塘，熟得而明之，避之则吉，遇之则凶。"

　　明代《海语》记载："风沙猎猎，晴日望之如盛雪，舶误冲其际，即胶不可脱。"

　　这些可信的记载，表明中国人在南海，在西沙群岛、南沙群岛海域所做的开拓性的航行，探明这个海域复杂而凶险，被视为航海的畏途。

　　林遵尤其细致地考察郑和七次下"西洋"之行。郑和从永乐三年六月十五日（公元 1405 年 7 月 11 日）第一次出使"西洋"到宣德八年六月二十一日（公元 1433 年 7 月 7 日）结束第七次出使，前后历时 28 年，遍历南中国海、爪哇海、马六甲海峡、印度洋、波斯湾、红海，更航越印度洋，远达东非海岸，为沟通太平洋和印度洋、开辟亚洲和非洲的海上航线做出了不朽贡献。在航海实践中，郑和运用牵星板观测天体，成功地进行天文导航，开天文导航的先河。郑和绘制了第一幅远洋航海海图，这是世界航海史上的创举。

林遵注意到明毅宗崇祯元年（公元 1628 年）茅元仪著的《武备志》卷二百四十中收辑的《自宝船厂开船从龙江关出水直抵外国诸番图》，这是 15 世纪中叶，郑和第七次出使时留下的航海图。图中第十页的后页和第十一页的前页，是广东海域，绘出了陆地和各岛，标明了每段航程和针位。明确记载了石塘（西沙群岛）、万里石塘（南沙群岛）的地理位置。

明代中国人以婆罗洲（今加里曼丹）作为东洋、西洋的分界，"婆罗又名文莱，东洋尽处，西洋所自起也"。西洋则指南中国海和印度洋。其实，在郑和之前，明永乐元年（公元 1403 年）十一月，就曾经派遣宦官尹庆航经南海出使满刺加（马来西亚）、古里、柯枝（位于印度）。1404 年又再度派遣使臣出使爪哇、苏门答腊等。

郑和率领一支由两三万人和两三百艘海船组成的宝船舰队，访问 30 多个国家和地区，航程之远，船舶数量之多，船舶吨位之大，次数之频繁，所历时间之长，在当时都是空前的，是世界航海史的壮举。永乐十一年（公元 1413 年）郑和第四次出使，航行越过印度洋，是世界航海史上第一次跨洋航行。过了 78 年，1492 年，意大利热那亚人哥伦布才第一次从葡萄牙的里斯本起航，向西横渡大西洋到达美洲；过了 84 年，即 1498 年，葡萄牙人达·伽马才绕过好望角到达印度；过了105 年，1519 年葡萄牙人麦哲伦才从西班牙起航于 1521 年到达菲律宾。

郑和船队的宝船，"体势巍然，巨无与敌"。明代史籍《明钞三宝征彝集》记载：宝船"大者长肆拾肆丈，阔壹拾捌丈"。折算起来，长约 124 米，宽约 50 米。随郑和航行的费信在《星槎胜览》中说，大型宝船设 9 桅，张 12 帆。大船的排水量估计当在 5000 吨以上。在当时，真正称得上是巨无霸了。此外，还有马船、粮船、坐船、战船等，都是制造精良、适于远航的海船。

郑和船队能够远涉重洋，还由于有严密健全的组织，明钞本《瀛涯胜览》记载，郑和第四次下"西洋"时，"官校、旗军、勇士、通事、民梢、买办、书手通计 27670 员。其中官863 员，军 26800 名，指挥 93 员，都指挥 2 员，千户 140 员，百户 103 员，户部郎中 1 员，阴阳官 1 员，教谕 1 员，舍人 2员，医官医士 180 员，余丁 2 员，正使太监 7 员，监丞 5 员，少监、内官、内使 53 员"。

在《三宝太监西洋记》中，描写郑和船队航行中有严整的队形，有完善的通信联络："昼行认旗帜，夜行认灯笼，务在前后相继，左右相挽，不致疏虞"，遇到雨、雾，则用锣鼓音响进行联络。

郑和七次下"西洋"，都航行经过南中国海，在西沙群岛、南沙群岛海域留下了航迹。

西沙群岛，中国古名七洲洋，千里长沙。共有 32 个岛屿，总面积约 8 平方千米。至今留下以明朝皇帝年号命名的永乐群岛和宣德群岛的名称。

南沙群岛，中国古名万里石塘，又名团沙群岛。北起北纬 11 度 55 分的雄南礁，南至北纬 3 度 50 分的曾母暗沙，有 230 多个岛屿、礁滩和沙洲。其中有 25 个岛屿露出水面，分布在南北长约 500 海里，东西宽约 400 海里，总面积约 24.4 万平方千米的海域。至今留下以郑和名字命名的郑和群礁，以郑和随行人员王景弘、尹庆、费信、马欢等人名字命名的景弘岛、尹庆群礁、费信岛、马欢岛等。

中国海军是郑和的后人，保卫自古以来属于中国的西沙群岛、南沙群岛，义不容辞，责无旁贷。

1946 年 10 月 29 日晚，林遵命令"前进舰队"各舰分别秘密出港，驶至长江口集结，编队南下。

吴淞口，正是涨潮时刻，潮水向江口奔涌倒灌。长江汇聚着东南半壁河水，直泻东海，每天两次在这里同潮汐相会，气势澎湃。

林遵站在指挥舰"太平"号的舰桥上，把"永兴"号、"中业"号、"中建"号收在眼底，心里觉得十分充实。虽然，这一支舰队只有四艘军舰，却担负着神圣使命。他深知，为了避免意外，防止法国和其他外来干扰，秘密地迅速进驻西沙群岛和南沙群岛是胜利的关键。

林遵命令舰队按照既定航线，从台湾外海航行。11 月 1 日，舰队驶近香港。林遵望见这被英国人割占的中国领土，心里很不是滋味。为了隐蔽舰队的行踪，他命令绕开香港，夜泊万山群岛的内伶仃岛。11月2日，舰队驶入珠江口的虎门，抛锚停泊。

11月3日上午，林遵和副指挥官姚汝钰，带领参谋林焕章、张君然、"太平"号舰长麦士尧、"永兴"号舰长刘宜敏、"中业"号舰长李敦谦、"中建"号舰长张连瑞转乘炮艇至广州，拜会了广东省政府主席罗卓英。会见了广东省政府委派的接收南沙群岛专员、省政府顾问麦蕴瑜，接收西沙群岛专员、省政府委员萧次尹。同他们交换了进驻西沙群岛、南沙群岛的意见。广东省政府已经组织了由省政府各机关代表和民政厅、实业厅以及中山大学的专业考察人员、测量人员、有关行业技工参加的工作机构。林遵欢迎他们登舰，随舰队一道进驻西沙群岛和南沙群岛。起航前，广东行营主任张发奎设宴招待林遵、姚汝钰和各舰舰长、副舰长，勉励官兵为国家建功立业。

11月6日早晨，"前进舰队"从虎门秘密起航，8日下午，驶抵海南岛榆林港。购置了一批适应珊瑚礁航行的渔用木船，雇请了熟悉西沙群岛和南沙群岛的40名渔工。一切准备工作就绪，等待适宜航行的天气。

天公不作美，东北季风刮个不停。不出林遵所料，天气成了出航的最大障碍。

林遵遍访当地渔老大，向他们请教在南海航行的经验。林遵的谦和、诚恳，赢得了渔老大的尊敬。

三杯酒落肚，一个渔老大向林遵说道："你莫见笑，我给你看一件东西。"

林遵说："说哪里话，你老人家的东西，我怎么敢笑话哟。"

渔老大说："我知道你们开兵舰的，有罗经，有机器，不信我们这些老帮子，不信那些古书。不过，你这个当官的不一样，给你看看也无大碍。"

林遵笑着说："我跟你一样，也算是一个渔老大。承蒙你看得起我，渔老大跟渔老大还有什么隔肚皮的话不能说吗？"

渔老大开心地说："好，好。我知道你们要去南沙群岛，去西沙群岛，有件东西不能不看！"

说着，渔老大拿出一个手抄本递给林遵。

林遵接过来一看，上面赫然写着《更路簿》！

书用棉纸线装，对折双面，毛笔墨写，已经有些磨损。

林遵迫不及待地翻阅起来，连声说道："我做梦也想得到这个东西呀，老人家，多谢你呀！"

渔老大说："这是我父亲年轻时候借了人家的老本子，照着抄下来的。"

林遵如获至宝。早在英国留学的时候，就知道英国牛津大学图书馆存有中国明、清时候的航海针经书《顺风相送》和《指南正法》，想见而不可得。如今，见到了同样珍贵的《更路簿》，而且正是需要的时候，林遵更视为珍宝了。

《更路簿》第一部分是"立东海更路"，写明由海南岛琼海到西沙群岛各岛屿的航路；第二部分是"立北海各线更路相对"，写明由西沙群岛的三筐、白峙仔到南沙群岛各岛屿的航向、距离海程；第三部分是"驶船更路定例"，写明航行注意事项。这本《更路簿》用传统罗盘的子午酉卯寅申巳亥辰戌未乾坤艮撰甲庚壬丙乙辛丁癸 24 个方位表明航向，用"更"表明航程，每一更为 60 里。航线、更路、方向都有明确记载，如"自三峙下干豆，南风甲庚、北风乙辛，三更收，对西驶……"

林遵拿来同航海海图一一对照，从《更路簿》可以看出，我国渔民在南沙群岛有三条传统作业航线。

东头线：由红草峙，经锣孔、鲎藤、鱼鳞、石良、东头乙辛、五孔、断节、双担、鸟串、双门、火埃、三角、半月暗沙、银锅、裤裆、铜锅，到石龙。

西头线：由劳牛劳，经尚戊、石盘、铜铣仔、大铜铣、弄鼻仔、大弄鼻、鸟仔峙，到西头乙辛。

南头线：由秤钩峙，经高邻礁、鬼喊线、牛轭，到女星峙、女星线、赤瓜线等。

除常走的主要航线外，还有通向周围的支线，遍布南沙群岛各岛、礁、沙、滩。有许多奇怪的名字，如无乜线、眼镜铲、簸箕、五百二、棍猪等。这些奇怪的名字，表明这些滩、礁的奇特和艰险。

每年立冬或冬至时节，海南岛渔船顺东北季风到南沙群岛打鱼、捕捞海参、海龟和公螺等贝类，就地加工、晒干，清明或端午节前后趁西南风初起，顺风航行，将渔获运回海南岛。或就近去新加坡、印度尼西亚等地出售渔货。

林遵从渔民流传下来的《更路簿》加深了对南海的认识，得到了许多启迪。特别是对于海上风浪有了更多的认知和考虑。那《更路簿》首页上的"看天作恶风"写道：

天雷海响而有恶风

太白清现亦有恶风

海棠多湾而有恶风

鸟离领飞高有恶风

无风浪涌而有恶风

日落天江而有恶风

内山现虹近有恶风

云飞如箭而有恶风

······

又如"驶船更路定例"写道：

如船外罗东过，看水醒三日，且看风面，船身不可
贪东。前此舟近西，不可贪西。海水澄清，并有朽木漂
流，浅成挑，如见飞鸟方正路······

林遵以《更路簿》作为参考，验证和修改预先拟订的航
线和航行计划。

接续清末水师的航程

榆林军港，码头上，昏黄的灯影里，椰树的羽状长叶随
风狂摆。今夜没有月亮，没有星光，海上翻滚着黑色的波涛。
波涛间，白色的磷光，一明一灭。几天来，风一直没停，而且
又下起雨来了。

紧迫，急切，夹杂着不安、期待。

军情紧迫，为争取尽快进驻南沙群岛和西沙群岛，以防意外，林遵和姚汝钰决定："前进舰队"分为两个分舰队，由林遵率领"太平"号、"中业"号组成南沙群岛分舰队，直赴航程最远的南沙群岛；由姚汝钰率领"永兴"号、"中建"号组成西沙群岛分舰队直赴西沙群岛。

林遵率领南沙群岛分舰队先行出航。

风势很猛，浪涛汹涌。"太平"号护航驱逐舰在前，"中业"号在后，刚驶出榆林港，满海大涌大浪，拦挡前进的航路。林遵命令全速前进，军舰却似乎被钉在原地，寸步难移。

风厉如鬼，嚯嚯叫啸。浪大如山，滚滚而下。

风速每秒 31 米，浪高近 10 米，天倾斜了，海倒立了。军舰在颤抖，风浪挤压得船体嘎吱作响，像是承受不了狂涛的拍击和挤压，就要断裂散架一样。大浪打来，军舰一下子像钻进了海底，一转眼又从浪里钻出来，冲过了一个排浪，迎接又一个狂涛更猛烈的冲击。

第一次出航受阻，不得不返回军港。

分舰队第二次强行出航。风势还在加强，涌浪还在加大。南沙群岛海域的海况将更为凶险，更难预料。林遵同林焕章、戴熙愉、麦士尧商量，不得不决定再次返航。

分舰队困在榆林军港，等待适宜出航的天气。

林遵不禁想起清朝末年广东水师提督李准在宣统元年（公元 1909 年）巡视西沙群岛时，也是在榆林被困，也是被风浪所阻。

　　李准在历史上是一个有争议的人物，是一个有功劳，也有罪过的人。

　　清朝光绪三十三年（公元 1907 年）十一月，英国殖民主义者以英国西南轮船在广东西江三水县境内被窃为借口，指责中国保护不周，悍然派军舰和鱼雷艇多艘侵入中国内河西江，肆意开炮，威胁和轰击沿岸城镇。两广总督张人骏一面派人与英国驻广州领事交涉，一面急令被贬为北海总兵的李准速回广州。

　　李准原是四川邻水县一介儒生，光绪十三年 17 岁时因父亲担任广东河源县知县来到广东，随父亲的任所先后在河源、南海、香山、揭阳、汕头、广州等地。曾经三次赴京应试，均落第不中，纳款捐官为记名道台。光绪二十五年担任钱局提调，受命为任广东厘金局总办。着力购造新舰，改革旧制，加强防营、水师的建设，在西江、北江、东江上缉私，收税，保护商船运输。经两广总督岑春煊、巡抚张人骏举荐，于光绪三十一年四月十五日、十六日、二十一日连续三次受到慈禧和光绪皇帝召见，被任命署理广东水师提督。后因与岑春煊意见不和而被贬，称病滞留北海。

　　李准回到广州，在张人骏支持下，紧急构造江大、江清、江巩、江固等浅水兵舰，租用商轮，加强西江巡弋，同时与英国入侵的海军头目马镇迪严正交涉，迫使英国舰船退出中国内河。随后，清廷仍命李准署理广东水师提督。

　　李准锐意更新兵船装备，广东水师浅水舰船达到 663 艘。

　　光绪三十四年（公元 1908 年）春，李准率"伏波"号军舰巡海至东沙群岛，远远望见岛上竟飘扬着日本国旗，于是下令登岛，抓获日本人西泽吉次，质问他为什么侵入中国海岛。西泽吉次辩称，因为距离台湾很近，以为属于台湾。他两年前来此海岛铺设轻便铁路，修建厂房，开采鸟粪磷肥。李准报告张人骏与日本交涉。日本人要求出示二百年前海图以证明岛屿归属。后来查到清乾隆时陈伦炯著的《海国闻见录》，上有东沙岛的记载。经过谈判，在扣除西泽吉次盗采磷肥的价值后，给以一定的补偿，将其驱逐，收回东沙岛。

李准忧虑"中国向不以海为重，由于海面之岛屿，数千年并无海图，任外人侵占而不自知。类于东沙岛者必不少"。广东水师左翼分统林国祥告诉他说，琼州榆林以西约二百海里，有一群岛，是新加坡来中国的必经航线，但暗礁极多，行船都远远避开。李准怦然心动，想亲率"伏波"、"琛航"两舰"探此绝岛"，将探查资料收入他正在编纂的《广东水师国防要塞地图说》。林国祥摇头说："此二船太老，行驶迟缓，倘天色好，可保无虞，如遇大风，殊多危险。"李准考虑再三，仍然决定出海巡行。

林国祥是福建马尾船政后学堂驾驶班第一期毕业生，1874年9月，他任"琛航"号军舰管带，邓世昌任大副，二人驾驶军舰由福州到上海。军舰"气象严整，修治清洁，督饰工程、训练士卒，井井有条"，使外国人感到惊异，刮目相看。甲午海战失败，林国祥被贬，转来广东水师。李准要求他积极整备军舰，筹划巡弋西沙群岛。

宣统元年四月初二（1909年5月20日），李准率"琛航"、

"伏波"两舰出航。除携带充足的燃料、食品外，还特别携带了木石工匠以及牛羊猪鸡和稻粱麦豆种子。先至榆林，等候适宜航行的天气。因风被阻，直至四月十一日（1909 年 5 月 29 日）下午 4 时，两舰驶出榆林港，向西沙群岛的永乐群岛航去。

"琛航"、"伏波"两舰都是马尾船政局建造的。"伏波"号 400 吨，同治九年（1870 年）下水。"琛航"号 1358 吨，同治十三年（1873 年）下水。两舰马力各为 580 匹，时速仅 10 节，下水已近 30 年。军舰艰难地航行，林国祥和"伏波"号管带吴敬荣彻夜不眠，在舱面上观察、指挥航行。林国祥计算船的速度和距离，认为应该到达永乐群岛的珊瑚岛了，却不见岛的影子。他用天文测海，发现由于军舰马力不足，被海流冲离预定航线，偏航 1 度多。急忙修正，终于到达珊瑚岛。

李准率领官兵先乘平底扒艇，后蹚水涉过礁盘，登临珊瑚岛，以"伏波"号舰名重新命名该岛。更命木匠架屋，在屋侧竖起五丈多高的旗杆，升起黄龙国旗，鸣放礼炮，昭告中外，重申主权。离岛前，李准命令"留牲畜之种山羊、水牛雌雄各数头于岛"。同行的无线电工程师德国人布朗士为这些牛羊的命运担心，流泪说："可怜此牛羊将渴而死。"

随后，李准一一巡行了西沙群岛的永乐群岛、宣德群岛的 14 个岛屿，重新一一命名，并在一些岛上放养了牛羊猪鸡。这次巡阅，历时一月。"所历各岛，皆令海军测绘生绘之成图，呈于海陆军部及军机处存案。"

广东水师此次巡航西沙群岛，使日本、法国殖民活动受到阻遏。

1920年，日本南兴实业公司企图染指西沙群岛，向法国驻西贡的海军部试探，法国驻西贡的海军司令复信说："查海军档案中，并无关于帕拉塞尔（即指我国西沙群岛）的资料。惟就本人所知，虽无档案可稽，敢负责担保帕拉塞尔并不属于法国。"

1921年8月，当时的法国总理兼外长白里安不得不明确承认说："由于中国政府自1909年已确立自己的主权，我们目前对这些岛屿提出主权是不可能的。"

宣统二年，李准曾经指挥广东水师镇压广州新军起义，后又镇压黄花岗起义。革命党人必欲杀之而后快。陈敬岳化装成乞丐，趁李准由顺德返回广州的时候，在双门底向他的坐轿开枪，打伤李准的腰部和手臂。当辛亥武昌起义成功后，李准又派他的弟弟到香港同革命党人联络，拥戴胡汉民，宣布广东脱离清廷独立。因此，后来被授予中华民国陆军中将，退出海军，在天津当寓公，靠卖字为生。

1933年7月25日，法国悍然宣布占领黄山马峙、铁峙、安波沙洲、北子岛、南子岛、南乙峙、南钥岛（红草峙）、南威岛。此时，李准已63岁，抱病携带当年所著《李准巡海记》来到天津《国闻周报》。

那是苦夏的日子，李准愤慨于法国殖民主义的无耻行径，冒着酷暑，来到报馆。他身体有病，拄杖而行。虽然瘦弱，声音却洪亮，慷慨激昂，热血偾张。他拿出手稿，一手潇洒的行草，行云流水，没有多少涂改，不加圈点，文情并茂，翔实可

信。《国闻周报》1933 年 8 月 21 日第 10 卷 33 期全文刊载了
这部巡海实录，并加了编者按："今当海疆多事，此记之价值
乃显。《大公报》近曾刊露李氏笔记之一部分，兹并关于东沙
岛者一并刊露之，洵珍贵史料也。"

　　李准除《李准巡海记》外，还著有《粤东从政记》、《广东
水师国防要塞图说》、《任庵自编年谱》手稿。

　　林遵觉得，李准在清朝末年国势衰微的时候，为维护国
家海洋主权做出过贡献，不应被忽视、被忘却。他仔细阅读
《李准巡海记》：

　　……

　　初五日入崖州属之榆林港。清风徐来，余于甲板
上观之，见此港山环水绕，形势极佳，而水深至二三十
尺……港内水波不兴，上下天光，一碧万顷，以为正可
直驶西沙矣。国祥曰："天气不可恃。须看天文，有三五
天之西南风，乃可放洋，且亦须在此添盛淡水。……连
日风色不佳，夜间月光四围起晕，必主有风，不能放洋。
国祥于此购买柴薪无数，船面堆如山积，备缺煤时之用
也。"过了 6 天，国祥云：天色已好，可放洋矣。四月
十一日下午四钟启碇，出口，风平浪静。……国祥敬荣
经夜不睡，行于甲板，监视舵工，其桅杆顶尚有一人持
望远镜观察前面之岛，不敢一毫懈也。国祥曰：以船之速
率及海程计之，此时应可见最近之岛，今不见，必有误。
以天文测之，差一度几秒，危险万分。此为本船马力不

足，为大流冲下之过，宜仔细，此处暗礁极多，稍不慎，则全船斋粉矣。少顷，桅顶人报告，已见黑影，然在上游。国祥敬荣乃心定而直驶向该岛。十一点二十分下碇，锚链几为之尽。其处水清，日光之下，可见海底，多红白珊瑚，大如松柏之树。有一种白色带鱼，长约丈余，穿插围绕于珊瑚树内，旋转不已。饭后，余率诸人乘舢板登岸。国祥请余勿坐舢板，宜乘大号扒艇平底者，乃可登岸。余从之。果至近岸之浅滩内，乘舢板者果不得入。此项扒艇，国祥于海口购七八只之多，余初以为无用，今乃知为得用也。

此岛长不过六七里，行不数钟，即环游一周矣。岛上无大树，有一种似草非草似木非木之植物，高约丈余，大可合抱，枝叶横张，避此林中，真清凉世界也。其地上沙土作深黑色，数千百年之雀粪积成之也。……其石亦非沙石，乃无数珊瑚虫结成者，因名之曰珊瑚石。

余督工刻字珊瑚石上曰："大清光绪元年广东水师提督李某巡阅至此。"勒石命名伏波岛。以余乘伏波先至此地，故以名之。又命木匠建木屋于岛，以椰席盖之为壁，铺地，皆椰席也。竖高五丈余之白色桅杆于屋侧，挂黄龙之国旗焉。

《李准巡海记》还详细记载了他在西沙群岛其他岛屿的巡阅活动，是一篇重要的历史文献，也是一篇生动有趣的文字。李准在西沙群岛盘桓，遥望南沙群岛，也曾经想过鼓轮而行，但是，"天色骤变，不敢再为流连，恐煤完水尽，风起不得归也。"带着遗憾返航了。

林遵想起李准被困的经历，思考重新制订航线，选择适宜的天气，避开近岸的强烈海流和涌浪，直航南沙群岛。

11 月 23 日，西沙群岛分舰队"永兴"号和"中建"号起航，由姚汝钰率领，张君然参谋协助，乘风浪稍弱的间隙先行赴西沙群岛。

林遵语重心长地对姚汝钰叮嘱说："你们向林岛航渡，要格外注意北礁和七连屿这两个难点。北礁航道狭窄，是进入西沙群岛的门户。无数船只在这里翻沉了。不小心偏离航道，容易触礁或撞上沉船。至于七连屿，靠近林岛，粗心的船老大常常把它看错了，不注意风、流、压的影响，船失去控制，容易在礁盘上搁浅。我们都没有在这里航行过，都没有经验，更要小心谨慎。古代的《海语》里写道：'风沙猎猎，晴日望之如盛雪。船误冲其际，即胶不可脱'。'舵师脱失势，误落石汉，皆鬼录矣'。古人把西沙群岛看作畏途，我们要开辟新航路。"

姚汝钰是第一次和林遵共事，深感林遵的细心，总能抓住必须注意的要害和关键细节。舰艇各个作战部位，航海、枪炮、机电、观通、帆缆、损管，他全部通晓。特别是善待同事和下属，从不盛气凌人，总是谆谆善诱，使他感动。

林遵和姚汝钰珍重道别，互相勉励。

军旗猎猎，汽笛声声，"永兴"号、"中建"号两艘军舰鱼贯驶出榆林港。

林遵和水兵们目送分舰队远去，一直到看不见军舰的身影，才回到"太平"号。

林遵和林焕章、戴熙愉、麦士尧研究新的航线。

"永兴"号、"中建"号分舰队于24日凌晨，驶抵西沙群岛东部宣德群岛的林岛。此地又名多树岛、猫屿，距榆林港182海里。两舰在礁盘外抛锚，副舰长何炳才、李景森，参谋张君然率领战斗小组乘艇登岛搜索。岛上空无一人，原来的建筑都被破坏了。于是，按原定部署，组织人员登岛，抢运物资，搭建营房，构筑工事，修建炮位。经过五昼夜的紧张工作，电台已经架通，进驻工作大体完成。29日上午，姚汝钰、广东省政府接收官员萧次允尹和中央各部会代表、驻岛人员，为收复西沙群岛纪念碑揭幕，鸣炮升旗。以"永兴"号舰名重新命名林岛为永兴岛。

笔者于1975年第一次登上永兴岛，瞻仰纪念碑。羊角树丛中，向海的一面，水泥制作的纪念碑顶端镌刻着海军徽记——铁锚，正面镌刻着"南海屏藩"四个大字，背面镌刻着"海军收复西沙群岛纪念碑，中华民国三十五年十一月二十四日，张君然立"。这座纪念碑并不是最早竖立的主权碑，李景森曾经告诉笔者说："最初竖立的主权碑，只有'永兴岛'三个字，作为主权碑与'太平岛'规格、样式相同，不会由随舰进驻的参谋个人署名。收复西沙群岛后，张君然担任西沙群岛管理处主任长达7年，颇有贡献，此碑是他在1946年以后建立留下的纪念。"

分舰队继续驶往西沙群岛西部的永乐群岛考察，越过琛航岛和广金岛，察看了珊瑚岛。将考察所见电告海军总司令部。

"永兴"号、"中建"号分舰队于 30 日下午返抵榆林港。林遵和水兵们齐聚码头,欢迎他们凯旋。

"永兴"号、"中建"号胜利收复西沙群岛,鼓舞了林遵和"太平"号与"中业"号的官兵,也增加了尽快收复南沙群岛的紧迫性。林遵部署加紧准备,期盼天气好转,只要有适航条件,即刻起航,奔赴南沙群岛。

林遵经过审慎考虑,反复计算、比较,决定大胆地采取一条新的航线,率领"太平"号、"中业"号编队,先向越南海岸航行,避开强大海流的影响和大涌大浪的阻碍,适时地转向我西沙群岛最西面的北纬 15 度 47 分、东经 111 度 12 分的半路岛航行,再插向北纬 10 度 23 分、东经 114 度 22 分的南沙群岛的黄山马峙。航程大于直线距离的 545 海里,预计约 800 海里,用 3 天时间,争取一次航渡成功!

林遵向林焕章、戴熙愉、麦士尧说:"我们必须抓紧行动,重新制订出航计划,改变航线,避开大涌大浪,尽快进驻南沙群岛!"

林遵把自己的设想告诉他们,要求他们再精确地计算和推演。

直航黄山马峙

南海咆哮。

南沙群岛呼唤。

波如连山,涌举天外,互相触搏,飞沫惊涛。军情急迫,危机四伏。

12月9日，南沙分舰队驶出榆林港。

海岸向后退去，隐没了。山顶上信号台的灯光闪烁了几下，也最后隐没了。前路是无尽的波涛。

分舰队向西南航行，直插越南海岸。摆脱海岸潮汐的影响，克服海上风、浪、涌和海中海流、海溜、海漩的影响，军舰一直向前。

舰队由近海而远海，海水随之变幻：先是绿中泛黄，接着蓝中带碧，终于黛近乎墨。

极目望去，满海似乎一抹平，实际上波推浪涌，大起大落。巨浪一个接一个滚滚而来，大涌一波接一波连连冲撞。

海的颜色越来越深，波涛之上，银光点点，一队队飞鱼从水中飙起，飞掠而逝。

一群鲨鱼首尾相衔，露出脊鳍，挤挤插插，傍着舰舷，像箭一样疾向前窜。

分舰队驶近越南南部的岘港，看到了岘港灯塔的余光，林遵按照预定航行计划，命令转变航向，驶向中国西沙群岛的半路岛。到达预定转向点，林遵再次命令转向，以每小时10节的速度，向南沙群岛航进。

海潮迅急，风涛险恶。

大风赶着巨浪，像大墙一样向前推来。军舰昂首向前迎击，巨浪被撞击，破碎了，让路给军舰。

大海黑沉沉的，唯有军舰轮机轰鸣，四外越发显得静谧、空阔。从军舰转向以来，又航行了12个小时，航程120海里。

林遵命令测定舰位、航向，完全符合预定航线。分舰队再转向南航行，直对南沙群岛最大的海岛黄山马峙驶去。

浪如山涌，海真的涨了。古时候，中国人把南海叫作"涨海"、"涨海崎头"，确乎名实相符。横无际涯，浩浩荡荡。

12 月 12 日，黎明时，遥见前方海面一线白色浪花，悬空托起一抹低矮的墨绿。渐近，墨绿周遭一片浅蓝，一片嫩绿，晶莹透亮，澄澈通明。左近前方，陆续显现一点一点岛礁。林遵从舰桥上看去，垩白泛绿的礁盘，绵亘延长，望不到头，似在浅水下波动摇荡。

一只白鲣鸟出现在军舰的前方，斜着翅膀向下滑翔。

有白鲣鸟，就有陆地。

远处，一个大大的圆环，绿莹莹的。四周一片黛黑，唯有这一圈鹅黄嫩绿，令人错以为是春天刚刚露头的茸茸新草，轻盈、美丽。叫人忘记了是军舰向前接近它，倒像是小小海岛在向军舰冉冉飘来。

"叮铃铃——"，驾驶台上，伡钟清脆地响起，军舰减速。

测量方位：北纬 10 度 22 分 50 秒，东经 114 度 22 分，正是黄山马峙。

林遵举起望远镜向岛上望去。

黄山马峙，珊瑚礁伸出一千多米，礁缘波翻浪卷，水花激荡。礁盘隐没在水下，阳光透过浅水，照在垩白的礁盘上，反射出绿莹莹的光泽。白鲣鸟低飞盘旋，白色的翅膀和腹部也被海水照得像荧光粉一样发绿、发亮。周围水下的礁盘比露出水面的部分大得多，铺撒开一片绿色。圆圆的礁盘中间，顶着一片白，像是薄薄地撒了一层沙。在这一片汪洋的深海里，黛黑色的波涛像是凝滞不动的，而这一点绿礁、白沙倒像是流动的，充满生机。

啊，岛上竟树木葱茏，成排的木麻黄树，在热土地上长得高高的。遍地羊角树、抗风桐，绿荫全岛。不知名的黄花、白花、紫花，如云似锦。白鲣鸟群安详地降落在低矮的灌木丛树顶，一片雪白。最叫人咂舌的是，在这孤悬海上的珊瑚岛上，竟生长有椰子树。几棵椰树，高高地矗立蓝天。

"桡桡者易折"，似乎在南沙群岛不适用。这里是多风暴海区，每年，太平洋上生成的台风来回在这一带肆虐，却摧毁不了高高的椰树，摧毁不了这里繁茂的树丛、花草。

林遵命令分舰队在礁盘外抛锚。

放下舢板和平底小渔船，派遣陆战分队、水兵分队涉礁登岛搜索。

搜索分队发回信号，岛上空无一人。

早晨8时，林遵下令进驻南沙群岛分队和政府接收人员乘艇登岛。

林遵怀着急切的心情，乘第一只艇登岛。

天气晴和，水波不兴。正是退潮时刻，受潮汐、海流影响，潮浪暗涌，波摇水颤。环礁边缘，浪花推涌，白花花翻腾不息，正如古书里描述的那样："堆如盛雪。"换乘平底木船，一些水兵迫不及待地干脆涉水蹚过礁盘。只见珊瑚礁盘的水涡深处，滞留有肥大的海参、颜色鲜艳的小鱼、五彩斑斓的贝壳和银光闪烁的马蹄螺，简直像是一个聚宝盆。

踏上黄山马峙，一脚踩上的完全是细如粉末的珊瑚沙，踢不起一星尘土。

岛的南面有破损的防浪堤，长四五十米，高约三米。混凝土浇筑。在防浪堤西面约一百米，有残破的码头栈桥，长约五百米。上面铺有轻便铁轨。这是日本侵略者为盗采岛上磷肥而修建的。1938 年 4 月，日本帝国主义侵占中国的南沙群岛，开设了"南洋公司"，大肆盗窃南沙群岛的磷肥和渔业资源。

防浪堤的尽头，有日本侵略者建立的水泥碑，上有"大日本帝国"、"新南群岛"字样，十分刺目。林遵一挥手，命令道："立即摧毁！"

林遵带领部队，察看了岛上建筑，有简陋的无线电台，有发电厂房，有仓库，有蓄水池，有防空洞，有宿舍，有晒鱼场，有神庙，有坟墓。在几处破损建筑物的墙壁上，有日本侵略者涂写的文字，直至 1945 年 8 月 27 日，这些侵驻南沙群岛的日本人才知道日本帝国主义无条件投降。墙壁上的字里行间，充满沮丧和绝望，哀叹不知前途如何，茫茫有如丧家之犬，有的径直是自杀的遗言和表白。

岛上大小道路，都被藤蔓和花草遮蔽掩盖。岛的中部，生长有木瓜树、芭蕉树。低矮的羊角树、抗风桐生长茂密。许多椰子树，高高的，连成一小片，几乎成林。最可喜的是，岛上有古代中国渔民挖掘的水井，而且是淡水，可以饮用的淡水！在这四处汪洋的大海中，有了淡水，就有了生命的源泉。

林遵带领官兵环岛步行一周，仅用了 50 分钟。麦蕴瑜带领测量人员采用多角形导线法环岛测量、交会法测量环礁，导线法测量建筑和水井，测得黄山马峙东西长约 1360 米，南北宽约 350 米。周长约 3000 米，面积不过 0.43 平方公里，平均海拔 4 米。在南沙群岛，这要算大岛了。

林遵就海岛防御做了部署。以"太平"号舰名重新命名黄山马峙为太平岛，在岛西南方防波堤尽头竖立石碑，永作标志。

新建纪念碑落成，正面镌刻着"南沙群岛太平岛"，背面镌刻着"中华民国三十五年十二月十二日重立"。碑的左侧镌刻"太平舰到此"。碑的右侧镌刻"中业舰到此"。

林遵率领官兵和政府官员，列队举行接收南沙群岛和纪念碑揭幕典礼。典礼庄严肃穆，林遵和官兵们向冉冉升起的国旗注目敬礼！

每个人都感到满腔热血奔涌，心中涌起一股豪情，誓死保卫祖国的每一寸土地，誓死保卫祖国海疆！

一个特别排、气象台、电讯台共 59 人留驻太平岛。还把随舰带来的一头小黄牛、一头小狗和小猫和十多只鸡、鸭留放在岛上。

12 月 15 日，林遵率领"太平"号、"中业"号巡视铁峙，林遵和官兵登岛察看，以"中业"号舰名重新命名铁峙为中业岛。随着，又巡视了南乙峙、双子岛、第三峙、马东等岛屿，建立石碑。双脚踏上这一座座各具特色的珊瑚岛礁，林遵和官兵们更加感到责任重大。

法国殖民主义者慑于正义，没有以任何形式干扰中国海军的进驻，也没有任何国家对中国军队的行动提出质疑和异议，中国人收复自己固有的南海诸岛，天经地义！

"前进"舰队凯旋广州。

"太平"号、"永兴"号停泊在白鹅潭江面。

1947 年元旦，"前进"舰队举行收复南沙、西沙群岛记者招待会。同一天，海军总司令部为进驻南沙群岛、西沙群岛有功官兵 169 人叙勋。

"太平"号军舰的后甲板，上盖天遮，两舷用帆布围成一个别致的招待会场。中外记者云集，社会各方人士齐来致意。

林遵站在甲板中央，向记者、来宾详细介绍中国政府行使主权，中国海军进驻南沙群岛、西沙群岛的经过。林遵义正词严地宣布："南沙群岛、西沙群岛自古以来就属于中国，完全有历史、法理的依据。'前进舰队'的'太平'号护航驱逐舰、'永兴'号驱潜舰、'中业'号和'中建'号登陆舰，奉命于 1946 年 11 月、12 月进驻西沙群岛、南沙群岛。11 月 24 日进驻西沙群岛主岛林岛，以'永兴'号舰名重新命名该岛为永兴岛，并巡视了西沙群岛的宣德群岛、永乐群岛各岛，以'中建'号舰名重新命名半路岛为中建岛；12 月 12 日进驻南沙群岛主岛黄山马峙，以'太平'号舰名重新命名该岛为太平岛，并巡视了南沙群岛许多岛屿，以'中业'号舰名重新命名铁峙为中业岛。在太平岛、永兴岛树立了纪念碑，隆重地举行了升国旗典礼，郑重地昭告中外，重申中国国家主权！中国政府已经按照《开罗宣言》、《波茨坦公告》收复西沙群岛、南沙群岛！"

记者们纷纷举起照相机，留下这历史时刻的影像。

　　林遵接着说:"海军已经完成西沙群岛、南沙群岛的防御部署,设立了气象台和无线电通讯台。中国广东省政府委任省政府顾问麦蕴瑜先生为南沙群岛专员,委任省政府委员萧次尹先生为西沙群岛专员,实施有效的行政管理。"

　　中国记者和来宾,感受到庄严和神圣,热烈鼓掌。

　　林遵接着高亢激扬地说:"无论是在古代中国强盛的时候,或是在清朝末年国式衰微的时候,抑或是在今天经过长期抗日战争之后,民族元气亟待恢复的时候,中国海军一刻也没有忘记自己的神圣使命,一直关注着南沙群岛、西沙群岛,关注着中国南海诸岛,关注中国海疆,誓死捍卫中国国家领土、主权的完整。南沙群岛、西沙群岛历来就是中国固有的领土,绝对不容受到侵犯!"

　　记者招待会上展览了收复南沙群岛、西沙群岛的照片以及此行收集到的中国文物和西沙群岛、南沙群岛的一些物产。西沙群岛永兴岛上的一百零八兄弟孤魂庙的照片引起特别注意。那是海南岛渔民为在岛上去世的人修建的。庙门横额上写着"海不扬波"四个字,门两侧的对联写着"兄弟感灵应,孤魂得恩深"。渔民每年来此作业,都要先到孤魂庙祭拜,已成习惯。在太平岛、中业岛、第三峙都各有一座土地庙。照片显示太平岛的土地庙有三尺多高,二尺多宽,门上写着"有求必应"四个字。庙中供奉着石质土地神像。这一切有力地证明中国人早已在西沙群岛、南沙群岛生活和劳动。

　　从南沙群岛、西沙群岛采来的海产和各种千奇百怪的贝类更使人们啧啧称叹。

林遵宣布说："外国人觊觎中国的南沙群岛、西沙群岛由来已久。当前的形势依然严峻。我经授权宣布，'永兴'舰、'中业'舰留驻广州，准备随时支援南沙群岛和西沙群岛的守卫。"

1947 年 1 月 16 日，法国一架飞机侵入西沙群岛上空侦察。17 日上午 11 时，法国 F43 号军舰侵入西沙群岛永兴岛海域，要求登陆。中国西沙群岛海军电台台长李必珍严词拒绝，要求法国军舰立即退出中国海域。

1 月 21 日中国国防部部长白崇禧发表谈话说："西沙群岛主权属于中国，不仅历史地理上有所根据，且教科书上亦早已载明。去年敌人投降退出该岛后，我政府即派兵收复。本月十六日有法国侦察机一架飞至该岛侦察，十八日法海军复有军舰一艘行至该群岛中之最主要一岛。我守军当即表示守土有责，不许登陆，并令其撤走。至巴黎电传法海军已在群岛中之拔陶儿岛（即清末李准巡视西沙群岛时命名的珊瑚岛）登陆，据余之记忆，此岛距国军主要驻防之岛约为五十海里。"

当天，中国外交部长约见法国驻华公使梅里蔼向沄国方面提出交涉，郑重声明西沙群岛主权属于中国。

1947 年 5 月 18 日，"永兴"号、"中业"号组成编队，由姚汝钰指挥，为驻守南沙群岛的海军部队运送补给品和部分人员换防，并巡航南沙群岛海域。《大公报》记者黄克夫随舰采访，5 月 21 日到达太平岛，黄克夫借由军用电台发出第一条新闻专电：《守卫我最南疆，我两舰驶抵太平岛》、《防军在废墟上积极建设》，《大公报》于 23 日用大字花边刊出。6 月 29 日、

30 日、7 月 1 日连载黄克夫撰写的特稿《南沙群岛实踏记》。

6 月，广东省政府在广州举办南沙群岛、西沙群岛展览会，民众怀着爱国的热情踊跃参观。

1947 年 12 月 1 日，中国政府内政部根据实地考察，重新核定东沙群岛、中沙群岛、西沙群岛、南沙群岛部分岛、礁、滩名称，正式公告中外。没有任何国家对此提出异议。

当年"永兴"号副舰长、现任广州航海协会秘书长李景森以亲历者的权威，为笔者叙述了那次航行。

1947 年 5 月 18 日，"永兴"号、"中业"号编队从广州虎门起航，经过 3 天航行，21 日进入南沙群岛海域。

天晴气朗，没有大风，但涌浪比近岸处大多了。在指挥台上，首先看到前方一线绿岛，这就是太平岛了。环礁伸出 1000 多米，军舰小心地向前靠近。我首先带领水兵涉礁登岛。

礁盘泛着夕阳，绿莹莹的，环岛珊瑚沙，堆如盛雪。驻岛官兵早在岛边列队欢迎我们。

岛上有密密的抗风桐灌木丛，有高高的椰子树。一小块地上种植了香蕉、木瓜。有一座大陆常见的土地庙，神主牌上写着"福德土地龙神之位"。岛上一条小狗，翘起尾巴，欢蹦着迎我们跑来，又叫着跑开去，再欢实地奔回来，令人感到亲切。颇有《桃花源记》中"阡陌交通，鸡犬相闻"的意味。

特别叫人惊喜的是，岛上有一口水井，而且是淡水。

四围都是苦咸的海水，独有此一井清泉。这里真是祖国宝岛！我们提上一桶井水，从头浇到脚，冲凉洗澡，惬意极了。经过酷暑海上航行后，在海之角能够如此"奢侈"，畅快地用水洗一回澡，只有水手才能体会这种享受的难得和惬意。

慰问了太平岛上官兵，进行了补给。随后，我们在北纬 3 度 36 分至 11 度 57 分，东经 109 度 26 分至 117 度 50 分的广阔海域巡航。

南沙群岛海域复杂，历来被看作危险海域，尤其是中部，岛礁散处，时隐时现，水流变化，很难掌握。但我们十分想了解祖国所有海洋国土，决心踏遍南沙群岛海域。

安波沙洲，像是一块绿洲，悬浮在凝重的、黛色的海水中。军舰靠近时，只见一大群白色的鲣鸟飞起，在蓝天之下，海波之上盘旋飞翔，久久才落在岛上的绿树之巅。岛上有很厚的鸟粪层。常有海南岛渔民来这里捕鱼、捞参。岛上有中国渔民架设的简陋的寮棚。

曾母暗沙，紧靠南沙群岛边缘，是水下珊瑚礁丘。一大片隐伏在水下的适淹礁、滩。到了这里，才真正到了天涯海角，到了祖国最南端的土地。

军舰巡航经过郑和群礁、景宏岛、费信岛、马欢岛、尹庆群礁，这些都是以明代"下西洋"的使节的姓名命名的岛、礁。康泰礁、朱应礁更记载着三国时就航行到此的先人的业绩。

双子群礁、中业岛留给我们深刻印象。

双子群礁四周是浅水环礁，十分美丽，水产丰富。中业岛是南沙群岛中露出水面的第二大岛。岛上有淡水井，有棕榈树，有灌木丛，杂草覆盖全岛，一片皆绿。海南岛的渔民常年在这里作业，捕鱼，捉龟，捞参，捞马蹄螺。有人常住岛上。他们从海南岛运来粮食、淡水，过着艰辛劳作、物质菲薄的生活，经年遭受台风、海浪、大潮的吹打、冲击，但他们仍然坚忍不拔地开发、拓殖这片珍贵的国土和广阔的海洋。

在巡航南沙群岛期间，我们看到的只有中国渔民，没有任何一个外国人涉足那里。历史和现实雄辩地说明这里纯属中国的领海、领土。

亲历其地，看到南沙群岛大部分是环礁，岛的中部多有潟湖。科学考察证明，在千万年漫长的地质发育史中，随着南海的扩张—沉降—海浸，受地壳运动、海平面变化、气候变化、风暴潮冲击诸多因素影响，造礁生物固着在环礁或台珊的礁坪上生长，在"涨海"造出了神奇、美丽的南沙群岛。三国时康泰在《扶南传》中写道："涨海中倒珊瑚洲，洲底有盘石，珊瑚生其上也。"我们的先人1700多年前就观察和表述了珊瑚岛礁的成因，不能不令后人叹服！

南沙群岛聚集了无尽的海洋生物和海洋矿产资源，更是中华民族交往世界各民族的海上丝绸之路的重要航段，尤其是中华民族发展的广阔空间，炎黄子孙必须誓死捍卫祖宗基业。

　　蒋介石扩大内战，镇压人民，李景森十分厌恶，终至深恶痛绝，愤而离开海军，转入海洋航运事业。

九、上海　1948 年

中国命运决战时刻，国共最高层同时关注"拱卫京畿"的舰队司令。

他有"神仙法"，我自"鬼画符"

1947 年 1 月，"前进"舰队解散，林遵交卸了指挥官的职务。

林遵既带领八舰从美国顺利回到国内，又率领舰队收复了南沙群岛和西沙群岛，按照常理，应当论功行赏，但是，这些都不属于林遵，一条"冷板凳"在等待他。

由于历史原因，中国近代海军几乎可以说是从 1866 年左宗棠倡导创办马尾船政学堂发轫，最早投身于海军的多为福建人。著名的海军将领如萨镇冰、陈绍宽也都是福建人。特别是陈绍宽长期担任海军部长和海军总司令，在海军留下深刻影响。另一方面，海军又派系林立，除了马尾系，还有从广州黄埔海军学校出来的黄埔系，以原东北海军为主的青岛系，以蒋介石培植的电雷学校出来的电雷系。蒋介石排除了陈绍宽，派陆军出身的陈诚、桂永清担任海军总司令，以便把持和控制海军。桂永清本来就是特务组织蓝衣社的头目，他在海军一方面大力加强特务统治，一方面别有用心地重用电雷系和青岛系人员，处心积虑地排除马尾系的人员。海军中福建籍的官兵都感到前途渺茫，人人自危，惶惶不安。林遵也不例外。

林遵赋闲多日，最后被任命为新设立的海军点验委员会副主任，这是一个有职无权的闲差。

这时，海军接二连三地爆发事故。先是"伏波"号军舰在台湾海峡与一艘船相撞沉没，仅有一人获救生还；"长白"号军舰出海，竟然莫名其妙地不知去向，神秘地失踪了。这都是由桂永清任用的人所指挥的。对桂永清的不满在海军中弥漫扩展。林遵痛心于海军军舰遭受损失，感到十分愤怒，而又无可奈何。

一天，林遵突然得到消息：海军中央训练团主任林祥光被捕了！他震惊了，大感错愕。林祥光是他的老同学，知心好友，一向兢兢业业，循规蹈矩，热心海军事业，一心只想建设海军力量，怎么会被逮捕呢？

林遵四处托人打听，原来林祥光对桂永清在海军的胡作非为不满，他又口无遮拦，被桂永清的特务告到了桂永清跟前。桂永清又是一个没有肚量的人，盛怒之下，便直接下令逮捕，再由特务罗织罪名。

林遵忿忿地对同事说："林祥光的为人，我们是知道的，一定要想办法救他出来。"

好心的人摇头劝道："这是桂永清钦定的案子，你也还是躲着点好！"

　　林遵回到家里，把林祥光的厄运告诉胡志贞，嘱咐说："你去看看林祥光的太太，叫她放宽心。看她有什么难处，我们能够帮到的，要尽一切力量帮她。"

　　胡志贞唏嘘了半天，说："明天我就去看望林太太。"她更担心地说："你自己也要小心注意，这年头，什么事情都还是少说为佳！"

　　林遵点头说："你不用为我担心。我也看透了，坐冷板凳，当闲差，挺好。无须去打内战，也不沾惹是非，我正求之不得哩。"

　　胡志贞知道林遵这是为宽她的心而说的，这是他的无奈。她深知林遵是一个"以气节自负，以功业自许"的人，刚从美国回来的时候，认为正是鲲鹏展翅的大好时机，却因严酷现实而深受挫折。他空怀满腔报国的热血，徒有久经琢磨的建设海军的谋划，却壮志难酬。她为林遵扼腕叹息，但苦于无从宽慰丈夫的忧思。

　　林遵重新拾起年轻时的爱好，一头钻进了中国古典诗词当中，一部《稼轩长短句》成了他的精神寄托。

　　林遵向胡志贞大发感慨，说道："我喜欢辛弃疾的词，尤其崇拜他这个人！他对国家、民族的兴亡有着深切的忧虑，对光复被沦陷的河山矢志不忘，对南宋朝廷的腐败无能时刻发出讽喻，对自己壮志未酬而又壮心不已！你看这首词，简直就是对他自己一生的写照：'壮岁旌旗拥万夫，锦襜突骑渡江初……却将万字平戎策，换得东家种树书'。人们把辛弃疾归之为豪放派，而我以为，他是豪放、婉约兼而有之。他用词来抒情、咏物、写景、叙事、寄感慨、发议论，都能随心所欲，独辟蹊径。我要是能像辛弃疾一样就好了。"

更多的时候，林遵感慨于辛弃疾的某一首词，对胡志贞说："辛弃疾写了'万事到白发，日月几西东……此乐竟谁觉，天外有冥鸿'。看似十分洒脱了，但究竟还是不甘心，不免自我解嘲：'味无味处求吾乐，材不材间过此生'。而他最终还是忘不了'了却君王天下事，赢得生前身后名'。这才是真正的辛弃疾！"

胡志贞笑道："知夫莫若妻，我料定你这一辈子做不了辛弃疾！"

林遵的本性做不了辛弃疾，20 世纪中国的时势也不允许林遵做辛弃疾。但是，他还是觉得"明哲保身"是当前最妥当的选择，多一事不如少一事，像鲁迅说的那样"躲进小楼成一统，管他春夏与秋冬"！

1947 年 5 月 4 日，林遵在上海街头正遇上青年学生游行，他伫足观看。

学生们打着三角小旗，高喊口号，情绪激昂。路旁挤满了观看的市民。队伍里爆发出激烈的歌声：

> 向着法西斯齐开火，
> 让不民主的制度死亡！
> 向着光明，
> 向着新中国，
> 发出万丈光芒！

队伍中，一幅醒目的横幅，大写着"反饥饿、反内战、反迫害"！

林遵心中为之一震。想起了18岁的时候在烟台海军学校的日子，想起了参加反对军阀的游行，他对今天学生的勇敢行动深为敬佩。

就在这一天，有8000多工人、学生包围了上海市警察局，遭到镇压。激起"反饥饿、反内战、反迫害"运动在全国迅速展开，各地学生纷纷上街游行。

5月18日，蒋介石公然颁布《维持社会秩序临时办法》，严禁人民十人以上集会和一切罢工、罢课、游行示威。5月20日，国民党当局在南京和天津同时殴打和逮捕了100多名学生，制造了"5·20"血案。

火山被点燃了，爆发了。全国60多个大中城市学生、工人，爆发了示威游行。

"反饥饿、反内战、反迫害"口号声响彻大江南北、长城内外。反对蒋介石统治，反对美国帝国主义侵略的运动如火如荼地在全国展开。

"反内战"，深深触动了林遵，引起他的共鸣，他和青年学生感同身受。他一向认为，"兄弟阋于墙"，外侮侵焉。打内战，老百姓遭殃；打内战，劳民伤财；打内战，国家建设被耽误了，海军建设也被耽误了。从美国回来途经各国时，目睹华侨的境遇，记忆犹新。那些华侨因为祖国历经动荡，兵荒马乱，被迫背井离乡，流落海外。因为祖国四分五裂，国弱民贫，他们被人瞧不起，抬不起头，挺不起腰。他们多么盼望祖国经过一百年动乱之后有太平日子，他们多么热切地盼望祖国强盛起来。然而，内战将断送这大战后难得的机遇，内战将断送民族复兴的希望，内战将断送所有一切！

从美国回来的第一天，林遵就遭受陈诚的训斥，他明白蒋介石是决心要打内战了。林遵对时局感到失望。而今天，内战已经在许多地方打得不可开交，老百姓又重新被投入战火之中，中国的忧患何时了，中国的劫难什么时候有个头？这时候，林遵对于八舰中许多官兵千方百计脱离海军，甚至不辞而别，有了新的理解和同情。原来他们可以为保卫祖国投笔从戎，舍死忘生地同日本法西斯作战，但是，决不愿意被绑在蒋介石的战车上，去"戡乱"，去打内战！所以他们才纷纷离开海军。

此时，国民党军队四处溃败，由全面进攻转为全面防御。7 月 7 日，蒋介石变本加厉地发布了"戡平共匪叛乱总动员令"。林遵对于时局彻底失望，对这一年多来所看到、所经历的种种进行内省，看清了许多过去没有想过的事情。

1947 年年底，桂永清突然任命林遵为海防第二舰队司令。这大出林遵意料。坐了两年"冷板凳"，忽然间被加以起用，还给了个舰队司令，是福是祸？难以预料。

林遵用英语在心里喊出第一时间的感觉：Pull someone else chestnuts out of fire。这是要他为蒋介石"火中取栗"啊！他不知道桂永清的葫芦里究竟卖的是什么药，安的是什么心。桂永清猜忌一切，怎么会让他出任这一职务呢？到底是辞谢还是接受？他一时拿不定主意。接受吧，难免落入桂永清的圈套，卷入自己深恶痛绝的内战；不接受吧，必然引起桂永清的怀疑和恼怒，前途堪虞，甚至连身家性命都可能不保。最要好的朋友林祥光，担任中央海军训练团主任，一心想在美国海军帮助下训练、培养中国的海军人才，只因为对桂永清当海军总司令不肯买账，突然被抓去，罗织罪名，必欲置之死地而后快，叫人不寒而栗。"殷鉴不远"，何去何从，前路彷徨。

林遵忐忑不安，五心不定，找到敬重的老朋友周应骢，向他讨教。他满心忧虑地说："我怎么办呢？请老兄有以教我。"

周应骢却调侃说："祝贺你荣升啊！"

林遵说："我已经急得六神无主了，你还取笑我。"

周应骢反问道："你能够拒不就任吗？"

林遵说道："我试过了，不能。"

周应骢干脆说："那就受命！"

林遵慨叹说："'江头未是风波恶，更有人间行路难'啊！我料定前途凶险，危机重重。"

周应骢说："危机危机，转危险，成机会。"说着，更语带玄机地说："桂永清有权有势有爪牙，他有他捆人的'神仙法'，你何尝不可以来个'鬼画符'？"

林遵想了想，心领神会，顿觉大悟，说道："多谢赐教！"

周应骢补充强调说："他们信仰的是'有枪便是草头王'，我们也要有人有船，要紧紧抓住，千万不要放手啊。"

林遵用一句英文谚语回应道："A bird in the hand is worth two in the wood.——一鸟在手，胜于二鸟在林。多得不如现得！"

桂永清召见林遵，开口就表白说："我对部下是一视同仁的。我知道下面有许多流言蜚语，说我有偏有向。但是，你虽然是福建系，我一样重用你！下面福建籍的舰长、部门长和水兵很多，让他们看看，在我桂总司令的手下，只要听话，都是有前途的！"

这是不打自招。原来桂永清任命他做海防第二舰队司令，为的是笼络人心，为的是缓和海军的派系摩擦，为的是巩固自己的地位。

林遵推辞说："感谢总司令看得起我，只是我才疏学浅，恐怕难当重任，有负重托。所以，还是请总司令另选贤能。"

桂永清不高兴了，说道："难道叫我收回成命不成？我看你为人还谨慎，我看就是你了，就不要推辞了。"

林遵还是推辞说："请容我再想一想。"

桂永清不由分说道："还想什么，有人想当这个司令还当不上哩！你马上到职履新，不要辜负党国信任。"

林遵沉吟了一下，觉得推辞是不可能的了，好在海防第二舰队的防区从长江口向南到广东沿海，远离正如火如荼的内战战场，舰队司令部驻在上海，暂时还没有被拖入内战的危险，便表示接受任命，说道："我只有从命，力不从心，勉为其难了。"

桂永清说："那好，党国正值多事之秋，我们都要尽忠党国。我会派一些人到第二舰队去帮助你，他们虽然不懂海军，但都是很可靠的，你可以依赖他们做事情啊。"

林遵心里叫苦不迭。他知道桂永清暂时要用他，但是又很不放心他，他所要派来的人，八九不离十都是派来监视他的特务。本想拒绝，转念一想，这是桂永清一贯的行事作风，即使拒绝也无济于事，既然不可避免，不如以之换取自己用人的权力。

林遵趁机提出说："为了加强技术力量，请求选调几个熟悉海军技术的军官到第二舰队来做轮机、参谋、航海工作。"

桂永清沉吟了一下，说道："既然是加强技术方面的工作，在职权范围内你可以选调。"林遵趁机把他信任的阙晓钟调来海防第二舰队任总轮机长、欧阳晋任舰队参谋组长、戴熙愉任副官。

镇江，长江与大运河在这里交汇。暮霭中，江流滚滚，水随天去。

风雨欲来，天压得很低，叫人透不过气来。林遵心情十分烦躁，抑郁不开。他站在"惠安"号军舰的舰桥上，四顾茫然，只希望来一场暴雨，冲破这压迫人的闷气。

天上，漫起了火烧云，远处，响起了夏日的闷雷。

时局如同这积郁闷雨的天气，酝酿着风暴。海防第二舰队从撤入长江起，已经名存实亡。他这个舰队司令奉命在长江布防，拱卫京畿，说穿了就是为蒋介石看家护院了。眼下，战火正在逼近，面对人民解放军在东北的凌厉攻势，国民党军只能固守长春、沈阳、锦州三点，变成了三只困老虎。而且，沈阳和锦州之间的联系，已被人民解放军切断了。近在咫尺的济南，也已传来被人民解放军包围的消息，凶多吉少。在长江布防，阻挡人民解放军的步伐，可以说迫在眉睫了。

江风浸人，江声如吼，林遵望着浩荡大江，回流曲折，烟水苍茫，沙渚沉浮，江水被阻，闷声呜咽。一如他现在的心境。他十分气恼，海军总司令桂永清还在搞排除异己，又要再派一批陆军的人来舰队，实际上，都是派来监视他林遵和舰队的特务。桂永清更命令海防第二舰队司令部从上海移至江苏镇江。镇江离南京咫尺之间，便于随时节制。这又是桂永清加强控制的一招。

桂永清命令：海防第一舰队担负长江口至江苏江阴段的江防；海防第二舰队担负江苏江阴以上至江西湖口以下 500 多公里的江防。预谋以军舰阻挡人民解放军渡江。林遵看到了国民党军形势危殆。

林遵把舰队司令部机关安在镇江迎江路一幢房子里，由舰队参谋长麦士尧坐镇，他自己则住在旗舰"惠安"号上。"惠安"舰原来是日本海军"四阪"号护航舰，排水量 1020 吨，1944 年建造。日本投降后，由中国海军接收。

"惠安"号锚泊在江心。这是海军传统，也是林遵个人的习惯，当然，更有尽可能摆脱受制于人的用心。

阙晓钟应林遵召唤来到司令舱。他们既是同乡，抗日战争时又同在皖南对日本海军进行水雷战。阙晓钟所在的大队曾经与新四军配合作战，对中国共产党和新四军有所接触和了解。他向林遵谈起过新四军对水雷战的协助，对新四军的战斗作风和纪律大加称赞。林遵对他的爱国思想和进步倾向有深刻印象。当蒋介石发布"戡乱"动员令，全中国再度陷入战火纷飞、生灵涂炭、万劫不复的境地时，林遵郁闷难遣，又来到上海阙晓钟家。他是阙家的常客，只见欧阳晋和几个福建老乡也都在座。林遵和他们叙旧，感慨时事。他们有许多话说，有许多共同语言。

林遵提起话头说："现在，《中央日报》和电台广播天天说'大捷'，'消灭'了共军多少多少，事实上，国军却因为战场上连连打败仗，不断地撤换大将。你们看，陈诚在东北打了败仗，被撤职，换了卫立煌。4月里，国民大会期间，在会上都喊出了'杀陈诚以谢天下'的话。这当然又是上层在相互斗法。但是，也看得出前线吃紧，每况愈下啊。现在，换了卫立煌去东北，我看也是凶多吉少。"

阙晓钟说："关内也是连连打败仗啊。"

林遵继续说："现在，东北的 13 个正规军，不说是岌岌可危吧，也是被陷住了，动弹不得了。我最近还看到《观察周刊》上一篇文章，大意说：大员们始终将东北这块肥肉当作私产，多是为淘金而来，看着东北有噱头，接收、劫收、搜劫。沈阳有三多：军人结婚的多，军人挎密斯（Miss 音译，指时髦小姐）的多，军人跳舞的多。这种英雄与美人，真是与不怕死三个字距离太远。本地人哪能不眼红，岂不是把人心失掉得连影子也没有了。你们看，写得够辛辣的吧？文章真正是一针见血。时局堪忧，前途莫测啊！"

阙晓钟深有同感地说："我们几个福建老乡搞了个'仁社'，经常有聚会。大家谈起来，也是忧国忧民，不晓得这时局会怎么样发展，更不知道我们该怎么办，我看国民党是没有什么希望了。前些时，有人提出应该找共产党！可又不知道到哪里去找。有人提出一个想法，派一个人到香港去找李济深，通过他或许能够找到共产党。"

林遵知道李济深是国民党元老，一直反对蒋介石的政策，此时听阙晓钟说起，心中一动。但他认为这不是万全之策，只是听着，没有多说什么。现在，桂永清逼人太甚，他准备问问阙晓钟有什么消息。

林遵对阙晓钟说："桂总司令今天通知我，还要派一个陆军出身的党务工作人员到舰队来。同时，再派一个陆军警卫排来加强防奸警卫。你看，怎么办？"

阙晓钟皱起了眉头，说道："这明摆着是对你林司令不信任，对我们闽系不信任，对海军不放心嘛。"

林遵分析说："桂永清不是一时心血来潮，是处心积虑，步步紧逼。他知道中国海军'无闽不成军'，还有广东的，还有电雷系，都不是他所能够控制的，他图谋在海军里拉起一个'黄埔陆军派'取而代之，由他完全控制海军。在桂永清手下，海军被毁了，我们也被毁了。他这样倒行逆施，这样胡来，已经把海军逼到忍无可忍的地步了。"

阙晓钟问道："怎么办呢？"

林遵果断地说："不能坐以待毙。"

阙晓钟说："司令有什么打算？"

林遵说："一部《水浒传》，英雄聚义，没有一个不是官逼民反的啊！"

阙晓钟点头说："官逼民反，不得不反！"

林遵压低声音郑重地说："我记得你上次曾经说可以派人去香港，通过李济深找共产党联系的事情，有什么眉目没有？"

阙晓钟也郑重地说："那只是当时一个想法，还没有去做。现在，倒有一条近便的路。"

林遵问道："什么路？"

阙晓钟说："现在，学生运动热火朝天，肯定有共产党活动。我的三弟阙巍观在江苏学院读书，他们学院已经从徐州迁到了镇江，他说可以在学生中找到共产党的关系。"

原来，阙巍观是江苏学院经济系三年级学生，与同学吴平等组织了一个"忠友社"，还组织了一个"时事研究会"，开展进步学生运动，反对国民党镇压。吴平表示，在毕业后要去解放区。阙巍观曾经对他大哥阙晓钟说，可以托吴平去解放区找共产党的关系。

阙晓钟把吴平的情况告诉林遵，林遵反复考虑后说："可以托吴平去解放区找共产党，只说他了解到第二舰队倾向进步，希望联系。但是，一定要告诉吴平，只能在真正找到共产党的高级机关后，才能说出这样的话。而且，必须绝对可靠，绝对秘密，越少人知道越好。要叮嘱吴平，这件事情，要是走漏了风声，是很危险的，是要掉脑袋的。"

于是，吴平受林遵、阙晓钟的重托，和他的爱人曹一飞秘密离开镇江，北上解放区，寻找中国共产党。

吴平、曹一飞辗转来到刚解放不久的山东济南，正赶上华东军区军政大学招生，他们报名投考。进入华东军区军政大学后，吴平、曹一飞立即向校长韦悫汇报说："国民党海防第二舰队倾向进步，司令官林遵、总轮机长阙晓钟委托我们向中国共产党转达他们的意愿，希望能够取得联系。"

韦悫详细询问了国民党海军第二舰队的情况，立即向上级作了汇报。

周恩来同志请你归队！

林遵寻找中国共产党，中国共产党也正关注林遵，寻找结识和接近林遵的渠道和机会。

上海外滩，南京路口，矗立着沙逊大厦。新中国成立后，改称和平饭店。1946 年的时候，在这座洋楼里，有一个"平正法律事务所"。这是由著名的"七君子"之一的沈钧儒、沙千里以及中共地下党员林亨元合办的律师事务所。1936 年，沈钧儒等在上海领导发动了震动中外的抗日救国运动，全国上下响应。而国民党高等法院竟然冒天下之大不韪，于 1937 年 4 月在苏州举行审判，以"危害民国"的罪名起诉沈钧儒等七人，引起全国愤慨和反对。人们崇敬领导这次运动的沈钧儒等人，称他们为"七君子"。沙千里也是著名的爱国进步人士。林亨元老家福建，1928 年，他还是一个热血青年时，就和几个志同道合的青年在福州台江区后洲街道双虹书院旧址创办了双虹小学，他担任第一任校长。以办学为掩护，探索革命真理，实验新的教育方法、引导学生参加社会活动，启发学生领悟革命道理，努力发挥社会教育作用。这个学校一直是福州地区中共秘密党员和革命活动的重要据点。后来，林亨元转去上海从事革命活动，抗战时期，他转赴重庆活动。1946 年 6 月又由重庆转到上海，继续在中共中央驻上海情报机构负责人吴克坚的领导下从事革命活动。他与沈钧儒、沙千里合组法律事务所，以之作为掩护，开展党的地下工作。1947 年以后，国民党当局大概嗅到了什么气味，对"平正法律事务所"加强了监视，沈钧儒、沙千里不得不先后转去香港。林亨元也改名林觉生，搬了家，换了户口，装扮成买卖人，继续坚持革命活动。

1948 年秋天，吴克坚对林亨元说："国民党《海军月刊》社社长郭寿生，福建人，在大革命时期有过革命历史，听说为人很不错。他在海军认识的人很多，也有一定影响。你想办法跟他结识，交个朋友。"

吴克坚，湖南平江人，原名吴黑撑。1924 年冬加入中国共产党。为了表示对党的忠贞和不惧艰难险阻，改名吴克坚，以至于他的原名很少有人知道了。

吴克坚是中国革命造就的一个奇才。他读中学时参加学生爱国运动，五四运动中发起组织平江乐群书社，参加平江雪耻会，发动禁止英国油船货物起岸的斗争。1926 年夏被委派去武汉、上海、广州等地宣传湖南革命形势。同年秋回平江参与发动群众迎接北伐军北进。1927 年 6 月任国民革命军第二十军独立团政治部主任，一度担任中共平江县委书记。马日事变后，同余贲民等领导平江农民自卫军，同白色恐怖做斗争，努力保存革命力量。大革命失败后，到上海中共中央机关工作。从 1930 年起，就在周恩来直接领导下从事秘密情报工作。在中央特科先后任交通员、第三科"打狗队（红队）"队员、中央特科秘书。在严重白色恐怖的形势下，他根据党组织秘密工作的需要，把妻儿老小接到上海，以自己的家庭掩护党中央机关。中央政治局多次在他家里举行会议。1931 年顾顺章叛变后，他协助周恩来和其他中央领导同志迅速转移，努力掩护和营救同志。1931 年年底，按照党中央指示，他撤离上海，前往苏联，在莫斯科列宁国际学院研究班进修。1936 年3 月被派到法国协助吴玉章创办《救国时报》（巴黎版），担任主编、总经理，同时兼做旅欧华侨的工作，组织进步华侨参加西班牙的反法西斯战争。1937 年"七七"事变后，党组织决定派他去美国办报。国难当头，他一再要求回国直接参加抗日战争。周恩来电召他"立即回国，共赴国难"。吴克坚回国后，任中共中央长江局副秘书长，兼周恩来随身副官。他被派往重庆筹办《新华日报》，与潘梓年、熊瑾玎一起，在极端困难环境中把《新华日报》办成中国共产党在国民党统治区的喉舌，经常及时有力地宣传中共中央的路线方针政策。1943 年 8 月到延安，入中央党校第一部学习。抗日战争胜利后，参加中共代表团工作，随周恩来先后在重庆、南京、上海等地与国民党进行谈判。1946 年后，被派到上海、浙江负责党的地下情报联络工作，进行隐蔽的对敌斗争。

一个曾经在吴克坚领导下从事秘密情报工作的同志回忆说，吴克坚面部棱角分明，眉清目秀，既有知识分子气质，又朴实平易近人，是一个很有斗争经验，令人信服，又使人感到亲切的领导人。她记得第一次接触吴克坚时，向他说起她父亲小时候教她的一首诗："不要人夸颜色好，只留清气满乾坤。"吴克坚深表赞同，善体人意地说："这是王冕《墨梅》中的句子。中华民族的优秀品质正是这样啊！我们好自为之，互相共勉吧！"

林亨元接受了吴克坚交给的结识郭寿生的任务，经辗转了解，联系到一个认识郭寿生的党外朋友张汝砺。

张汝砺爽快地答应陪林亨元去结识郭寿生。他们来到虹口公园附近公园坊的郭寿生家。这里有一片类似"石库门"的民居楼，住的都是海军军官和家眷。郭寿生的家布置得朴素大方，一看就是一个有文化素养的家庭。

张汝砺向郭寿生介绍林亨元说："这是我的朋友林亨元先生。我正要到你家来看你，路上巧遇了林先生，他也是福建人，都是老乡，我就拉他一起来看你了。"

郭寿生客气地说："承蒙二位看得起我，光临寒舍，蓬荜生辉呀！"

林亨元说："冒昧造访，事先没有通报，唐突之至！"

郭寿生说："哪里话哟！'亲不亲，故乡人'嘛。都是福建老乡，就不说客气话了。"

林亨元笑着说："好，郭先生快人快语，以后要多多讨教了。"

郭寿生问："林先生府上是福建哪里？"

林亨元说："我就是福州人。"

郭寿生说："那就更亲了。林先生一向在哪里得意？"

林亨元叹了一口气说："说来惭愧，我原来在广西大学教书，可是物价飞涨，生活难以为继。政府发行金圆券后，一个教授的收入只相当于五六块银元，不到战前的十分之一。这样一份薪水，怎么能维持生活？真正是'教授教授，越教越瘦'。为稻粱谋，为生存计，不得已，等而下之，只好弃教从商了。"

郭寿生愤慨地说："如今这是什么世道？经济方面，通货恶性膨胀，生产萎缩，工商业凋敝，老百姓失业，市面萧条，公教人员的生活日益恶化；军事方面，300万大军'戡乱剿匪'，全部美式装备，打不过'土八路'，节节败退，有全面崩溃的危险；政治方面，贪污腐化，官商勾结，囤积居奇，哄抬物价。虽说是有'太子'蒋经国坐镇上海'打老虎'，也是'雷声大，雨点小'，'只打苍蝇，不打老虎'，严重失信于民。学生要民主，要自由，游行抗议不断，真正可以说是风起云涌了。人们对这个社会不再抱有希望了。古人说'哀莫大于心死'，国无宁日啊！"

林亨元说："痛快！听你剖析时局，茅塞顿开。大家都担心时局，感同身受。"

郭寿生说："见笑见笑。你们听过一首歌没有？叫《茶馆小调》，劝人闲谈莫论国事，实际是讽刺没有民主。但是，尽管高压，民不怕死，奈何！街谈巷议，尽都是不满声啊。"

林亨元和郭寿生几番接触，觉得郭寿生对战争的发展趋势有冷静、客观的分析，对桂永清在海军的统治深恶痛绝，对整个中国局势的变化有某种期待。两个人对时局有相似的判断，各方面有许多共同的语言。为了表示真心与他交朋友，取信于他，林亨元和妻子特意一起拜访郭寿生夫妇，请他们吃饭。饭后，还邀请他们夫妇去海宁路口的凯福饭店舞厅跳舞。郭寿生也是个重义气的人，也回请林亨元夫妇。在聊天闲谈中，在翩翩起舞中，增进了彼此了解，融洽了乡情友情。

林亨元向吴克坚汇报了郭寿生的情况，吴克坚向中共中央有关机关作了汇报。

争取林遵起义，列入了中共中央指挥中枢相当重要而紧迫的位置。

1948年9月，中共中央政治局会议已决定加快人民解放战争进程，提出了"五年左右根本打倒国民党"的目标。长江，就成了一个关注的焦点。早在5月初，在河北阜平城南庄中共中央书记处扩大会议期间，毛泽东就曾经致电华东局说："将战争引向长江以南，使江淮河汉地区之敌容易被我军逐一解决"，"惟目前渡江尚有困难"。

渡江尚有困难，就是因为长江历来被视为天堑，人民解放军难以飞渡。何况蒋介石早有防范，沿江布有几十万重兵，更命令海防第一、第二舰队撤进长江布防。在解放战争中没有遭到打击的国民党海军舰队，将是人民解放军渡江的障碍。

太行山下，滹沱河畔，西柏坡村，暑热还没有消退。午夜过后，农家小院里，仍然有些燠热，中共中央、中央军委副主席兼代总参谋长周恩来还在忙碌，他十分关注秘密战线策动林遵起义的工作。当时的关键是，要找到一个认识并且能够接近林遵的人。他看着从上海传来的报告说，吴克坚和长期在上海从事地下工作的林亨元经过多方努力，几经周折，找到了国民党《海军月刊》社社长郭寿生上校。

　　周恩来有着惊人的记忆力，从他的记忆里浮现出一个机敏、壮实的青年海军军官。

　　1927 年早春，上海传来国民革命北伐军节节胜利的消息。从广州出发的国民革命军攻占武汉，立即收回租界。攻占九江后，也雷厉风行地收回了租界。帝国主义震动了，恐慌了，叫喊武力"保护"他们在中国土地上的"自己的租界"。2 月 17 日，国民革命军攻占杭州，18 日，攻占嘉兴，直逼上海。这个"冒险者乐园"中的帝国主义分子，妄图勾结中国军阀阻挡历史车轮前进。中国共产党和国民党决定举行上海第二次武装起义，迎接国民革命军进攻上海。

　　黄浦江上，暮云低合，春寒料峭。周恩来、罗亦农、赵世炎和颜昌颐来到虹江码头对面的高昌庙。只见江面上，英国人、美国人、法国人、日本人仓促调集来的 63 艘军舰，烟囱冒出滚滚黑烟，喷散着浓重的硫黄臭气。此时，周恩来刚刚 29 岁，看着那一面面米字旗、星条旗、太阳旗，他热血燃烧，恨不得立刻把外国帝国主义军舰统统赶出去，他对同志们说："我们现在主要打击的是军阀孙传芳，打他背后的帝国主义。我们去同郭寿生和'新海军社'的人商量商量。"

　　周恩来一行经过高昌庙华商电车站，转到同"新海军社"聚会活动的地方，领头的郭寿生和青年官兵们已经等在那里。郭寿生汇报说："我们打算发动'建威'号和'建康'号起义，'新海军社'的同志已经完全掌握了这两艘军舰，可以保证取得成功！"

　　周恩来认真地看着郭寿生，掂量这个青年人的分量，说道:"请你具体说说你们的安排。"

郭寿生详细说了起义准备情况,热情澎湃地说:"我们再也不能忍受了,'新海军社'的同志个个像是一艘军舰,升火待发,只等时机一到,就解缆出航!我们计划用舰炮攻打军阀司令部,同时炮轰租界。"

周恩来鼓励和嘉许郭寿生等的爱国热情和果敢,说道:"好!要求你们海军为上海工人第二次武装起义发出第一声号炮!"

2月22日黄昏,17时50分,排水量900吨的"建威"号驱逐舰、400吨的"建康"号驱逐舰的前主炮,同时爆出炽烈的火光,发出惊天动地的炮响,向帝国主义开炮,向封建军阀开炮!

12生特、10生特口径大炮的炮弹在龙华租界区炸响,在高昌庙军阀部队的司令部炸响。这是统一行动信号,闸北的工人一跃而起,奋不顾身投入战斗。

"建威"、"建康"号的行动,促进了海军司令杨树庄"易帜",归顺国民革命北伐军。

但是,在第三次上海工人武装起义后,蒋介石却发动了"四一二"叛变,疯狂屠杀共产党人和进步人士。郭寿生按照党的指示,转移至武汉。在武汉,周恩来还见过郭寿生。再后来,就失去了联系。

……

周恩来想到这里,他指示立即告诉吴克坚,要他转告郭寿生:"周恩来同志要他归队。"

吴克坚同林亨元反复研究后说："你是不是可以向郭寿生公开自己的身份？"

林亨元根据对郭寿生的观察和判断，认为时机已经成熟，说道："我看可以。形势发展很快，早公开身份，更好争取他多做工作。"

吴克坚说："那好，你找个机会同郭寿生谈。中央指示，你向郭寿生说'周恩来同志请你归队'。这对郭寿生会是有力的推动。"

这天，林亨元约会郭寿生，寒暄过后，林亨元开门见山对他说："我知道你在 1928 年曾经参加过上海武装起义，有过光荣的革命历史。我也坦白告诉你，我是中共党员，我来同你交朋友也不是偶然。今天，我奉组织指示同你谈话，郑重转达一句话：'周恩来同志请你归队。'你有什么想法？"

郭寿生听了，十分激动，一下站了起来，搓着双手说道："啊，周恩来同志还记得我！"惊喜和兴奋溢于言表。接着，神往地说道："北伐的时候，党组织上海武装起义。周恩来、罗亦农、赵世炎、颜昌颐同志策划动员海军起义。周恩来同志和我面对面交代任务，商量起义的准备。决定由我策动和指挥'建威'、'建康'号军舰和'新海军社'的同志武装起义，炮击高昌庙兵工厂和龙华的军阀司令部。啊，这真就像是昨天发生的事情！"随后，他望着林亨元郑重地说："周恩来同志叫我归队，我愿意归队！"

林亨元向他提出说："海防第二舰队司令林遵也是福建人，他对当前局势有什么想法？可不可以做做他的工作？"

郭寿生说："他年轻时也是'新海军社'的同志，现在，对桂永清排挤福建系更是不满。但是，蒋介石、桂永清在这个时候派他出任舰队司令，防守长江，毕竟是不同寻常，需要直接同他接触，摸摸他的底细。"

斫去桂婆婆，人道是，清波更多

林遵度日如年，为了排遣苦闷、忧烦，更为了避开桂永清的耳目，掩蔽心迹，他特意徜徉山水。

镇江著名的北固山，山高不过48米，却绝壁临江，十分险峻。山上有一座甘露寺，相传是三国故事中刘备招亲的地方。林遵觉得好笑，这纯是后人附会之说。汉代三国时，这里还是一座荒山，只是到了唐代，才在这里建筑寺庙。传说不实，但是，风景绝佳。林遵顺着山路，来到峰顶的凌云亭。这里是北固山的最高处，俯瞰脚下，江流平阔，气象万千。这里才显出此山的胜处。他想见宋代爱国词人辛弃疾当年登上北固山，也站在这座亭子上，发出慨叹，写下千古名句："何处望神州？满眼风光北固楼。千古兴亡多少事，悠悠，不尽长江滚滚流"。那时，辛弃疾担任镇江知府，抚今追昔，惦记黎民百姓安危，虽然已经66岁了，仍然壮心未已。

林遵从小就喜欢诗词，尤其喜欢辛弃疾的词，更钦佩他的为人。辛弃疾21岁的时候，就组织两千人起义，抵抗金人入侵。更曾经率领五十骑直闯金营，生擒叛徒，率领部队投奔朝廷。但是，他遭到统治者疑忌，还只42岁便被罢官了。闲居了20年，64岁时又被起用来镇江做太守。他虽老当益壮，想要有所作为，终因不合潮流，只得辞职以去，与自己当前处境何其相似乃尔？不禁感慨系之。

林遵几乎"随喜"了镇江所有古刹。

翠竹万竿，绿林如海。走进竹林寺的山门，他恍然有悟。

杏黄色的墙，三扇拱形大门，这就是象征着从空门、无相门、无作门解脱而出的"三解脱门"了。

进得门来，迎面便是笑口常开的弥勒佛，又叫"布袋和尚"。传说五代时，浙江奉化有一个和尚，终日背着一个布袋沿街化缘，劝人行善，终成正果。他的偈语流传很广，发人深省："行也布袋，坐也布袋，放下布袋，何等自在"。

想到这里，林遵苦笑。解脱，悟觉，无牵无挂，无忧无虑，谈何容易！

再往里面走，抬头只见一匾："一生补处"。

当头棒喝，触目惊心。

林遵直走到挹江亭，亭上有联："来时觉幽奥，到此豁心胸"。

人到了这里，才觉得佛寺的奥妙，领会佛启迪人们转迷成悟的菩萨心。

徜徉在山林寺庙，可以暂时抛开一些烦恼，他暗自笑道，让桂永清的耳目去报告他林遵胸无大志，纵情山水吧。

林遵还做了件事，连阙晓钟、欧阳晋他们一时也不能赞同。

桂永清原来的副官王熙华，不知道因为什么得罪了桂永清，被关押起来，后来被释放了，但无处可去，谁也不愿收留。他找到林遵，发泄了自己的不满和委屈。林遵考虑再三，决定让他来第二舰队担任副官。林遵深知，桂永清不是等闲之辈，绝非草包。此人1924年转入黄埔军校第一期，曾追随蒋介石东征、北伐，打仗不怕死，有勇有谋，深得蒋介石赏识，称他是"黄埔军人楷模"。他也以死忠回报。1930年曾经留学德国步兵学校，希特勒、法西斯主义，给他留下了深刻印象。回国后，1931年，与贺衷寒等仿效法西斯秘密组织黑衫党，建立复兴社，后来被称为蓝衣社。当时，他们血气方刚，初衷是拥护蒋介石为领袖，结束军阀割据，统一中国，追求民族复兴。他和其他骨干共十三人，被称为"十三太保"。这个"雅号"源出于中国江湖帮派的流氓气。桂永清担任中央陆军军官学校教导总队总队长的时候，写有《领袖歌》在军中传唱，喊出"蒋公中正，今日救星，我们跟他前进，复兴，复兴！"1935年，蒋介石校阅中国童子军，桂永清担任校阅长，当他来到东北童子军代表团面前时，看到只有稀稀拉拉几十个人，痛感国土沦丧，不禁泪流满面，哽咽无声，感动了许多人。如果说在大革命时期，他们站在历史前列，甚至可以说是时代精英，曾几何时，他们已经随蒋介石而沉沦，转向反动。复兴社成了特务核心，做了多少伤天害理、屠杀无辜的事情啊！这种人是十分可怕的，必须小心提防。善待王熙华，把他安置在舰队司令部，或许有助于解除桂永清的猜忌。

随着国民党军在东北和关内处处打败仗，加之海军待遇不但比招商局轮船上的人员待遇低，也比陆军人员待遇低，士气低落，军心不稳，有人不辞而别，有人称病请假。这天，一个由桂永清指定调来的陆军少校找到林遵说："报告司令，我家老母有病，请给假让我回家尽孝。"

林遵觉得蹊跷，这是一个党务工作人员，十天前来到舰队，林遵要麦士尧安排他在司令部任职，还特别嘱咐欧阳晋在物质待遇上给他照顾，但是，不让他有机会接触舰队的要害部门。他为什么突然主动提出要离开舰队呢？

林遵客气地请他坐下，问道："府上是哪里？"

"江西赣州。"

"啊，和桂总司令是同乡。"

"桂总司令是江西贵溪的，从大地方说，我们同是江西老表。不过，我家乡小地方是抚州，历史上，只在宋朝时出过名人王安石。"

从口气上看，似乎不愿意沾桂永清的光，不但如此，还带有些微不敬的意味。

林遵更加小心了，转问道："令堂生了什么病呀？"

"唉，也就是年纪大了，体弱多病，我多年没有回家了，应该回去看看。"

林遵为难地说："现在，可正是用人的时候呀。"

那人固执地说："我要回去，请司令恩准。"

"你对在舰队的安排有什么不满意吗？"

"没有没有，我知道司令的美意，已经给了我很多照顾了。"

林遵思忖了一会儿，才缓缓地说："令堂有病，你想回去尽孝道，是应该的，我可以准假。"接着，话锋一转，说道：

"当然，'良禽择木而栖'，你要另谋高就，另选高枝，本司令也可以成全你。只是怎么向桂总司令交代呢？"

那人赶忙说："感谢司令恩准给假。是我自己要求离开的，请不要向上峰报告。"

"那好，你要请多长时间的假？"

"三个月。"

"好，给假三个月，如果不够，还可以续假。"说着，他叫道："戴参谋！"

戴熙愉应声进来，林遵吩咐道："你叫他们给他预支三个月薪饷，不，预支半年的薪饷，他好回家探望母亲。"

那人连声说："多谢林司令恩典！"

等他走后，林遵对戴熙愉说："你告诉欧阳晋，凡是像刚才这个人一样要求离开舰队的，一律照准。"

中秋节，给生活带来了暂时的欢乐。人民不管处在怎样的痛苦、磨难中，但是，节还是要过的，而且过得欢天喜地。人民从不失去希望，从不放弃努力，正是这种乐观的态度，使我们这个民族在艰难困顿中生生不息。林遵更有一重欢喜，他和胡志贞的第二个孩子出生了。林遵守着胡志贞，悉心照料她。胡志贞说："你给新生的孩子取个名字吧！"

林遵和胡志贞的第一个孩子，出生在抗日战争胜利的时候，他们为中国跻身于中、美、英、苏世界四强而兴奋，对中国和平建国的前景充满憧憬和希望，期盼中国海军重振雄风。然而，曾几何时，内战的炮火，使和平的希望破灭了；国民党的贪污、腐败，断绝了中国的生机。林遵记起了辛弃疾在中秋写的"把酒问嫦娥"的词句，对胡志贞说："'斫去桂婆婆，人道是，清波更多'。辛弃疾希望把月中的桂树砍掉，让明月的清辉不受遮挡地照亮世界！就让我们的女儿叫华明吧。希望她们这一代能有光明！"

事有巧合，辛弃疾厌恶传说中遮挡了光明的桂树，骂其为"桂婆婆"。今天，那个毁灭了中国海军前途的人，恰巧也姓桂。林遵想，这真是人神共愤了！

十、镇江　1948 年

　　一个有顶"红帽子"的海军上校来到军舰上,有分教:"不因渔父引,哪得水龙吟"。

有顶"红帽子"的海军上校

1948 年 8 月,镇江迎江路海防第二舰队码头,来了一位上下着一身雪白制服的海军上校,径直登上了交通艇,驶向锚泊在江心的第二舰队旗舰"惠安"号。

交通艇靠上了"惠安"舰,海军上校登上甲板,向值更水兵说:"请你通报,《中国海军》月刊社社长郭寿生拜访林遵司令。"

值更水兵进舱通报的时候,郭寿生在甲板上观察,发现舰容整洁,黄铜扶手擦得锃亮,甲板上没有任何一件多余的东西。这是林遵治军的作风。在这乱世的时候,还能够如此保持严整的军容,管理井井有条,实属难能可贵。

林遵听到通报,连忙赶到舰舷,迎着郭寿生道:"不知大驾光临,有失远迎。恕罪恕罪!"

郭寿生连声说："不敢不敢。我是不速之客，顺道来访故人，还请你原谅造次。欢迎吗？"

林遵恭谨地说："老前辈，老大哥，肯于下顾，前来赐教，是请都请不来的呵，小弟真是求之不得啊！"

林遵把郭寿生让到司令舱，请他在上座坐下，问道："你怎么有空到镇江这个小地方来呀？"

郭寿生说："你我多时不见了，我到南京海军总司令部为《中国海军》杂志约稿，听说第二舰队司令部在镇江，就顺路过来了，一来看看老朋友，叙叙旧，二来也向你约稿来了。"

林遵立即吩咐备餐，摆上了精细而丰盛的酒菜，为福建老乡，为老朋友接风洗尘。

酒过三巡，郭寿生和林遵互相介绍了分别后的各自遭遇，郭寿生说："林遵老弟，你能坐在舰队司令这个位置上，算得上是春风得意了！"

林遵摇摇手说："老大哥，你是只知其一，不知其二啊！"

郭寿生惊讶地说："这我就不解了。"

林遵用手朝上指了指，说道："上面是一帮对海军一窍不通的人，又夹杂着门户之见，海军还能搞得好吗？再说嘛，我这个舰队司令，实际上是俎上肉，处处要看人眼色，做不得什么主的啊。"

郭寿生说："福建人不吃香，闽系被排挤，我有耳闻，但没有想到竟会是如此境遇！"

林遵愤慨地说："自从我们老长官陈绍宽离开海军，海军事故便层出不穷。'伏波'号军舰在台湾海峡与轮船相撞沉没，只有一个人获救；尤其不可思议的是，'长白'号出海后，突然失踪，竟然不知去向了！海军什么时候变成这样一副烂摊子了。这是谁的过错？"

林遵见到老朋友，话多了起来，列举海军弊端种种，嫉恶如仇，语多愤慨。

郭寿生说："我很怀念我们在烟台海军学校学习的时候，那时我们血气方刚，敢作敢为，何等畅快，何等英雄！今日听老弟一席话，见老弟还是当年那样热心为国，热心于建设新海军，也还是那样坦荡胸怀，直抒己见，难得难得！"

林遵说："也是见了老大哥，故友重逢，一吐心中块垒吧。老大哥有何见教？"

郭寿生婉转地说："我送你两句古话：'识时务者为俊杰'，'良禽择木而栖'。乱世之中，全凭自己把握啊！"

推杯换盏间，林遵一直琢磨郭寿生的来意。他清楚地知道郭寿生是《新海军社》领导人。1927年曾经策动和指挥"建威"、"建康"号军舰起义。林遵估计郭寿生如果不是共产党员，也一定和共产党有密切关系。这么多年来，郭寿生头上有一顶"红帽子"，所以一直只是一个海军上校，一个没有军权的海军杂志社社长。

郭寿生当然也在审视林遵。但是，他们两个人，都非常谨慎，都只是探试和观察对方。

酒足饭饱，郭寿生告辞。林遵送他到舷梯口，再三邀约说："再到南京时，请务必抽空到镇江来走走。"

郭寿生说："一定一定。"

林遵看着郭寿生登上交通艇向岸边驶去，殷殷惜别。

郭寿生也在甲板上连连挥手。

林遵看着远去的郭寿生，心中说，但愿他能再来！他心中升起一丝隐隐的希望，希望郭寿生还和共产党有联系，最好就是真正的共产党，那就可以把第二舰队和自己寻找光明出路的希望寄托在他身上了。

有分教："不因渔父引，哪得水龙吟？"

金山寺下江流滚滚

"惠安"旗舰。

水兵通报郭寿生到访。林遵正盼望着他哩，连忙出迎。

自从郭寿生第一次来访后，这是近三个月里他第三次来访了。郭寿生这次来，是他和林亨元研究后，认定林遵反对桂永清的态度十分明朗，对蒋介石极其厌恶，对战争的形势和时局的发展，有一个清晰的判断，决定要尽可能争取林遵站到人民方面来。

林遵和郭寿生浅斟慢酌，海阔天空。

忽然，林遵停杯按盏，说道："从抗战胜利以来，全国上下，老百姓都反对打内战，然而，'戡乱剿匪'没有一天不在加紧。结果是越剿越糟糕，战事越来越紧，共产党打到长江一线，只是时日早晚问题，海军怎么办？肯定要受拖累。打内战，必定要成为千古罪人。我怎么脱身？老大哥何以教我！"

郭寿生哈哈一笑，说道："苦海慈航，佛度众生。守着金山寺，我们何不去随喜一番？"

林遵觉得郭寿生有话要说，便吩咐备车，直奔金山寺。

金山寺，传世已经一千五百多年，是佛教禅宗古刹。原来建在江中的金山上，沧桑变化，河水改道，金山与镇江陆岸相连了。整个金山，从山脚到山顶，山为寺裹。殿宇庙堂，楼阁亭台，层楼相叠。更有一塔耸立，直上云天，气势不凡。山上有洞，供奉着唐代高僧法海。与民间传说《白蛇传》相反，法海是一个很有道行的和尚。后人更附会说他就是东渡日本，传播禅宗的鉴真和尚，曾经多次渡海，九死一生，直到眼睛瞎了，仍旧矢志不渝，终于在第五次渡海成功。

林遵和郭寿生缓步拾级而上。谈禅论佛，更惋惜当年四月间的一场大火，把大殿和许多楼亭烧得七零八落。

登上慈寿塔，俯瞰长江，放眼四外，水势滔滔，莽莽苍苍。

林遵说道："历代骚人墨客，吟咏金山的诗不计其数，我独喜欢王安石的这一首：'数重楼枕层层石，四壁窗开面面风。忽见鸟飞平地上，始惊身在半空中。'这应当是登上金山之巅，或许就是在这塔中所见所感吧。"

郭寿生笑说道："你还像过去那样喜欢诗，最近有什么新作？"

林遵苦笑着摇摇头，说道："日夜忧心，朝不虑夕，哪里还有心情作诗啊。"

郭寿生说："愿闻其详。"

两人越谈越投机，越谈越深入。

林遵厌恶内战，不满蒋介石和桂永清的统治，急欲脱身而出。经过最近几次接触，林遵料定，郭寿生绝非无缘无故而来，他今天要求个中究竟。

林遵长长叹了一口气，试探地说："苦海无边，何处觅苇舟？"

郭寿生了解林遵的秉性，明白林遵的心意，说道："彼此一样，我们都处在十字路口，都要作出选择。"

林遵再次诚恳地请求说："有何见教？"

郭寿生见时机成熟，直截了当地说："我们当年成立新海军社，追求进步，反对军阀割据，就是谋求建设新海军，谋求建设新中国。新中国的希望在哪里？国民党已经民心丧尽，只有共产党才是中国的希望。这是明摆着的大势。我出家人不打诳语，真人面前不说假话。中国共产党中央周恩来副主席已经派人来叫我归队，并且叫我转告你，希望你站到人民方面来。"

林遵沉思良久，郑重求教说："怎么做？"

郭寿生说："只有一条路可走：起义。"

林遵重重地点头。

从金山寺高塔，看大江如带，沙渚浮沉，滚滚江水，奔流直下。

郭寿生和林遵分析了第二舰队的力量和形势，确定争取伺机起义。

林遵、郭寿生轻步下山。

郭寿生回到上海，高兴地对林亨元说："林遵同意起义。"接着，详细汇报了林遵的态度，分析了发展前景。

吴克坚听了林亨元的汇报后说："要告诉林遵，我们欢迎他站到人民方面来！这项工作要抓紧，要具体化，光是口头上表示同意起义还不算落实。要具体商量怎么起义，怎么安排。做到既保证他们安全，又确有把握。"

林亨元向郭寿生转达了吴克坚的意见，说道："我想应该请林遵派出可靠的代表来跟我们接头，具体商量起义的事情，建立经常的联系。"

郭寿生及时转告了林遵。

林遵从郭寿生处得到了中国共产党组织的肯定答复，既兴奋又紧张，好像是长夜里看到了曙光。但是，他十分清楚，桂永清对他和第二舰队一直怀有戒心，特务监视密布，如果不小心从事，稍有不慎，随时都可能招来杀身之祸。

林遵首先想到要和阙晓钟、欧阳晋仔细商量。近年来，他们三人之间无话不谈，彼此心心相印，都决心同蒋介石集团、同旧制度决裂，都在寻求光明的出路，都在寻找中国共产党。林遵把他们看作左膀右臂，他相信他们可以与自己同进退、共患难。

林遵大声向值更的水兵命令说："要总轮机长阙晓钟和参谋组长欧阳晋马上到司令舱来。"

舰队司令召唤下属，俨然是要对工作有所部署。

阙晓钟、欧阳晋奉命来到。林遵询问了轮机和行政工作的一些问题，突然一转话题，压低声音问阙晓钟说："有吴平的消息吗？"

阙晓钟说："他们已经到了那边，但是，是不是有什么进展，有没有接上关系，还没有消息。"

　　林遵点点头，接着轻轻地，但郑重地说："找到中国共产党中央的关系了！中国共产党中央已经派人来找过我，来同我们联系了！"

　　"好呀！"阙晓钟和欧阳晋兴奋得同时低声叫好。

　　林遵说道："来人是我们的老熟人，郭寿生。你们也都认识，都在这里见过面。中国共产党中央叫他来传话，希望我们站到人民方面，希望我们起义。"

　　阙晓钟说："怎么做？"

　　林遵说："郭寿生要求我派个人去上海，代表我同共产党组织作具体商量。我想来想去，阙晓钟代表我去最合适。你家在上海，你在两地来回跑方便些，也不致引起桂永清的怀疑。"

　　阙晓钟说："好，我愿意去。我应该去找谁联系？"

　　林遵说："你先到郭寿生家里，由他具体安排你去见共产党的人。要把我们的想法和打算统统告诉他们，看他们有什么想法。"

　　接着，林遵沉稳地说："这件事情，我们考虑也不是一天两天了，但还没有形成一个可行的计划。我想了很久，光是我们行动，恐怕势单力薄，如果其他方面也跟我们一起行动，那成功的把握就会大一些。比如'重庆'号，把守在长江口上，对我们威胁很大。假如有他们一起行动就好了。欧阳晋你刚从'重庆'号过来，那边熟人也多，可以去看看，做点试探。我也打算找个机会去拜访邓兆祥舰长，他是个好人，有头脑的人，也对桂永清不满。我估计他跟我们一样，也是一肚子火没处发泄。"

欧阳晋说："好，我到'重庆'号去联络。"

林遵说："阙晓钟要好好准备一下，首先，把第二舰队的实力，官兵思想复杂的状况，每艘舰的人员情况，如实地讲给他们听。第一，军舰行动必须有航海、轮机、枪炮、通信几个部门配合，不是两三个人可以掌握的，而军舰上人员复杂，要确有把握才能行动。舰队官兵既有福建系的，又有广东系、青岛系、电雷系的，还有桂永清带来的陆军的人。福建、广东系是靠近我们的，青岛系、电雷系有的比较好，有的则是特务系统的。如此复杂，不谨慎不行；第二，在长江里，蒋介石、桂永清的嫡系舰艇不好掌握，我们还没有什么好办法；第三，桂永清和海军总部参谋长周宪章坐镇南京，直接下命令指挥调动第二舰队，他们对第二舰队的监视和控制很严，从来就没有放松过。容许我们根据实际情况行动。其次，把我们的摸底和分析，哪几艘舰有起义的可能和把握，哪几艘舰还没有把握，我们准备怎么做，也都要如实讲清楚。从目前看，'惠安'舰舰长吴建安、'安东'舰舰长韩廷枫、'永绥'舰舰长邵仑、'江犀'舰舰长张家宝、'营口'舰舰长邱仲明都可能同意起义，其他的暂时还不好说。由于以上情况，我考虑了又考虑，起义的时间最好选择在人民解放军渡江的时候，这是上策。最后，你把长江江防的情况搞清楚，用脑子记下来，向他们作介绍。说不定这正是他们所需要的呢。"

阙晓钟问道："我什么时候去上海？"

林遵说："当然是越早越好。你把材料准备好了就去。现在，形势发展很快，我们一方面同他们联系，一方面加紧准备。只有我们自己准备好了，准备得充分，才可能成功。从现在起，大家要特别小心谨慎，不能走漏半点风声。倒是可以放点风声，就说我林遵忠于党国，加紧部署，一心死守长江。"

阙晓钟利用休息日回到上海的家，由郭寿生引他同林亨元见面。

林亨元听了阙晓钟介绍的情况，连连点头，说道："这样就比较好落实了，请你转告林遵司令，我们一起努力，引导第二舰队的全体官兵走上光明的路！预祝我们成功！"

林遵又加派了欧阳晋作为代表，同阙晓钟一起，多次到上海向林亨元汇报起义的准备情况，带回中国共产党的指示和意见。

历史弄潮者的启迪

林遵密切注意东北战局。

1948 年 10 月下旬，蒋介石坐镇北平，指挥东北国民党卫立煌集团 55 万人马据守长春、沈阳、锦州三座孤城，拼命想保住东北。人民解放军首先打下锦州，形成"关门打狗"之势。被围困在长春的曾泽生率领一个军宣布起义，东北"剿匪"总司令部副总司令郑洞国率领一个军向人民解放军投诚。随后，自诩为国民党军"五大主力"的新一军、新六军在黑山、大虎山全部被歼，兵团司令廖耀湘也当了俘虏。这些号称军中"精英"的国民党军著名将领，一个个都当了俘虏。47 万精锐部队全部被消灭。11 月 2 日，沈阳被人民解放军攻占，国民党东北守军全军覆没。只有葫芦岛的守军 1 万多人靠着海军军舰的接运，从营口仓皇脱逃了。

林遵看着蒋介石亲自指挥的东北"困兽之斗"收场了。

10月30日，蒋介石从北平飞回南京，搞了个集中兵力于安徽蚌埠附近进行"徐（州）蚌（埠）会战"的计划，妄图击破人民解放军的进攻。蒋介石急调杜聿明去指挥作战。但是，国民党军队还没有来得及完成部署，11月6日，人民解放军就发动了强有力的进攻。不几天，在碾庄圩重重包围了国民党军黄百韬兵团。消息传来，南京方面一片混乱。

林遵看到战事迫近，形势危急，决定把胡志贞和两个女儿送回福建老家居住，让她们尽可能远离内战战场。他内心里还另有一个不大明确的打算，那就是"未雨绸缪"，预作准备，以防不测，防备受人挟制。尤其是，他已经向郭寿生许诺了实行起义，风险非同小可，一着不慎，将引来杀身之祸，也必然连累爱妻和孩子们，事先预作防范和准备，实不可少。

林遵携妻挈女回到福州七星井老家。父亲林朝曦见儿子、媳妇、孙女都回来了，喜不自胜。看到父亲如此高兴，林遵百感交集。值此乱世，难得有机会侍奉老人家，他真想不如解甲归田，一家人能够欢聚一堂，有说不完的家常，有享不尽的亲情。

林朝曦这个老海军，老鱼雷艇长料想儿子此时把家眷送回老家，非同寻常，他问林遵说："时局究竟怎么样呵？"

林遵回答说："看来，内战还要打下去，东北已是共产党的天下，济南也已经易手，'徐蚌会战'开局失利，下一步还难以预料。上峰命令第二舰队司令部从上海迁到镇江，这说明前线吃紧，想要固守长江。战局到了这一步，只怕是江河日下了。"

林朝曦说:"镇江我熟悉。古称京口,扼南北咽喉,是京沪水陆交通枢纽,历来是兵家必争之地呵。辛亥革命邦年,'楚观'号,还有其他几艘军舰和我们鱼雷艇队,共 15 艘舰艇在镇江起义反正,然后就参加光复南京之役,拥护民国,拥护孙中山!"

林朝曦或许只是在回忆往事,说者无心,听者有意,林遵另有一番领悟。

安顿好家小,林遵特意去看望老海军总司令陈绍宽。

陈绍宽是海军前辈,中年丧妻,没有再娶。1946 年,陈绍宽被解除海军总司令职务后,当天就搬出海军总司令部。蒋介石任命他为军事委员会委员兼国民政府战略顾问委员会委员;他辞而不受,回到福州家乡清居。

在林遵眼里,陈绍宽永远是海军的总司令,衷心景仰他,时刻惦念他。

陈绍宽长林遵 16 岁,对林遵有知遇、提携之恩。

林遵见了陈绍宽,恭恭敬敬地敬了个礼,说道:"总司令,学生林遵来看望您老人家了!"

陈绍宽年过花甲,目明耳聪,喜出望外,说道:"你怎么回福州来了?"

林遵说:"我送家小回老家,还要赶回舰队去,特向您老人家讨教来了。"

陈绍宽摇摇手说:"多谢你想着我!我是老朽了,而且,与世隔绝经年,连话都不会说了。"

林遵敞开心怀，向陈绍宽讲了上海，讲了济南易手，讲了黄百韬被击毙，讲了第二舰队被命令弃守海防，调进长江防备人民解放军过江，讲了海军的种种乱象和桂永清的胡作非为，越讲越气愤，越讲越慷慨激昂。

陈绍宽仔细听了，沉吟说："颓势已显，败局已定。蒋氏不亡，天无此理。"

林遵问道："学生该怎么办？"

陈绍宽说："海军是国家的海军，是中华民族的海军，不是什么人可以所得而私的。我们每一个人都有一份责任，不要让海军成为某个人的私家军队。尤其是你，不同于我，我已经老了，你年富力强，不要轻易放弃自己的责任，应该有所作为！"说到这里，顿了顿，语重心长地说："关键是要看清道路，把握好机遇。"

林遵心领神会。他熟知陈绍宽的经历，他想到陈绍宽在北伐战争的历史关头对海军易帜所起的关键作用，从中得到启迪。

1926 年，陈绍宽担任海军第二舰队司令。那时的中国海军，今天拥护奉系军阀张作霖，明天又倒向直系军阀吴佩孚，转眼之间又投靠了军阀孙传芳，成了军阀的私家工具。海军辗转周旋于各路军阀之间，对于陈绍宽这样的爱国将领来说，痛苦不堪，急图改变。他一向反对军阀割据，主张统一海军，统一中国。

1926 年 11 月，国民革命军北伐占领江西九江、南昌，与海军总司令杨树庄接洽，策动海军改换旗帜，归附国民革命军。1927 年 2 月，陈绍宽率领在南京的所有舰艇兼程赶到吴淞口附近的鸭窝沙，参加杨树庄在"海筹"号军舰上主持的军事会议。在会议上，陈绍宽慷慨陈词："当前大势要求海军非脱离军阀政府，归附北伐革命军不可！不过，海军应该一起动作，如果个别地方、个别人分散动作，恐怕会给海军带来不利。只有一致行动，才能成功。"

许多舰长都同意陈绍宽的意见，主张立即一致行动，参加革命，归附北伐的国民革命军。

海军加入国民革命军后，北军极为震骇。奉系军阀张作霖任命张宗昌为海军总司令，在山东青岛集结了渤海舰队，准备进攻易帜参加革命的海军。但侦察到陈绍宽率领的第二舰队在上海严阵以待，终于没敢轻举妄动。

3 月 22 日，陈绍宽率领"海容"等军舰进攻北军固守的吴淞口炮台，北军被迫撤逃。陈绍宽率领第二舰队溯江而上，追击败退的北军，俘获了"超武"、"泰安"、"钧和"、"楚振"等舰艇。

林遵向陈绍宽告别时说："学生一定会审时度势，好自为之，不辜负您老人家的教诲和期望。"

陈绍宽连声说："好，好。你要去看望萨镇冰老人，求他给你指点。"

林遵说："是。我也正要去看望他老人家。"

萨镇冰，中国海军耆宿，是清朝末年参与筹建中国近代海军和统领海军的水师提督，民国时担任过海军总长，一度还兼任过代国务总理。1933 年和李济深、蔡廷锴在福建组织中华共和国人民革命政府。以后，一直在家乡福州清居。这时已是 89 岁高龄了。这是又一个在历史潮头做出聪明抉择的人。

清宣统三年辛亥年八月十九日（公元 1911 年 10 月 10 日）爆发了推翻清王朝的武昌起义。起义军一夜之间占领了武昌，驻汉口、汉阳的新军响应起义，推举混成协（相当于旅）统领黎元洪为都督，组成军政府。清廷负隅顽抗，一面派陆军大臣荫昌率领清军南下镇压，一面于八月二十一日（10 月 12 日）限令萨镇冰率领所统制的巡洋舰队和长江舰队开赴武昌，镇压革命。

黎元洪是天津水师学堂第一届管轮班学生，是严复、萨镇冰的学生，他们有师生之谊。黎元洪写了一封长信，派专人送给萨镇冰，敦促萨镇冰站到革命军方面来："清国气运既衰，不能任用贤俊……洪有鉴于此，识事机之大有可为，乃誓师宣言，矢志恢复汉土，改革专制政体，建立中华共和民国，维持世界和平。""昔人谓谢安云：斯人不出，如苍生何？同胞万声一气，谓吾师不出，如四万万同胞何？刻下局势，只要吾师肯出，拯救四万万同胞，则义旗所指，山色改观。"

海军的力量，萨镇冰的态度，左右着当时的局势，对于革命和反革命的决战，有着举足轻重的意义。

海军许多官兵倾向革命，舰长们在秘密策划起义反正。萨镇冰不愿意违反人民意愿，镇压革命，滥杀无辜。仓促间，他又不能立刻同旧制度决裂，便称病离开舰队。离开前，把舰队指挥权交给趋向革命的"海筹"号军舰舰长黄钟瑛。

萨镇冰从"江贞"号军舰上用灯光向全舰队发出信号：

"我去矣，以后军事，尔等各舰艇好自为之。"

第二天，黄钟瑛便率领舰队，离开武汉，下驶九江，宣布起义，带动了几乎所有海军舰艇反正，拥护革命。

林遵反复思考过这段历史，深知今天的形势，不容许做萨镇冰，人生当作黄钟瑛这样的海军军人！

1916 年，袁世凯窃国当洪宪皇帝，海军总司令李鼎新率领舰队南下，通电反对袁世凯。

1917 年，北洋军阀段祺瑞专权卖国，孙中山号召护法，海军总司令程璧光和第一舰队司令林葆泽率领"海圻"号、"永丰"号等 7 艘军舰南下广东，拥护孙中山。

林遵觉得，历史不会重复，但是，有许多巧合。你看这些在历史关头，敢于弄潮的，敢于领导起义的，无不是出自马尾船政学堂——福州海军学校，他们都是自己前辈校友、学长。

林遵看望萨镇冰，萨镇冰向他提出忠告说："人们反省自己时，常常会发现今是而昨非，所以，一个人要顺乎潮流，随着潮流前进，千万不要做阻碍前进的绊脚石。"

林遵再次深刻领悟到，萨镇冰、陈绍宽之所以受人尊重，正是他们在历史关键时刻，总是顺应潮流，与潮流共进退，做历史的弄潮儿。从他们开始，在中国海军中形成了一种传统，决不顽固不化，决不逆历史潮流而动，而是走在潮流的前头。中国海军历史给了林遵启迪。他决心遵从中国海军的传统，择时而动。他牢记陈绍宽语重心长的叮嘱，记起陈绍宽之于他生命的点点滴滴。

十一、朴茨茅斯　1930 年

英吉利海港悠久的历史，几近完美的海军教育，成就了一个中国海军通才。

孺子可以教也

1929 年 8 月，桂花飘香时节。

"海军要选派学生去英国海军学院留学了！"消息一传十，十传百，在所有中国军舰上激起了波澜。有志于以海军为业的人，纷纷跃跃欲试。

烟台海军学校遭张宗昌破坏解散后，林遵和同学们转到福州马尾海军学校继续学习，毕业后，林遵来到"通济"号军舰做练习生，当他听到有去英国海军学院留学的机会，便立刻报名投考。

英国，那是当今世界的海军强国，是向往久之的啊！中国近代海军从建立之始，就强调"师夷长技"，奉英国海军为圭臬。李鸿章聘请的英国顾问们的影响莫大焉！现行的海军制度大多是照搬英国海军的规定，海军学校的教材是英国的，教学完全用英语，连操纵军舰的舵令也一直沿用英语。去英国留学，是海军进身之阶！林遵已经 24 岁了，他相信"长风破浪会有时，直挂云帆济沧海"，命运可以操之在手！

1929 年 6 月，南京国民政府成立海军部，政务次长陈绍宽代理海军部部长。他曾经在英国海军学院留学，而且，在英国军舰上实习，参加了第一次世界大战。他认为欧战后，世界各国海军科学技术日新月异，英国海军教育有悠久的历史和丰富的经验，选送中国青年前去英国海军学院系统训练，有助于加快中国海军人才的成长。7 月，陈绍宽与英国驻中国大使兰普森签订协议，由英国海军接受中国学员和学生去英国海军学院留学。

名额有限，全海军只选 8 名学员和 12 名学生共 20 人去英国留学。8 名学员从在军舰服役的军官中选拔，从海军学校选拔 6 名最优秀的学生，为照顾各个派系，机会均等，由东北舰队选派 4 人、广东舰队选派 2 人。陈绍宽要求各舰队保荐优秀的尉官和见习生到海军部参加考试，他组织了一个考试委员会，亲自担任主考官，决心改变任用私人的陋习，宣布不许任何个人保荐。历史的经验告诉他，保荐、提拔的人，多半没有真才实学，甚至是废物、草包。人才必须经过筛选、考试。只有在比较和竞争中，人才方可脱颖而出。

陈绍宽曾经是"通济"舰的舰长，当林遵从海军学校毕业来这艘舰练习时，接触之处，都是老舰长的规矩和影响。陈绍宽精通航海、船艺、气象，是一个海军通才，凡是军舰上的事情，没有他不会的，做起来得心应手。特别是军舰过出港口，他从来不要领水员领航，而是亲自操船，驾驭自如。福州港口是一个曲折、复杂的航道，海岬、峻崖林立，行船到这里，什么时候转向，转多少度，都会因为潮汐、水流、航道深浅变化而不同，海图上的航线只能作为参照。没有一个有经验的领水员领航，几乎寸步难行。据说，曾经有一个十分自负的外国船长把船开进福州口，刚进江口，没有遇到麻烦，他在航行日志上得意地写道："我开进了福州口。"但是，不等他写完，船就搁浅了，他不得不无奈地加写道："我搁浅了。"可陈绍宽第一次驾驶两千多吨的军舰进出福州口，完全不用领水员，平稳顺利，连老领水员都竖起大拇哥。海军进出海口不用领水员，由陈绍宽开风气之先。

林遵参加考试，站在海军前辈面前，不免有些紧张、忐忑。

陈绍宽亲自主持面试，没有直接提问航海技术，也没有就轮机问题诘难，却问道："你平时喜欢读什么书？"

这完全出人意料，林遵如实回答说："历史。"

"啊，记得读过些什么吗？"

"记得。"林遵回答说："小时候读过《西台恸哭记》、《扬州十日》，还读过《史记》，也读过《岳飞传》。读了这些书，看到了亡国、失地的痛苦，懂得了'国家兴亡，匹夫有责'！"

陈绍宽又问道："你读过外国的书吗？"

林遵老实回答说："不多。但是，我读过一本书，《巴士德传》，巴士德是个法国科学家。1870年普法战争中，法国被德国打败了，巴士德痛心地反思说，'法兰西为什么会打败仗呢？

那是由于法国没有人才。为什么法国没有人才呢？那是由于法国科学不行。'他讲得很有道理。放之于中国，我们尤其需要培育人才，重视科学。"

陈绍宽微微颔首，又突然提问说："假如一条船，一艘军舰偏航，漂进了浅礁区，怎么办？"

林遵不再忐忑不安了，反问道："它为什么偏航？"

陈绍宽未及回答，林遵侃侃说道："一个船老大，一个舰长，出航前就应当精心准备，防止发生偏航。俗话说'艄公不努力，耽误一船人'。'船到中流补漏迟'！预先做好准备，是第一要紧的。"

陈绍宽脱口称赞道："讲得好。你再说说，一条船，一艘军舰，最当紧的是什么？"

林遵不假思索地回答道："同舟共济！"

陈绍宽不由得对这个应考的青年刮目相看，喜在心头，便又问道："你知道张良和黄石公的故事吗？"

那是一个耳熟能详的故事。

智者黄石公要寻找一个可以造就的青年，他坐在桥头仔细观察挑选。少年张良路过这里，黄石公故意让自己的鞋子掉到桥下，对着张良喊道："年轻人，去把我的鞋子捡起来！"张良不习惯听人支使，但看他是一位老人，隐忍着爬到桥下为他把鞋子捡了上来。老人又伸出脚说："年轻人，替我穿上！"张良又替他把鞋子穿上。老人连一声"谢谢"也没有说，却以命令的口气说："十天以后的早晨，来桥头上等我。"说罢，飘然而去。十天以后，张良起了一个大早，来到桥头，老人已经等在那里了，训斥说："与老人约会，怎么比老人到得还晚？过十天再来！"十天以后，张良黎明时就赶到桥头，只见老人又已经先他而到了，老人生气地说："怎么又来晚了？过十天再来。"十天以后，张良不等公鸡打鸣，在天还不亮的时候，赶到桥头，过了一小会儿，老人来了，看见他高兴地说："孺子可以教也！"于是，授予他一部兵书，要他认真学习。后来，张良凭借这本兵书，辅佐刘邦成就了帝业。

此时的陈绍宽和林遵，一老一小同时想到了这个故事，陈绍宽认定这个小老乡是一个可堪造就的人才，当场录取了他。

同时录取的还有已经担任第一舰队副官的周应骢和林遵的同学林祥光，以及邓兆祥、陈香圃、周宪章等。陈绍宽是一个追求完美的人，有一个叫黄剑藩的人，考试成绩堪称第一，只是身材、相貌略显不足。陈绍宽认为被派去英国的人，各方面都应该是能够显示中国气派的人，不能让外国人笑话中国无人！于是忍痛割爱，取消了这个人出国深造的资格。

从学会使用刀叉开始

一张英国式的长方形餐桌，铺着雪白的台布，摆放着杯、盘、刀、叉。

一个英国中年妇女，一面讲说，一面示范，认真、细心地教林遵和将要去英国学习的人如何使用刀叉。这是陈绍宽安排的特别课程。

这个热情的妇女，像一个家庭主妇，殷勤款待新来的客人，更像一个家庭教师，不厌其烦地指点唠叨。

请记住，永远是女士优先，要拉开椅子，先请女士入席就座；

请记住，您就座时要坐直、坐正，背部紧靠椅背；

请记住，把餐巾放在膝盖上；

请记住，已经摆放好的餐具不可以任意移动；

请记住，刀叉不可以互相碰撞而发出声响；

请记住，右手用刀，左手用叉。如果使用错了，你就要"将错就错"，一直照样使用下去；

请记住，吃肉和沙拉，可以共用一把叉；

请记住，吃肉时，切一块，吃一口，再吃再切，万不可把肉一次切好；

请记住，鸡肉、鸡腿不可以用手拿着吃，必须用刀先剔去骨头，切成小块吃；

请记住，鱼不可以翻过来吃，吃完上面一层，剔去鱼刺，再吃下面的一层；

请记住，中途放下刀叉时，应呈"八"字形分别放在盘子上，刀刃不可以朝外；

请记住，刀叉放在一起，表示用餐完毕，即使你没有吃饱，也不可以再动刀叉了；

请记住，忌讳问女士的年龄，因为那是不礼貌的；

请记住，舞会上不可以拒绝女士的邀请；

请记住，不要把女士的热情错当作爱情，英国上流社会的妇女，不是巴黎下贱的娼妓；

……

请千万记住，你们是在大英帝国，你们是 Gentleman，是绅士，你们是 Gentility，是有教养的，是斯文的。你们要把自己培养成真正的 Gentle man！

这样的训练，坚持了三个月。

陈绍宽还亲自向林遵等讲述英国海军传统习俗、礼仪规定，强调说，"入乡问俗，客随主便"，是客人对主人的尊重。我们中国是礼仪之邦，是东方文明古国，我们的一举一动，都要不失风度，不伤国格！

20 人起程赴英国之前，陈绍宽特地召集他们，语重心长地训导说，当海军就要一辈子矢志海军！你们不要想做大官，而要想做大事，更要勤勤恳恳地力图自强，"矢勤矢勇"，思想要高尚，心志要远大，行为不要卑鄙。当今的中国，百废待兴，每个人都可以有所作为。但是，社会风气不好，污泥浊水泛滥，到处都是陷阱，你们要洁身自好，要学荷花出污泥而不染，又要汲取营养于污泥。你们不要听信政客们的蛊惑，更不要沾染政客习气，当一辈子海军，要以海军为业，以海军为荣！你们去英国，要守规矩，要用功，不要想家，不要学不良的习惯，抓紧宝贵的时间，接受严格的训练，成长个才，使海军继起有人！你们每一个人都要成为 a smart officer，成为机敏的出色的海军军官！刚才我说的，希望你们切实记在脑筋里，一一努力做去。我对你们寄予厚望，希望你们身体强壮，学问天天进步，各奋其自强之精神！

1929 年 11 月 5 日，留英海军学员从上海乘英国邮轮，远涉重洋，由太平洋，经印度洋、阿拉伯海、红海，通过苏伊士运河，而入地中海，穿过直布罗陀海峡，入大西洋，跨比斯开湾，抵达英国。

学成一个"海军通"

朴茨茅斯军港，"尔里巴欣"练习舰。

林遵和 11 名中国海军学生由学生队队长陈香圃带领，登上这艘英国驱逐舰实习。另外 8 名学员另行安排。他们兢兢业业地学习，诚心诚意地拜英国人为师。但是，两个民族文化的差异，习俗的不同，常常有不愉快的事情发生。虽然是 20 世纪了，英国海军中仍不乏像 18 世纪时"本特"号舰长布莱上尉那样的人，把水手看作"猪猡"、"狗杂种"，信奉只有恐惧和鞭刑才能维持统治和权威。由于布莱的暴戾、虐待，逼迫"本特"号舰员于 1789 年在南太平洋上暴动。英国海军不得不废除残酷的鞭刑，注意官兵平等。但是，仍然有人崇拜布莱的信条。也有许多人承袭着英、法联军攻进北京焚烧圆明园时看待中国人的思维，在中国海军军人面前，格外的不可一世，颐指气使。中国海军学生记着自己的使命，记着那"师夷长技以制夷"的苦心，为了把英国海军技术学到手，他们忍了，按捺着那年轻气盛的火气，一次次忍气吞声。

中国海军学生穿着英国皇家海军服装走在街上，引来了好奇："你们是什么人？"

"中国人！"

于是，鄙夷地蔑称道："呵，'Chinese'！'chin'！"

当地的中国人，多是靠为英国人洗衣谋生，他们被称为"chin"。

中国啊，你贫穷，你落后，你没有力量，你的儿女就不能体面地在世界上行走。

中国海军学生要求仍然穿着中国海军的军装，得到的回答是：所有在英国海军学习的人一律如此，没有例外。大英帝国是民主国家，对你们也是一视同仁。

真的是一视同仁吗？许多新的武器装备，不允许中国学生接触，连看也不让啊！

中国海军学生又含泪忍了。

冲突还是不可避免地发生了。

原来，英国海军部委派海军少校庇特带领20名中国海军学生来英国，负责安排学习、生活，他以中国留英海军的监护人自居。此人曾经是英国远东舰队常驻长江分舰队的炮艇艇长，在中国多年，来往于长江各个港口，不会说中国话，却自认为是"中国通"，态度非常傲慢，经常出言不逊。中国学员由周应聪负责与他打交道。

按照中国、英国双方协定，庇特的薪金由英国海军方面支付。可是，到了英国，一来二去，却变成了由中国支付。为了使中国学生留学期间的开支更加明确、具体，尽可能节省外汇支出，周应聪与他商议、交涉，提出压缩开支的意见。不料庇特一开口就不屑地讥讽说："你们中国人就是吝啬！"

周应聪义正词严却尽量和缓地说："我们是商谈具体问题，发表个人意见，你怎么牵涉到'中国人'上去？你侮辱中国，你要为此承担责任。"

庇特不但不思悔悟，反而更加横蛮地叫道："你们中国人就是吝啬！"

周应聪严肃地说："庇特少校，你说话要负责任。如果用这句话回敬贵国，你以为如何？你不认为是对贵国的侮辱吗？"

庇特却像是疯了一样，放肆地高声说："我在中国多年，走遍了上至万县、宜昌，下至南京、镇江的所有港口，见到的中国人多了！除了吝啬，就是肮脏、愚蠢！"他更挑衅地说，"说到我的薪金，本该你们支付，协定中却要英国支付。给你们出力，还要出力者掏薪金。这就是你们中国人的慷慨！"说着，自鸣得意地一阵狂笑，扬长而去。

中国海军学生愤怒了，再也不能容忍庇特的粗暴和蛮横，林祥光和几个同学高声说："我们全体回国去，以示抗议！我们走！"

周应聪摇头，胸有成竹地说："走？不是我们走，是叫庇特走。"

周应聪把事情的起因和经过、庇特的言行，客观如实地全部整理成文，一份汉文，一份英文，立即寄回国内，报告中国海军部。

陈绍宽看后，一天也没有耽搁，据此备文，经由外交途径，向英国海军部提出交涉。他虽然尊重英国，包括英国人的风俗、习惯，也愿意同英国海军合作，但是，事关中国国家、民族尊严，他绝不含糊，绝不退让。他支持中国海军学员的合理要求，他欣赏周应聪不卑不亢的处事方法。此时，英国政府正为恢复在中国的影响而努力，不敢等闲视之，立即进行调查，证明中国学员的反映属实。于是，要求庇特向周应聪作书面道歉，由周应聪复书表示接受道歉。随后，庇特被从现役海军中除名，到英国南部城市开了一家中国古董商店。

　　此事前后交涉4个月，中国海军学生维护了中国的尊严。林遵和同学们高兴，周应聪也高兴。但是，就在这时候，周应聪接到家里来信说，他的妻子王孝瑶亡逝了。这真是如同晴天霹雳。

　　周应聪和王孝瑶是一对恩爱夫妻，有着缠绵悱恻的浪漫故事。

　　周应聪还在烟台海军学校学习的时候，回福州老家度假，去看望舅舅，舅舅邻居家有一个姑娘王孝瑶，身驱瘦弱，楚楚可怜。她母亲早逝，受到继母虐待。周应聪同情她的遭遇，由怜而爱，许愿要使她幸福。从此，姑娘成了他心中的牵挂。不久，又一个姑娘垂青于周应聪。她很漂亮，又会英语，而且是海军上将萨镇冰的侄女。对于矢志海军的周应聪来说，这应该是最理想的结合。但是，周应聪没有忘记曾经给王孝瑶的许诺，毅然与王孝瑶结婚了。爱情的滋润，使王孝瑶脸色红润了，身体健朗了，他们期盼着未来美满的生活。可是，突如其来的一场大火，烧毁了他们的家，王孝瑶痛苦焦虑，竟一病不起，遽然逝去。周应聪恨不能立刻飞回国内，再去看看他珍爱的妻子。但是，他强忍着哀痛，忘我地学习。

　　林遵很钦佩学长周应聪，也更了解了同期同学林祥光，他们都成了他的知心朋友，日后对他的人生道路有重要影响。

一天，中国学员和也在那里学习的另一个国家的学员发生矛盾，英国体育军士长竟又无端指责中国学生，还破口大骂中国。个人受到无理指责也就罢了，但侮辱中国，中国学生不能容忍！负责带领中国学兵的陈香圃向英国教练官提出抗议。英国军方不问是非，偏袒另一方，无端指责中国学生。陈香圃据理力争，英国方面竟指斥陈香圃违反纪律，要求中国召回陈香圃。林祥光是个直性子，愤激地提议集体回国，周应聪冷静地劝阻说："我们继续抗议，但是不能耽误学习，我们'打落牙齿往肚里吞'，也要完成学业！"

林祥光和大家继续隐忍，但是，陈香圃还是被迫于 1930 年年底黯然回国。

林遵深切感受到屈辱、无奈，愤懑在胸。

1931 年 9 月 18 日，日本蓄意制造"九一八事变"。早已侵驻中国沈阳的日本侵略军突然发动进攻，迅速占领了辽宁、吉林、黑龙江省，大好山河沦陷。消息传到英国，中国海军留学生群情激奋，忧心如焚。林遵恨不得立刻回到祖国，为民族救亡拼死一搏！

1932 年 1 月 28 日夜，日本军队又如法炮制，突然进攻上海，制造"一·二八事变"。中国第十九路军奋起抵抗，海内外中国人群情汹涌，时时关注。

英国学校经常放映时事新闻片，要求所有学生观看。其中有日本拍摄的掩盖侵略，渲染日本皇军胜利，严重侮辱中国的影片。林遵和同学们提出抗议，英国当局却以"一视同仁，没有例外"为由，无理拒绝。林遵和同学们据理力争，坚持不去观看。

此时，法国殖民主义者也趁火打劫，在1931年、1933年加紧潜入西沙群岛、南沙群岛的侵略活动。1933年7月25日，法国政府竟悍然宣布占领黄山马峙、铁峙、安波沙洲、北子岛、南子岛、难乙峙、南钥岛、西月岛（红草峙）、南威岛，爆发了"团沙九小岛事件"。全中国人民奋起反对，一致声讨。

在这民族生死存亡关头，炎黄子孙，民族抗敌救亡情绪高涨。林遵和同学们越发感到中国积弱积贫，海军弱小，不足以保卫海疆。

林遵和同学们强压怒火，忍受屈辱的煎熬，加倍努力，潜心学习海军技术。

林遵在练习舰完成实习后，进入格林威治海军学院中尉班。后来，又进朴茨茅斯海军专科学校学习通信、鱼雷、航海、枪炮。他沿着中国近代海军向英国海军学习的路程，用5年时间完成了学业，学成海军通才。

中国海军学员结束了在英国的学习，将要回到日思夜想的祖国去。他们收拾行装，紧张地准备起程。周应璁提议说："回国之前，我建议去看望庇特少校，他曾经做了许多事，帮助过我们，我们不要忘记帮助过我们的任何人。"

林遵第一个响应，他佩服周应璁的大度。

中国海军学员来到英国南部一个海港，找到庇特的古玩店。庇特万万没有想到中国学员会来看望他，他握着周应璁的手，一时都说不出话来了。

周应聪诚恳地说:"庇特少校,感谢你曾经对我们的帮助!你是中国的朋友!"

庇特十分感慨,也许,他这才真正懂得了中国人。

中国留英学员于 1934 年 8 月回到国内。此后,林遵先后任"宁海"舰、"海容"舰枪炮长、福州海军学校教官、副舰长。

林遵领悟陈绍宽、萨镇冰那一代曾经摸索、奋斗,为建设中国新海军筚路蓝缕,但是,他们的愿望落空了。林遵、周应聪这一代,也以英国海军为师,后来,又唯美国海军马首是瞻,也失败了。当前,时局会有大变,或许会迎来一个新的历史机遇。然而,海是风波路,谁能说得定呢?

林遵离开老家前,向父亲林朝曦和妻子胡志贞反复叮咛说:"除非我亲自来接你们,不管发生什么事情,不管是什么人,哪怕是拿着我的什么亲笔信,要接你们到哪里去,你们都不要动,都不要离开这里。千万千万!"

胡志贞感觉到林遵正面临着艰难抉择,他把她们母女送回老家,就是未雨绸缪,保护她们,也为了减少牵挂,可以做到义无反顾,适时而动。

果然,后来一批又一批人来找胡志贞,反复动员说:"林司令要我们接你们去台湾,房子都安排好了,林司令随后也去。"

胡志贞谨记林遵的叮嘱,回绝说:"我要等我丈夫亲接我才走。"

林遵赶回镇江。解除了后顾之忧,林遵可以放手筹划应该做的事情了。

十二、笆斗山　1949年

　　波诡云谲，几番风雨，终于决断"一鸟在手，胜于二鸟在林"，不失时机地率领舰队集体起义，开始中国海军新的航程。

一波三折

　　林遵派阙晓钟再次去上海同林亨元、郭寿生见面，带去新变化的江防情报。

　　林亨元用心记下了所有情报。接着，对阙晓钟说："为了联络，协助你们起义行动，人民解放军第三野战军派两个人到你们舰队去。你看怎么安排好？"

　　阙晓钟思忖了一会儿，建议说："来人最好是福建人，会说福州话，就说是林司令的同乡，经人举荐，找林司令谋份差事。这样做，不致引起特务注意，比较保险和安全。"

　　一天，镇江迎江路上，走来了两个行色匆匆的人，他们是人民解放军第三野战军第二十九军第八十五师政治委员孙克骥和苏北华中军区政治部、联络部副部长杨进，乔装打扮，深入国统区。他们接受了第三野战军政治部副主任钟期光布置的任务，来镇江设法直接同林遵取得联系。孙克骥曾经在国民党统治的白区工作过，杨进是老情报工作人员，对南京、上海一带比较熟悉。但他们都是第一次来镇江，按照事先告知的地址，寻找迎江路 82 号海防第二舰队司令部驻地。可是，他们在迎江路上，从东走到西，又从西走到东，走了几个来回，根本找不到 82 号门牌。西面路的尽头是菜地，附近的住户也不像是海军机关。孙克骥和杨进暗中叫苦，不知如何是好。在这条路上逗留久了，又怕引起怀疑。他们走进一家饭店吃饭，看到一张镇江当天的报纸，头版上登载着一条消息："丁治磐主席与林遵司令联袂赴前线巡视沿江防务。"孙克骥把报纸推给杨进，两人交换了一个眼色，既然林遵目前不在镇江，只有等他回来后再去找他了。

杨进说："镇江地面太小，没有社会关系掩护很不安全。上海是个汪洋大海，可以找到掩护的社会关系。不如我们暂且到上海去住几天，等林遵返回镇江后再来。"

孙克骥和杨进当晚乘夜车到上海，在杨进的一位同乡家里住下。等了好几天，从镇江的报纸上知道林遵已经返回镇江，孙克骥和杨进连夜乘车赶往镇江，在车站附近的一个小旅馆住下。

孙克骥向杨进说："我拿着'李治平'求他给福建同乡谋份差事的信，直接到海军码头，上'惠安'军舰去找林遵，如果在规定时间还没有回来，那就是发生了意外，你迅速离开这里，回苏北向组织报告。"

天阴沉沉的，江上雾气蒙蒙，离岸一二百米的江中，锚泊着几艘军舰。码头上有几个水兵用福建话交谈、闲聊。孙克骥便凑上前去搭讪，拉同乡关系。

一个水兵问道："你来做什么？"

"找人。"

"找谁呀？"

"找林遵司令。"

"哦，你找林司令有什么事情？"

"生活困难，没有职业，想找林司令谋一份差事。"

"唉，这光景你来找他有什么用？"说着，用手指了指江北。

"没有办法啊，要吃饭呀。"

水兵们似乎很同情老乡，说道："你等一下，过一会儿交通艇就会过来，你乘交通艇到'惠安'号上去，那是林司令的旗舰，他在舰上。就看你的运气了！"

孙克骥登上"惠安"舰，舷梯口的哨兵拦住他问道："做什么的，找谁？"

"找林司令。"

哨兵听说是找林司令的，立即通报。

不一会儿，戴熙愉走出来，向孙克骥问道："你找林司令有什么事吗？"

孙克骥见是一个少校军官，连忙说："我和林司令是同乡，想找他谋个差事。我这里有一封举荐信，请你交给林司令过目。"说着，递过去用约定的"李治平"落款写的一封信。

戴熙愉接过信件，说道："请你稍等。"

戴熙愉回到司令舱，向林遵讲了来人的情况。林遵看了信，对戴熙愉说："他是一个人来的吗？怎么上舰的？"

戴熙愉说："是一个人，搭我们的交通艇到舰上来的。"

林遵说："信倒是阚晓钟同那边约好的，只是太突然，事先没有沟通，郭寿生那里也没有说什么时候来人。你看，见还是不见？"

戴熙愉说："倒是个福建人，只是一下子查不清楚，不大好办。"

林遵沉吟了又沉吟，说道："太突然了，郭寿生又没有打招呼，不知真假。再说，舰上人多眼杂，'眼睛'太多，我看还是谨慎小心些，不见为好。"

戴熙愉说："那我去回绝他。"

林遵说："你去很客气地跟他说，说我很忙，没有空见他，很对不起他。请他先到上海去找找朋友。他会明白这层意思的。你派交通艇送他上岸去，留神不要被'眼睛'盯住，注意他的安全。"

戴熙愉说："是，我会注意的。"

戴熙愉来到舷梯口，对孙克骥说："很对不起你，林司令实在是很忙，没有空，所以不能接待你了。再说，现在的时局，也没有什么好的事情请你屈就。请你到上海去找找朋友，想办法高就。实在是抱歉，请你原谅。"

孙克骥听了后，一脸失望，哑口无言。

戴熙愉再三抱歉说："我叫交通艇送你回岸上去。先生路上好走啊!"

孙克骥回到小旅馆,对杨进说:"碰了一个钉子,一个软钉子。林遵派了个少校军官出来,说没有空,不肯见面。倒是很客气地派交通艇把我礼送下了军舰,还说了一声:'请你到上海找找朋友,先生路上好走'。"

杨进说:"我们怎么办?"

孙克骥分析说:"不知道是哪个环节上出了差错,还是林遵有变。既然如此,我们留此无益,先回扬州,向上级报告情况,根据上级指示再行动吧。"

孙克骥和杨进回到扬州转淮安,向苏北兵团副政委吉洛(姬鹏飞)汇报,并建议为了稳妥起见,应该先到上海,与上海地下党组织取得联系,在上海地下党组织领导下开展工作。

孙克骥和杨进到上海见到吴克坚,决定由林亨元、孙克骥、杨进组成工作小组,在上海党组织领导下展开工作。

原来是老相识

1948年12月13日,中共中央、中央军委给中共中央华东局和上海情报工作负责人吴克坚电报指示加紧策动林遵起义:

> 你们可以选择得力干部去与林遵接洽。我们的态度是欢迎他们起义,为人民立功。起义一个舰队即编为一个舰队,起义一个分队即编为一个分队。起义的时机,待接洽好后再定。

　　吴克坚立即对林亨元说："现在是时候了，你亲自到镇江去同林遵见面，把中共中央的指示精神当面告诉他，坚定他起义的决心。同时，搞清楚林遵为什么不见人民解放军派去的代表，看这里面有什么问题或者有什么误会，同林遵商量，看怎么安排人民解放军的代表去协助他们。"

　　1949 年 1 月 1 日，中共中央、中央军委经毛泽东、刘少奇、朱德、周恩来、任弼时审阅后再次电报指示吴克坚：

　　　　关于长江第二舰队准备起义事，请仍按中央前电所告原则办理。林遵所提接头办法，既系林自己主张，不必改变，最重要的是要林隐忍待机，切勿暴露，免在事前遭受不必要的损失。

　　林亨元通过郭寿生约阙晓钟来上海。

　　林亨元与阙晓钟见面时说："我们约好了人民解放军代表去见林遵司令，为什么不见？"

　　阙晓钟说："不是林司令不见，而是当时情况，实在不便见面。虽然是我们先商量了的，但是，去得太突然，中间又没有一个熟人。不巧，那天我又不在舰上。林遵司令顾虑周围桂永清的特务太多，万一有什么差池，风险太大。林遵司令一向谨慎小心，所以当时没有见面，也是为了人民解放军代表的安全。"

　　林亨元和吴克坚也是如此分析的，他相信林遵决定起义没有变化。

　　林亨元严肃地说："这样不行，我们党没有跟林遵先生直接见面接头，这个事情就没有具体化，没有确定。虽然在联络过程中我们两方都有代表，但是，到了决定的时刻，党要跟林遵先生直接见面接头。"

　　阙晓钟把林亨元的要求告诉林遵，林遵便派欧阳晋到上海，和林亨元约定时间在镇江见面。

　　林遵密切注意战局的发展。他认为集结在北平、天津地区的傅作义率领的 60 万人马，集结在徐州、蚌埠地区的刘峙、杜聿明率领的 60 万人马的胜败，将决定国民党政府的命运。从 1948 年 11 月 6 日人民解放军发动淮海战役以来，先是传来第七兵团全部被歼灭，兵团司令黄百韬被击毙的消息；接着传来第十二兵团被歼灭，兵团司令黄维被俘的消息；接着传来第十六兵团被歼灭的消息。到了 1949 年 1 月 10 日，传来消息说，第十三兵团被歼灭，兵团司令邱清泉被击毙，连徐州"剿匪总司令部"副总司令杜聿明都被人民解放军俘虏了。从徐州通往南京的道路上，已无险可守，人民解放军势不可当，可以直迫南京、上海了。

　　1 月 14 日，天津被人民解放军攻占，警备司令陈长捷被俘，团团被围困的北平，指日可下。

　　林遵感到，何去何从，已经到了最后下决心的时候了！

　　春节前，一年中最寒冷的日子，林亨元来到镇江。他下身着一条西装长裤，穿一双黑皮鞋，外罩一件棉袍，一副教授模样。他先到了迎江路海防第二舰队司令部，阙晓钟接待他，寒暄了几句后，阙晓钟说："这几天，桂永清派来的眼睛盯得很紧，林遵司令的意思是请你跟我谈，由我转告他，免得特务注意。"

林亨元十分严肃地说："我和林遵先生一定要见面直接谈。不见面，以前的事情就拉倒，要把事情进行下去，就见面。"说到这里，林亨元颇有些激动，继续说道："林遵先生决定起义，我们很欢迎！如果能够实现，对我们人民解放军过江不无帮助，对林先生也有光明前途；如果实在不走这条路，也不勉强，人民解放军照样要渡过长江。革命的大门始终是打开的，我们希望林先生真正推诚相见。但是，今天见面或者不见面是决定性的，如果决心起义，就见面；不见面，就是表示不起义。两条路，由林先生自己选择和决定。"

阙晓钟见林亨元说得如此严肃，说道："请林先生再稍等。"

林遵听了阙晓钟转述的话，思忖了一会儿，决定说："好，我同林先生见面。你先陪着林先生去金山寺，我随后就到。我们在那里谈。"

金山寺依然巍峨。这里，翠竹万竿，绿天如海。

林遵怀着紧张期待的心情踏进山门，他恍然有悟。

佛经说，只有从空门、无相门、无作门脱身而出，才能够出世超凡。

迎门更见弥勒佛，人们常常以为他就是"布袋和尚"。林遵又想起了布袋和尚的一句偈语："行也布袋，坐也布袋，放下布袋，何等自在。"

是呀，解脱，悟觉，放下包袱，谈何容易？

　　林遵不觉想起了古人诗句："两点金焦来固北，几重烟水送南朝"。他反复咀嚼着"几重烟水送南朝"的含义。

　　林遵来到慈寿塔下，见阙晓钟和一个穿着棉袍的人站在前面，赶忙上前招呼。他一见林亨元，不觉一愣，脱口而出道："原来是你呀，我们在重庆见过的。"

　　林遵一说，林亨元也记起来了。1944年，在重庆，他们曾经在同乡聚会上见过几面，彼此留下了印象。此时见面，别有一层深意，一下子拉近了彼此的距离。

　　林遵和林亨元边走边谈。

　　突然，天下大雨了，阙晓钟提议说："雨越下越大，不能游金山寺了，我们找一家干丝馆去吃镇江有名的肴肉，边吃边谈吧。"

　　大雨涟涟，深巷里的饭馆生意清淡，几乎没有什么顾客。林亨元、林遵、阙晓钟三个福建人，用福州话低声交谈。

　　林亨元首先说："中国共产党中央欢迎你们起义，为人民立功。同意你们的意见，选择在人民解放军渡江的时候起义。联络办法，也按照你们的意见办。中共中央希望你们协助配合人民解放军渡江，以后还要以你们舰队为基础，建立华东海军。起义一个舰队即编为一个舰队，起义一个分队即编为一个分队。你个人还有什么要求和条件，也可以商量。如果起义不成，办不到，也欢迎林遵先生个人脱离国民党，到江北解放区去。中共中央特别嘱咐说：最重要的是请你隐忍待机，切勿暴露，避免在事前遭受不必要的损失。"

　　听到这里，林遵十分感动，他虽然不知道有中共中央、毛泽东的电报，但觉得共产党善解人意，体恤下情。自己在旧军队几十年，从来没有遇到一个上级如此尊重下级的意见，如此关心下级的安危。他好像在长夜中看到了曙光，黑暗中看到了光明。林亨元和郭寿生先后给他指出了一条崭新的路，一条完全不同于过去的路，他下定决心，同旧世界决裂！

林亨元继续说："当然，还希望继续提供国民党军江防情报，也请你提供你们认为人民解放军渡江的合适地点，更希望争取更多的军舰能够跟林遵先生一道起义。"

林遵郑重地说："脱离国民党，投向解放区，这个决心已定，这个原则是肯定的，不会有变化。但是，由于舰队情况复杂，桂永清防范很严，第二舰队怎样起义，什么时候起义，容许我根据时机掌握。国民党军江防情况，我们会继续提供，仍然由阙晓钟、欧阳晋与你和郭寿生联络。渡江地点嘛，我认为，以选择安庆上下作为突破口比较有利。这个地段长江南岸的守军是刘汝明的杂牌军，与蒋介石嫡系有矛盾，而且实力比较弱，容易突破，突破以后可以对南京、上海形成威胁和迂回包围。"

林遵停了停，显得十分为难地说："第二舰队公开配合人民解放军渡江，难免会遭到国民党空军飞机轰炸，那将会造成渡江的人民解放军和第二舰队的严重损失。第二舰队不向北岸和渡江船只开炮，就是配合渡江。第二舰队也不能向南岸开炮，那样会误伤老百姓，会玉石俱焚。我们有责任保护沿江的老百姓，保存国家元气。为了给人民解放军渡江留下更多空隙，我们已经以防线太长，指挥、补给、修理困难为由，得到桂永清同意，把第二舰队所有舰艇由各渡口撤防，集中在镇江、南京、芜湖、安庆四个大港口了，这样做便于人民解放军渡江。"

林亨元听了，表示尊重林遵的考虑，不勉强提出协助人民解放军渡江的要求。

林遵最后说："至于个人进退，我一开始就向郭寿生表明了，起义成功后，我想解甲归田。"

林亨元笑了笑说："我知道林遵先生几十年来一心一意想建设中国的新海军，新中国成立以后，林遵先生是闲不住的。"

接着，林亨元满怀激情，扼要复述新华社1949年新年献词《将革命进行到底》的主旨说："现在，国民党战略上的战线已经全部崩溃，东北的国民党军已经全部消灭，华北的国民党军很快就会完全消灭，华东和中原国民党军队剩下不多了。人民解放军将向长江以南进军，中国人民要将革命进行到底，彻底推翻几千年来的封建压迫，推翻一百年来帝国主义的压迫。让我们一起来加紧努力吧！"

林遵听得很仔细，很认真。

最后，林遵和林亨元又约定了第二舰队舰艇与人民解放军联络的信号：向江北人民解放军驻地发出一组三个白色信号，人民解放军也用同样的信号回答。

三个人谈得很顺利，很愉快。

林亨元说："今天，我们双方直接谈话，就是决定了，事情就这样定下来了。我回去就同人民解放军第三野战军进行联系，请他们再派人来跟你们见面，共同合作，实行起义。"

　　林遵和林亨元紧紧握手，说道："好，就这样定了。我想办法再争取多有一些舰艇一道起义。"

　　舰队何去何从，个人前途走向，已经做出了抉择，林遵看着林亨元这个比他大不了几岁的老乡，对他说："今天见面，叫我想起我们福州鼓山涌泉寺的大肚弥勒佛坐化时的偈语：'弥勒真弥勒，化身千百亿，时时示世人，世人自不识'！我林遵可以说懵懂一世，总在寻找中国海军的出路，今日才开始看见曙光。"

　　林亨元说："我和你一样，年轻时候起，就寻求救国救民的道路，但总得不到要领，后来，找到共产党，才真正找到了中国的前途。"他话题一转，说道："我已经多年没有回福州了，但那份乡情始终挥之不去。你刚才讲到鼓山的弥勒菩萨，不知道你还记不记得福州西郊怡山西禅寺，那里有许多荔枝树，开花时很香。那里也有一尊很大的弥勒佛，那殿里的一副对联，至今我都忘不了：'忏不尽贪颠痴蒲团彼岸；参得透色香味荔枝名山'。我们这一代人，为了国家、民族，都经历了'路漫漫其修远兮，吾将上下而求索'的过程啊！"

　　新中国建立后，林亨元出任最高人民法院庭长，郭寿生担任中国人民解放军海军顾问委员会主任，他们在《中共中央驻沪机构策动国民党海防第二舰队起义经过》（1984 年）、《从组织"新海军社"到策动海防第二舰队起义》（1955 年）的回忆文章中平实、详尽地记述了那场惊心动魄的斗争。

又生和平幻想

1949 年 1 月 16 日，蒋介石加紧部署江防，成立京沪杭警备总部，以汤恩伯任总司令，叫嚷进行"京沪决战"，做最后挣扎。

国民党军凑集了 115 个师，约 70 万人，部署在从上海到湖北宜昌的 1800 公里长江沿线。从上海到江西湖口的 800 公里地段，是国民党京沪杭警备总司令汤恩伯部的 75 个师，约 45 万人；从湖口到宜昌的 1000 公里地段，是国民党华中军政长官公署白崇禧部 40 个师，约 25 万人。在南通至镇江的江阴段是第一绥靖区的部队；芜湖一带是第七绥靖区的部队；安庆一带是广西部队和刘汝明的部队。这些都是同人民解放军交过手而屡战屡败的部队。海军的兵力部署是：从吴淞口到江阴是国民党军海防第一舰队；从江阴到湖口是国民党军海防第二舰队；湖口以上是国民党军江防舰队。第二舰队分 4 个防区，第一防区是江阴至镇江；第二防区是镇江至芜湖；第三防区是芜湖至安庆；第四防区是安庆至湖口。另外在镇江、南京、大通、湖口还各驻有 1 个机动炮艇队。兵力部署重点是镇江至芜湖段，这里是首都京畿所在，是国民党统治核心区。第二舰队的军舰，主要是抗战胜利后接收的日本制造的护卫舰，旧的江防舰，美国制造的中型登陆舰，少数是英国、美国制造的新型护卫舰。最大口径的火炮为 100 毫米，火力最猛的则是 40 毫米和 20 毫米的火炮。炮艇、巡逻艇配备的是 37 毫米和 25 毫米的旧式火炮。各舰艇都归舰队指挥，但是，海军总司令部经常直接下达调动命令。桂永清为了紧紧地控制指挥大权，更把第二舰队划分为2个编队，第一编队由"惠安"号舰长吴建安兼舰队长，管辖"惠安"、"吉安"、"永修"、"永绩"号4艘军舰和11艘炮艇；第二编队由"兴安"号军舰舰长刘宜敏兼舰队长，下属运输舰、修理舰和一个陆战旅。桂永清越过林遵直接调动和指挥这两个编队。

林遵派阙晓钟去上海，及时把国民党军江防部署变化的情报送给林亨元。

林遵加紧起义的准备。他借巡视防区的机会，每到一处，尽可能到每一艘舰艇去，直接解决官兵一些个人福利问题，更召集官兵开会，向官兵讲话，反复宣传海军是国家的海军，不是某个人或某个集团的海军，海军的职责是保卫国家和民族的安全。今天，守卫长江，就要使国家大片河山和老百姓少受战争的破坏，不能随意向岸上开炮。林遵想以此转移和减少官兵对国民党政府的盲目遵从，为下一步起义减少阻力做准备。

林遵还以避免遭到人民解放军炮火袭击为由，要求舰艇紧靠长江南岸巡航；又以节省弹药为由，明令舰艇不得随意向北岸开炮。

这一天，由海军总司令部派来一名党务工作人员，他刚来不久，便找到林遵说："我多年没有回家了，想请假回家看看。"林遵顺水推舟，当即批准说："回家看看，完全应该。可以在家里多住些日子。如果上面过问，我替你应付，我替你说话。需要多少时间都可以。"此人一去再也没有回来。林遵还吩咐一些舰长：凡是陆军派来的人，有请假离舰的，一律放行，不加阻拦。林遵想尽可能减少将来起义的阻力。

国民党政府面临全面崩溃，美国驻华大使司徒雷登逼迫蒋介石交出权力，要求国民党政府同中国共产党进行和平谈判，妄图划江而治，保持半壁江山，保持国民党残余力量。

1月21日，蒋介石不得不宣布"引退"，南京行政院表示无条件停战，进行和平谈判。

1月25日，中国共产党中央允许国民党政府派出邵力子、张治中等代表进行和平谈判。这使林遵思想上起了变化，他又生出一点幻想。

林遵以为，国民党政府只有和平谈判一条路，只要接受中国共产党的条件，战争就可以停止，和平就可以实现，国家元气也容易恢复，个人也可以少一番风险。从这种善良愿望出发，他生出一些幻想。而且，他内心深处还没完全摆脱"弃暗投明"的心理负担。当他痛恨国民党的倒行逆施，决定投向光明，同旧制度实行决裂的时候，他可以义无反顾，而一旦决定了，他脑子里原有的正统观念，军人须忠于国家政府的因袭负担，却使他感受到无比沉重的压力。他希望和平谈判成功，整个政府实行转变，那么，第二舰队就可以顺理成章地实行改变，他个人也就可以避免一些人在背后的非议。

林遵在彷徨犹疑。林遵无法排遣心中的苦恼。他记起了辛弃疾当年在镇江写的词句："千古兴亡多少事，悠悠，不尽长江滚滚流！"然而，辛弃疾的词，也解除不了他的苦恼，徒使他增添许多感慨。他觉得最终还是要由自己做出决断。

"青山遮不住，毕竟东流去。"

潮流奔涌向前，潮流将扫荡前进路上的障碍，潮流也将不顾落伍者的脚步，径直前行。

2 月 25 日，国民党海军最大的军舰"重庆"号巡洋舰在"士兵解放委员会"的发动组织下，在吴淞口实行武装起义，舰长邓兆祥在"士兵解放委员会"的要求下，参加起义，驾舰驶往解放区山东烟台。蒋介石大怒，立即下令："海军总司令即行撤职留任，以示惩儆而观后效。"

"重庆"号巡洋舰起义，是林遵没有料到的。如此重大的事件，如此迅速地发生了，给了他震动，也给了他激励，更给了他信心。既然"重庆"号军舰一举起义成功，第二舰队起义也是可能成功的。

林遵听到桂永清每天通过电台公开向"重庆"号和邓兆祥喊话，甚至许愿答应一切条件，流着眼泪哀求"重庆"号回来：

　　兆祥兄：惊悉你们悄然离沪，我闻之心痛欲裂，悔之无及！你同全舰弟兄风涛万里，载誉归国，扬威塔山，转战渤海，为党为国，勋劳卓著，理应慰抚关怀，奖励拔擢。由于赏罚不明，待遇低微，造成军心动摇，珠玑弃散，责任在永清。幸已悟今是昨非，深负愧疚，望邓兄以党国利益为重，明察大义，早日率部归来，切莫铸成历史之大错，以贻笑中外。一切问题均可予商量，所有要求，永清全部承诺。

国民党内大哗，先是极力掩饰，掩盖不了，便互相指责，报纸、电台也一改讳莫如深的做法，连连报道。立法委员提出质询："证实'重庆'号巡洋舰已投共军，并谓叛变原因复杂，似此重大情形，请国防部长、总参谋长、海军总司令等前来本院列席本日上午院会，报告'重庆'号巡洋舰投共原因与责任。"

上海《申报》报道：奉命调查"重庆"号叛变出走案的监察委员向桂永清进行调查，"桂表示决不推诿应负之责任，已向国防部自请处分。而出走之原因，当不外乎舰上官兵情绪苦闷及待遇太苦等，以后当设法避免旧剧重演，以免造成历史之错误与遗憾。桂氏谈话时，甚为沉痛，言之伤心处几至泪下。"两位调查大员报告说："'重庆'号之出走，最重要的原因，为海军派系摩擦。原舰长邓兆祥为马尾系，而新易之舰长卢东阁则属于青岛系，易舰长之命令发表，遂激起邓兆祥及舰上马尾系官兵之不满，因而气愤出走，即非由于待遇太差，亦非共产党之阴谋煽动。"

桂永清在立法院接受质询时狡辩说：

海军历来情形复杂，远因近况相互交织，非身历其境，不易明了，现仍有待分别本末，先后计划整建。数月来以全力部署江防，注意未免有所偏重。'重庆'号发生前数日，方巡视芜湖至安徽一段江防，2 月 26 日上午于'长治'舰上接电得悉该舰移动，初以为修舰后试航……查悉该舰于 25 日上午 5 时擅离吴淞口，经以无线电与其联络，未获答复，因确定其叛变出走……虽云官兵格于待遇不满现状，或为愤慨，或为投机，皆不应铤而出此，个人职责所在，未能预收逆谋，致出意外……希望本军接受教训，结束数十年来反复无常之颓风，永杜背义、投机、割裂海军之迷梦。海军建军，需要有一以贯之优良传统，而我海军干部以过去学校地域之不同，无形中有六部分之分，而积习相沿已久。""海军人才有限，自宜特加爱护，但如触犯刑章，经查出走私有据或渎职者，则一律依军法究办，无所顾惜，以重纪律。"

林遵在心里骂道："一派胡言，纯系猜测、诬蔑。邓兆祥并非福建人，而是广东高要人，曾经入广州黄埔海军学校学习，也曾在烟台海军学校学习过。如果硬要划派，这派郏派，海军都是爱国派！"

在西柏坡，2 月 27 日，毛泽东就"重庆"号军舰起义为中央军委起草复华东军区的电报中指示："只要有可能就要争取邓兆祥、陆荣一在政治上站在我们方面，以利争取国民党海军全部归顺过来。"毛泽东知道争取林遵和国民党海防第二舰队起义的工作正在进行，他是有所期待的。

这天，阙晓钟向林遵悄悄报告说："吴平、曹一飞从那边回来了，他们是受命回来同我们联系的。"

受林遵、阙晓钟之托，北上解放区寻找中国共产党的吴平、曹一飞，在华东军区军政学校的学习即将结束的时候，校长韦悫特别对他们说："接到中共中央华东局指示，派你们回蒋管区去，做国民党海军第二舰队的策反工作。"于是，他们两人经过准备后，回到镇江，转赴上海，同阙晓钟、阙巍观取得联系。

林遵慎重地说："我们只接受和保持中共中央这条线，我们认识林亨元、郭寿生，知道他们是可靠的，也能保守秘密，比较安全。如果联络的线索多了，容易暴露，容易发生意外。所以，除了中共中央这条线以外，我们不与其他任何方面发生关系。吴平是我们请他们去的，继续请他们向人民解放军传送情报。你可以准备些材料请他们送到解放区去。"

"重庆"号的起义，不啻是在桂永清的海军总部投下一枚重磅炸弹，桂永清在惊慌之余，越发加强了对第二舰队的防范和控制，又特别派了一名"指导员"带着一个警卫排进驻第二舰队。这更加引起林遵和官兵们的反感和愤怒。

林遵看到，尽管发生了"重庆"号投向共产党的事情，但是，蒋介石仍然让桂永清继续留在海军总司令的位置上，可见桂永清的确是蒋介石信赖的人，不可小觑。林遵告诉阙晓钟、吴建安等，要小心应对，千万不能有所疏忽，以免授人以柄。

桂永清加强了对第二舰队的控制，乘坐"长治"号军舰溯江而上，视察长江防务。

"长治"号到了芜湖，第二舰队的几个舰长和炮艇队队长被召集到"长治"号的会议舱，桂永清身着海军中将服，神气活现地走了进来。

海军出身的舰长、队长们第一眼就感到不顺眼。按照海军的传统，只有海军出身的军官，才有资格穿着海军服，而桂永清只是一个陆军中将，竟也大摇大摆地穿起了海军中将服，这是大胆的僭越，玷污了海军的纯洁。

林遵忍住厌恶，向桂永清介绍了各舰舰长和队长的姓名、职务、级别。

桂永清起身说："本人奉国防部命令，巡视长江防务，褒奖防守长江有功的海军官佐，颁发勋章和奖章。你们要感激上司的奖励，誓死效忠党国！"

随后，亲手给唐涌根佩戴一枚勋章，给"太原"舰舰长陈务笃、"楚同"舰舰长李宝英、"吉安"舰舰长宋继宏等佩戴了"光华奖章"，还给其他人佩戴了不同的奖章。接着，说了一些慰勉的官话，随后话锋一转，凶狠地说："蒋总统一贯拯民于水火，济生灵于涂炭，一再提出和平主张，甚至不惜自己引退，以示和平诚意。无奈共产党迷信武力，提出种种无理条件，阻挠和平。我们要和，共产党要战，那就战争解决。我们有长江天险，沿江部署有一百万军队，我们还有共产党所没有的空军和海军，江防坚如磐石，我们必定稳操胜券！各位要好自为之，效忠党国！"

桂永清训话完毕，"长治"号舰长用茶点招待大家。桂永清示意大家随便聊聊。

舰长们都正襟危坐，没有人作声。

桂永清却提高嗓门，声色俱厉地说道："'重庆'号不争气，被裹胁投敌叛变，你们都知道了吧？他们不顾党国培养之恩，竟公然叛变，实为党国所不容！他们跑了，不管他们跑到什么地方，一定要抓回来，绳之以法！"说着，用目光巡视了一圈，问道："你们要是碰到了'重庆'号，你们怎么办哪？"

大家还是默然不语。

桂永清等了一会儿，见仍旧没有人接话，愤然地说："你们应该大义灭亲，要用炮火打沉它！"

桂永清的两副嘴脸，让林遵和许多人大开眼界，对前途的发展，又多了一分谨慎，多了一层深思。

所谓"聊聊"就此收场。

国民党政府仍然迷信武力，大力加紧部署"京沪决战"，明令要求海军舰艇"阻击共军渡江"。林遵知道和平无望了。

3月24日深夜，林遵悄悄收听新华社的广播，他听到了毛泽东、朱德复"重庆"舰邓兆祥舰长及全体起义官兵的电报：

邓兆祥舰长并转全体官兵：

热烈庆祝你们的英勇起义。美国帝国主义和国民党的空军虽然炸毁了"重庆"号，但是这只能增加你们的起义的光辉，只能增加全中国爱国人民、爱国的海军人员和国民党陆军、空军人员的爱国分子的愤恨，使他们更加明了你们所走的道路乃是爱国的国民党军事人员所应当走的唯一道路。你们的起义，表示国民党反动派及其主人美帝国主义者已经日暮途穷。他们可以炸毁一艘"重庆"号，但他们不能阻止更多的军舰将要随着你们而来，更多的军舰、飞机和陆军部队将要起义站在人民解放军方面。中国人民必须建设自己强大的国防，除了陆军，还必须建设自己的空军和海军，而你们就将是参加中国人民海军建设的先锋。祝你们努力！

毛泽东

朱　德

一九四九年三月二十四日

　　林遵觉得，毛泽东、朱德的电报，简直就是直接对着正在谋划起义的他和第二舰队的爱国分子说的。电报里说，中国人民必须建设自己强大的国防，建设自己的空军和海军，更使林遵怦然心动。

再也容不得犹疑

　　中国革命的怒潮迫使人们必须迅速决定自己的态度，林遵感到已经到了时不我待、刻不容缓的紧急关头。

　　1949 年 4 月 1 日，南京 6000 多名学生上街游行示威，要求国民党政府接受中国共产党的八项和平条件。国民党军警特务大打出手，打死 2 名学生，打伤 100 多人，制造了南京惨案。

　　林遵同情示威的学生，更加痛恨国民党政府的凶残。他看明白了，蒋介石名曰"引退"，人在溪口，却在幕后操纵、指挥南京的一切。

　　林遵对于和平谈判幻想完全破灭。

　　4 月初，京沪杭警备总司令汤恩伯在江苏常州召开军事会议。林遵奉召前去参加。林遵要阙晓钟和炮艇队队长陈劳笃随他一同前去。

天下着冷雨，虽然是四月了，却春寒料峭。

参加会议的人，个个感到冷飕飕、紧缩缩，都觉得大厦将倾，有一种末世的味道。

会上，汤恩伯指点着墙上的作战地图，得意地说道："滔滔长江，自古天险。在江北，我们有坚固的桥头堡，这是固守长江的必需，也是为将来反攻的准备。江南有几十万陆军作坚强后盾，还有空军、海军的支援配合，长江防御，固若金汤！"

林遵对这种自欺欺人的吹嘘听得多了，在心里嗤之以鼻。

只听汤恩伯继续依着蒋介石的调子，色厉内荏地鼓吹说："总裁决定'京沪决战'，党国存亡，在此一举！诚如总裁所说，政府今天在局势、政治、经济无论哪一方面的力量，都要超过共产党几倍乃至几十倍！但是，现在遗憾的是，我们政府里面一部分人员受了共产党恶意宣传，因之心理动摇，几乎失了自信。因为他们在精神上受了共产党的威胁，所以只看见敌人的力量，而就看不见自己还有比敌人超过几十倍的强大力量存在。今天，只要我们坚守长江，稳定战线，等待世界局势变化，世界局势一定会发生变化。到时候，我们就可以反攻，就可以恢复失地，消灭共产党。"

汤恩伯一厢情愿，痴人说梦，这使林遵更坚定了他已经做出的选择。然而，现在，他还必须同汤恩伯虚与委蛇。

会议结束时，汤恩伯留住林遵问道："长江岸防，固若金汤，陆上我不担心，水上怎么样？你们海军舰艇力量到底如何？"

林遵觉得这正是要求增加舰艇，把更多的舰艇留在长江内的好机会，便以忧虑的语气说道："报告总司令，海军到了长江里，用处是不大的呀，可以说是'英雄无用武之地'。海军不同于陆军，军舰不适宜用来分兵把口。特别是以我们第二舰队来说，我们担负着从江阴到湖口 500 公里的江防，可是，我们只有'永绥'、'吉安'、'营口'、'安东'、'惠安'和'江犀'共 6 艘军舰，防务力量非常薄弱，一旦有事，难免顾此失彼、鞭长莫及、疲于奔命。我们实在是力不从心呀！打起来的时候，只有尽力而为了。"

汤恩伯一听，大惊失色，说道："我没有想到竟是如此，这样不行，要增加力量。我马上跟桂永清说，多派军舰给你，加强长江中段防务！"

会议结束时，林遵特意对陈务笃大发感慨说："几百万军队都失败了，做了鸟兽散，现在，只剩下这几十万军队，想凭着长江固守，办得到吗？你看，东北也好，华北也罢，还有徐蚌会战，哪一次开始时不是气壮如牛，而结果都是一败涂地，被打得落花流水，一次比一次失败得更惨重。汤总司令夸说的那些桥头堡，也都是些乌龟壳啊！长江那么长，哪里不能够渡江？守那么几个点，能顶个什么用？真不知道怎么收场啊！"

林遵知道陈务笃是海军总部参谋长周宪章的学生，他们的关系比较密切，但是，他仍然很想让陈务笃对战局有一个清醒的认识。然而，他的话只能点到为止。其实，陈务笃也是一个爱国、进步的军官，对于这几年干着"志行相悖"的事情一直处于矛盾、犹豫、彷徨和苦恼之中，一直在探索和谋求出路。

　　不久，经过汤恩伯的过问，桂永清先后把"永嘉"、"永定"、"永修"、"永绩"、"美盛"、"美亨"、"联光"、"楚同"、"楚观"、"太原"、"武陵"、"兴安"12艘军舰调拨第二舰队管辖。这样一来，第二舰队管辖有18艘军舰和50多艘炮艇。

　　林遵要求阙晓钟加紧做好"永绥"、"吉安"、"营口"、"安东"号军舰的起义动员工作。"安东"和"吉安"号都部署在芜湖。"安东"号舰长唐涌根以重病就医为借口，离开了军舰。副舰长韩廷枫倾向进步，和阙晓钟既是同学又是同乡，还曾经在"海容"号上共过事，彼此十分熟悉，相处很好。阙晓钟先是向他逐渐透露脱离国民党，走向起义的思考，直至诚恳地同他讨论起义的道路和办法，两人有共同的认识。韩廷枫明确说道："救海军，只有起义一条路。我听从林遵司令的指挥。"

　　"吉安"号的轮机长林则棠也是阙晓钟的同乡和同学，又都是搞轮机业务的，关系一直很好。阙晓钟向他透露起义的意图时，他显得很兴奋，说道："起义，我十分同意。如果有人要把军舰开出长江，我们有办法阻止它，管保叫他走不了。"

　　"营口"舰部署在镇江，舰长邱仲明是四川人。在德国留学的时候，林遵是他的队长。此人遇事敢于硬打硬拼，也是可以争取参加起义的。但是，林遵认为他同海军总部参谋长周宪章关系密切，态度忽明忽暗，争取他时需要特别小心谨慎。林遵嘱咐阙晓钟说："要对邱仲明多下些功夫，但是，不要急于求成。"阙晓钟曾经特意到邱仲明在上海公园坊的家中去做客，同他推心置腹地交换对时势的看法。邱仲明也对桂永清的专横跋扈十分不满。

4 月中旬的一天，阙晓钟经过几次试探后，对邱仲明说道："现在，第二舰队处境很不妙。东北、华北和徐州的几百万人马都挡不住人民解放军，就凭汤恩伯手下这么几十万人，要阻挡解放军过长江，我看是不可能的。真要打起来，我们首当其冲，怎么得了啊！"

邱仲明说："那我们有什么办法！"

阙晓钟说："我们都有身家老小，不能不为他们着想啊。"

邱仲明陷入沉思。

阙晓钟说："反正我是想过了，再也不能给他们当炮灰了。"

邱仲明说："我也想过，弃职而去吧，开小差不是我们走的路。再说，现在的中国，你能往哪里去？"他叹了一口气，说道："随波逐流吧，走到哪一步算哪一步！"

阙晓钟说："还有一条路：起义！海军历史上不乏先例，这是一条我们唯一可走的路。"

邱仲明听了沉默不语，过了许久，他才吐口说道："唉，我随大流吧，如果大家都认为只有这一条路，我也跟着。到时候，我还可以掌握泊在镇江的'楚观'号军舰。"

"永绥"号部署在南京，舰长邵仑爱国、进步，不满国民党的腐败和残暴，性情爽快，也是阙晓钟的同乡和同学。阙晓钟诚恳地直截了当地对他说："国民党不垮台，天无此理！国民党败局已定，我们怎么办？依我看，最好的办法是起义。你以为可行吗？"

邵仑说："海军历史上，多少人在关键时刻都走这条路，是明智的、进步的选择。当前，在东北战场上、徐州战场上，不是也有很多人纷纷起义了吗？我们为什么不行？"

"惠安"号是第二舰队旗舰，林遵常住舰上。舰长吴建安，富有正义感，性格豪爽，行事果断。林遵很欣赏他。林遵估计吴建安是会赞同起义的。

"江犀"号舰长张家宝，也是林遵努力争取的，他希望有更多的人参加起义。

对于新调来的军舰，林遵希望他们在大势所趋时，能够跟着潮流前进。

阙晓钟又一次来上海，代表林遵会见林亨元。林亨元对阙晓钟说："人民解放军第三野战军代表孙克骥已经来到上海，你们见见面，接上关系。要想办法让他在你们舰队住下来，到时候好协助你们行动。我们在镇江面粉厂有一个联络点，第三野战军还派了一个代表，叫杨进。他住在那里，便于你们联系。"

林亨元、阙晓钟在上海冠生园同孙克骥见面。阙晓钟热情地说："欢迎你来帮助我们！你去了，我们心里就踏实了。"

孙克骥说："主要依靠林司令和你们自己，我当你们的参谋吧。"接着，孙克骥说道："我向你打听一个人。你知道海军里有个叫邵仑的人吗？从前到英国学过海军的。他是我的一个姑表兄弟。"

阙晓钟说："太巧了，他就在我们第二舰队，现在是'永绥'号舰长。他很进步，很正直，很爱国。你正好可以住到他的舰上去。我先给他打好招呼，你就可以到舰队来了。"

阙晓钟回到镇江后，向邵仑谈起孙克骥，邵仑说："孙克骥的父亲是我的舅舅，我们是很亲的表兄弟，已经多年不见了。"

阙晓钟说："他现在是人民解放军的代表，要到第二舰队来协助我们起义。我想请你安排，让他住到你们舰上，你看行吗？"

邵仑爽快地说："我来安排。"

阙晓钟还到镇江面粉厂同杨进取得了联系。

几天后，孙克骥来到"永绥"号军舰，邵仑向人介绍说，孙克骥是他的表弟，在中学当教员，因事回家，路过南京，暂时住在军舰上。

孙克骥计划先见林遵，不巧，这时林遵已去安庆巡视。孙克骥等了几天，林遵还没有回来，他便先返回上海，约定过几天再来。当林遵回到舰队，邵仑就把孙克骥的来意告诉了他。林遵和邵仑讨论了好久，怎么也找不出一个安全可靠的地方和孙克骥会面。林遵思忖了一会儿说道："桂永清监视很严，这个时候尤其需要谨慎。我看就由你代表我同他谈，他对我们有什么要求，也由你及时告诉我。"

孙克骥再来的时候，邵仑同他在南京下关火车站的餐厅里用福州方言边吃边谈。孙克骥对邵仑详细地剖析了当前形势，指明起义的前途，郑重地对邵仑说："请你转告林遵司令，我是代表中国人民解放军第三野战军、代表陈毅司令员来同他会面和商谈的。我们欢迎他本人和第二舰队起义，革命不分先后，都会有光明的前途！陈毅司令员有三点要求：第一，希望你们在解放军渡江的时候，尽力协助，不得对渡江船只开炮；第二，控制第二舰队的舰艇不要撤出长江；第三，如果国民党飞机来轰炸起义的舰艇，要尽可能保存力量，可以把舰艇移靠到长江北岸的浅水处。"

邵仑向林遵转达了孙克骥的意见，林遵要邵仑回答说："完全同意孙先生的意见。起义的决心绝对不会改变；起义的时间，按照与林亨元的约定，选择在解放军渡江的时候。至于安插孙先生到舰队的事情，风险太大。因为舰队机关编制人员很少，军舰上的活动范围更小，桂永清的监视很严，万一有个意外，担当不起，务请谅解。在起义的时候，当安排孙先生直接到旗舰上来。"林遵还说："我另找适当机会去'永绥'舰同孙先生会面。"

孙克骥理解林遵的处境，决定在关键时刻通过邵仑的关系转到第二舰队的旗舰"惠安"号上，协助林遵发动和组织起义。

4月20日，邵仑离舰去海军总部开会，副舰长陈水章觉得舰上来了客人，而且是舰长的亲戚，他应该去表示关心，尽一点地主之谊。陈水章来到舰长舱看望孙克骥。寒暄中，陈水章问道："孙先生一向在哪里发财？准备到什么地方去？"

孙克骥回答了他。

陈水章一口浙江官腔，没话找话，问长问短，引起孙克骥的警惕。

陈水章又说："这几天形势越来越紧张，军舰随时都可能有行动，只怕对先生不方便。"

孙克骥以为自己的身份引起了怀疑，甚至已经暴露，便顺水推舟说："是呀，我也准备今天就离开南京。"

陈水章热心地说："坐火车走吗？我派人替先生去买火车票。"

孙克骥连忙说："不麻烦你了，我自己到车站去买车票。"

于是，孙克骥给邵仑留了一张条子，立刻离开"永绥"号，乘火车赶往上海。

林遵一直没有同孙克骥直接接触，主要是担心被暴露惊动桂永清，引起不测，致使功败垂成，也不排除林遵愿意独立自主决定起义具体行动的考虑。

桂永清"釜底抽薪"

挹江门，海军总司令部密室里，桂永清向参谋长周宪章问道："你看林遵怎么样？"

周宪章谨慎地说："在福建系中，总座对林遵的任用，已经算得是恩宠有加了，林遵应该知恩图报！"

"是呀，"桂永清习惯性地推了推鼻梁上的眼镜，继续说，"但是，我还是有点担心，把整个舰队交在他手上，不太放心啊！"

周宪章说："把他的司令部由上海挪到镇江，放在总座的手掌心里，各舰又可以由总司令就近直接调动和辖制，应该不会发生什么意想不到的事情。"

桂永清点点头说："谅林遵也不敢轻举妄动，只是他的权力太大了啊!"

桂永清老谋深算,不是等闲之辈。他在1932年3月,与贺衷寒、康泽、戴笠等13人成立的"中华民族复兴社",已经演变为国民党军事委员会调查统计局,也就是杀人如麻,使人们谈虎色变的"军统"。桂永清占据海军总司令位置后,加强对海军的特务统治,自以为在海军可以"君临一切"。但是,真正海军出身的人,从来不把他看作海军,只不过是一个窃据了海军司令位置的陆军中将。

周宪章当然知道桂永清在想什么,却试探说:"总座的意思是……"

"临阵换将,兵家所忌。但是,要分散、削弱他的权力,不能让他搞成'尾大不掉'!"

周宪章说:"已经把第二舰队分成了4个防区,现在再把防区指挥官换上可靠的人,这样一来,可以制约舰队司令。"

"好。"

周宪章趁机说:"现在,芜湖地区指挥官是由'安东'舰舰长唐涌根兼任,唐涌根患十二指肠溃疡,早就要求离舰就医。我看,先把芜湖地区指挥官换了,让现在'太原'舰舰长陈务笃兼任。"

桂永清问道:"陈务笃可靠吗?"

周宪章说:"他原来是炮艇队的队长,是我的学生,人是可靠的。"

桂永清决定说:"就这样吧,一定要把每一条军舰都牢牢抓在我们手里。"

周宪章说："那就请总座亲笔写个手令，我亲自到芜湖去，让陈务笃马上到任。"

桂永清说："你亲自去芜湖宣布命令，就不必事先告知林遵了。"

4 月 16 日，周宪章匆匆赶到芜湖。此时，唐涌根借养病为名，脱身而出，已经离开了军舰。周宪章向陈务笃出示了桂永清的手令，要求他立即去"安东"号军舰接任地区指挥官，说道："现在正是用人之际，机会难得。而且芜湖地区，拱卫京畿，天子脚下，为各方瞩目，何愁没有飞黄腾达之日？"

周宪章满以为陈务笃会欣然接受，并且感谢他的举荐之功，没想到陈务笃一口拒绝任命，说只愿意当一个舰长，而且就在"太原"号军舰，不去其他军舰。

周宪章伤感地说："这是我念在我们师生情分，在桂总司令面前，好不容易为你争得来的机遇，你如今一口回绝，难道要我这当老师的难堪吗？"陈务笃碍于师生情面，念及周宪章是前辈，勉强答应接受任命，但是不去"安东"号军舰，仍然留驻"太原"号军舰。

周宪章只要他肯接受任命，就是给林遵来一个"釜底抽薪"，表示同意。周宪章急于回南京复命，临行时反复叮咛说："桂总司令的意思，是地区指挥官直接听命于海军总部，直接受总司令指挥。其他的，你可以审度办理，你有机动处置的便利。你要明白桂总司令这层意思，好自为之。总部有我在，我自会给你照应。"

其实，陈务笃已经和林遵一样，开始同旧世界实行决裂，选择了起义的道路，这是蒋介石、桂永清、周宪章们永远不能理解的。而且，正是蒋介石、桂永清、周宪章们的行为促使人们开始觉悟。

林遵悄悄收听新华社广播，从中了解瞬息万变的形势。《南京政府向何处去？》振聋发聩。特别是文章的末尾说："选择的时间没有很久了，人民解放军就要进军了，一点游移的余地也没有了。"

现在，代总统李宗仁的总统府在南京，行政院院长孙科却把行政院迁到了广州，架空了代总统。而在溪口的蒋介石一直紧抓权力不放，在幕后实行遥控，操纵一切。这个政府，确实如新华社广播中说的，已经四分五裂。这是一个既不能和，也不能打的政府。

林遵凭着一种军人的直觉，感到人民解放军渡江在即，迫在眉睫。但他以为，汤恩伯会听命于蒋介石，坚持负隅顽抗，那将不可避免地有一场惨烈的战斗。

林遵悲天悯人，希望减少生灵涂炭，早日结束战争。

林遵对欧阳晋说："根据我巡视芜湖和安庆所了解的情况看，安庆是江防比较薄弱的地段，对解放军突破长江阻碍有利。你立刻去上海，找到郭寿生，通过他向林亨元再次提出我们的建议，建议解放军先从安庆一带突破江防。还要建议，在可能时夺取江阴要塞，封锁长江航道，阻止在长江的军舰逃往吴淞口。这样一来，会增加我们起义成功的机会。"

欧阳晋立即动身去上海。

4月17日，桂永清突然亲自来到"惠安"号，没等坐下，便命令林遵说："芜湖方面形势吃紧，第七绥靖区告急，要求增援。我已经派了几艘军舰去了，你立即赶到芜湖去指挥，阻击共军渡江，确保万无一失！"

林遵已经有了应对的准备，说道："报告总司令，旗舰'惠安'号发生了故障，正在检查抢修，无法出航呀。"

桂永清严厉地说："那你坐'美盛'号马上去芜湖，到那里以后，换'永嘉'号当旗舰，把指挥舰设在'永嘉'号上，同我保持联系，听我的指令。"

林遵原打算留在镇江、南京，便于相机组织起义，却没料到桂永清会逼他去芜湖。当此时刻，他觉得"小不忍则乱大谋"，不能让桂永清产生任何怀疑，便答应先去芜湖。

林遵起航离开前，对阙晓钟布置说："桂永清逼我去芜湖，我不好违抗。安庆、芜湖比较闭塞，消息不灵通，那里舰艇也不多，不便于组织起义。我会设法尽快赶回南京，等待时机，组织起义。你留在镇江舰队司令部，保持同解放军代表杨进的联系；继续争取'营口'号邱仲明参加起义；尽量做舰队参谋长麦士尧的争取工作。我们要争取尽可能多的舰艇留在长江。做到这一点，起义的机会和成功的把握就大了。"

4 月 19 日早晨，林遵乘"美盛"号军舰到达芜湖，在距芜湖四五公里的广福矶江面抛锚停泊。林遵召集在芜湖江面的"永嘉"号、"永修"号、"太原"号、"安东"号等军舰舰长开会。林遵不见芜湖防区指挥官、"安东"舰的舰长唐涌根到会，便问道："唐涌根舰长为什么没有来？"

已经改任"太原"舰舰长的陈务笃站起来报告说："唐舰

长因十二指肠溃疡病情加重，请假离舰就医去了。周宪章参谋长来芜湖，带着桂总司令的手令，要我代理芜湖地区指挥官。"

林遵听了，没有作声。他事先根本不知道更换地区指挥官的事情。足见桂永清、周宪章对他倍加防范，采取种种办法，不断架空他这个舰队司令。林遵想起少年时就熟悉的梁山泊故事，心里发出一声慨叹：一部《水浒传》，一句话可以概括，"官逼民反"！

陈务笃压根儿也没有想到桂永清、周宪章会如此封锁和架空林遵。他从心里敬佩林遵，上次同林遵去常州开会，更加深了对林遵的了解，隐隐约约觉得林遵对他是有所期待的，他愿意跟林遵一起行动。他更不愿意在当前这种时刻接任防区指挥官，为蒋介石卖命。然而，碍于周宪章是他老师，又帮他离开炮艇队队长岗位，改任"太原"舰舰长，不好意思坚决拒绝他，只得接受任命。但是，他不肯搬到"安东"舰上去，他知道只有在已经熟悉的"太原"舰上，他才有行动的自由，才能在关键的时候随时实行"应变"，寻求新的道路。

林遵要求说："请你们谈谈芜湖方面有什么情况。"

陈务笃报告说："芜湖地区各舰受到北岸解放军的炮火威胁，已经不能在江上随便游弋了。'楚同'舰已经多次中弹，受伤严重；我们'太原'舰也几次被打中。江北的情况，解放军肯定在准备过江，不知道哪天就打过来了。芜湖地区可以大部队过江的地方有十多处，小部队可以过江的地方，不计其数，防不胜防！解放军的侦察部队以及小股部队已经过江的消息，时有所闻。我们在芜湖上游江面如裳矶、黑沙洲的水道上巡逻，倒还没有发现特别严重的情况。但是，第七绥靖区的情报说，人民解放军大部队已经迫近了江岸，在黑沙洲上已经有共产党游击队的活动。第七绥靖区司令张世希要求舰队协助加强江面巡逻。实际上，江北的桥头堡已经全部被解放军吃光了，江南沿江守军驻点也都收缩到繁昌和芜湖，看来是准备随时撤退。"陈务笃汇报完后，忍不住讥笑着总结说："'长江天险，固若金汤'，完全是一句空话。"

林遵听了，用福建土话骂道："都是一群'嗡养'的，一群白痴！打又不能打，和又不甘心和，缩在乌龟壳里，到时候就跑。唉，到头来还是老百姓遭殃。"

舰长们有的摇头，有的骂娘，个个忧心忡忡，七嘴八舌问道："林司令，我们怎么办？"

林遵吩咐说："首先，不要使舰艇受损失，减少巡逻，必须巡逻的时候，也不要靠北岸航行；其次，要节约炮弹，不要向北岸打炮，避免引起北岸对我们舰艇的炮击；第三，大家如果信得过我这个司令，就请大家与我同进退，听我的命令，我们大家一起行动。"

舰长们纷纷表示，听从林遵的命令。

此时，传来消息，英国军舰"紫石英"号、"黑天鹅"号闯入扬州东南三江营的人民解放军防区，人民解放军的炮兵发炮轰击，打伤了这两艘军舰，使它们滞留在长江，不敢动弹。林遵和舰长们都有一种吐了一口恶气的感觉。以前，外国军舰在中国内河横冲直撞，中国海军只能怒在心头，无所作为。今天，中国人民解放军却不信邪，让帝国主义见识见识中国人的厉害。林遵和舰长们也了解到人民解放军的炮火已经封锁了从南京下驶上海的航道。这在每个人的心中造成了不同的影响。

4月22日下午三四点钟的时候，张世希突然要林遵立刻去见他。林遵赶到第七绥靖区司令部，张世希一见林遵，就神色慌张地说："大势不好。海军总部来电话要我转告你：共军大部队已经突破江防，政府已于本日全部撤离南京，舰队也要全部撤退。要求你把芜湖至安庆的所有舰艇全部迅速集中到南京，要求你本人必须在4月23日拂晓前赶到南京，向海军总司令部报到。不得有误！"

林遵觉得最后决定性的时刻终于到来了！他既紧张，又兴奋。几天来，他一直在找寻机会和理由，及早返回南京，实现起义的承诺。这会儿，听到要他连夜赶回南京，他立即说："请你用电话通报海军总部，就说林遵立即备航，当晚率领所有舰艇驶返南京。"

张世希答应立即电话转告海军总部。接着，悲哀地说道："现在，长江也守不住了，大局已定，无可挽回了。我的部队已经开始撤退，将来如何，只有听天由命了。"

林遵仍然不敢大意，只是含糊地说道："彼此彼此。俗话讲：'船到桥头自然直'，总要找一条好路走吧！现在命令我们全部集中到南京，一切到南京再说了。"

林遵离开的时候，第七绥靖区司令部里已经乱成一团，真有如"树倒猢狲散"了。

林遵匆匆回到"永嘉"舰，召集各舰舰长紧急开会。林遵传达了海军总部的命令，强调说："我们立即备航，晚上7

时，遵照海军总部的命令，所有在芜湖的舰艇全部随我准时撤离芜湖。海军总部通知说：政府已经于本日全部撤离南京，部队也要全部撤离。这意味着长江防线已经全部崩溃，政府早就逃难去了广州，现在，总统府也逃难了，政府恐怕是很难维持了。摆在我们面前的是，我们海军怎么办？本司令认为，当此时刻，'识时务者为俊杰'，海军一定不能再做任何危害国家民族和老百姓的事情。大家回各自军舰，做好准备，黄昏时起航。以'永嘉'舰为前导，实行灯火管制，保持隐蔽，灭灯航行；尽量走南航道，必须走北航道的时候，也尽量靠南航行；尽可能避免发生战斗接触，任何情况都不要开炮，即使遭到炮击，加速脱离，不要还击，保存舰艇，返回南京。"

舰长们都十分紧张，纷纷问道："到了南京怎么办？""我们的家眷怎么办？"一个个都急着想马上赶回南京。

舰员们牵挂家眷，是人之常情。林遵知道，他们的家眷有的在南京，有的在上海，没有一个不是牵肠挂肚的。林遵由此联想到，当要实行起义的时候，家眷不在南京，而在上海等外地的舰长们，他们对家眷安全的担心，肯定会影响参加起义的决心。

天黑了下来，林遵命令起航。

几艘军舰鱼贯而行。没有灯光，没有声息，紧张地，悄悄地顺江而下。

航行中，林遵在紧张思考，估计到达南京后可能发生的情况。他想桂永清可能已经逃走撤退了，海军总部已经没有人主宰下命令了。这样一来，起义的阻力就小了。随后，林遵又否定了自己的这一估计，他发现这只是一个一厢情愿的想法。最大的可能是，桂永清正在海军总部等他，会要求他把舰队完整地撤退到上海或者舟山，甚至直接撤退到台湾。因为桂永清知道，如果丢掉了这些军舰，他就失去了当海军总司令的本钱。桂永清作为蒋介石的嫡系，是不会轻易放弃军队，不会放弃赖以安身立命的家当的。这两种情况，都有利于第二舰队捕捉时机，趁国民党逃跑和混乱的时候，断然实行起义。林遵也想到，桂永清一直不信任他，采取多种手段把他架空，有可能在最后时刻剥夺他的权力，解除他舰队司令的职务，另外任命人来带领舰队撤逃。林遵想，如果发生了这种情况，那也要拖延时间，争取机会把舰队留在长江里，不能让桂永清得逞。

林遵的猜测和预想不是没有来由的，基于他对桂永清这个政客的了解，他不能不做最坏的准备。事实上，桂永清一直采取分而治之的手段牵制林遵。就在林遵滞留在芜湖的时候，4月22日下午，桂永清在下关海军码头召集在南京的各舰舰长开会，要求各舰当晚驶往吴淞口。"永绥"舰舰长兼海军第三防区指挥官邵仑已经决定和林遵一道起义，为了把更多舰艇留在南京，他向桂永清提出说："第二舰队还有好几艘军舰在安庆、芜湖，最好等这些军舰到了南京后，再一起下驶，力量大一些，就更有把握了。"桂永清想了想，点头同意了。

桂永清还曾经命令"惠安"舰舰长兼第一编队舰队长吴建安率领"惠安"、"吉安"、"永修"、"永绩"4舰和11艘炮艇撤往舟山。命令第二编队同时撤退。但是，吴建安也已决心和林遵一道起义，为了尽可能多留些舰艇参加起义，他向急于要走的第二编队兼舰队长、"兴安"舰舰长刘宜敏说道:"你们单独走很危险,你先等一等,我们一起走。我的编队火力强,可以掩护你们撤退。"

"永修"舰舰长桂宗炎也急着要走,吴建安严厉地对他说:"我们编队要一起行动!如果你不听指挥,我们到舟山后,军事法庭上见。"桂宗炎只得留了下来。

由此可见,林遵并非多虑。

林遵把戴熙愉叫来,说道:"你估计一下,到南京以后,桂永清可能有什么花招?"

戴熙愉说:"我也在想这个事情,我估计还是要逼迫你带领舰队撤出长江。"

林遵问道:"桂永清会不会自己接手,直接带领舰队撤退?"

戴熙愉说:"海军不是陆军,桂永清根本不懂海军,怎么指挥舰艇?再说他怕死,不敢留在军舰上的。说不定不等我们到南京他就早溜了!"

林遵听戴熙愉一说,觉得有道理,心里安定了许多,说道:"我们准备起义,已经到了最后关键时候了,千万不能大意。到南京以后,你随我一起去海军总部,见机行事。你不要离开我。"

"是。"

午夜前后,林遵率领舰艇到达南京。

林遵命令"永嘉"舰停靠下关海军码头,命令其他各舰在附近下游抛锚停泊。

南京和浦口，往日灯火通明，这时却漆黑一片。从北岸浦镇方向，传来隆隆炮声，更加重了紧张气氛。海军码头上，人们乱纷纷地向几艘船舰上搬运东西，大概是海军总部的人在准备紧急撤逃。

海军码头上，有一辆吉普车在等待林遵。

林遵带着戴熙愉乘吉普车直奔挹江门海军总部。

海军总部门口一片漆黑，已不见往日的威严。林遵和戴熙愉走进大门，连穿两座院落，不见一个人影，满地破箱碎纸，狼藉一片。还有一些没有烧尽的余烬在冒烟，一副兵败如山倒的景象。不知道为什么电灯全灭了，更显得黑沉沉、阴森森。

林遵走进桂永清的办公室，只见屋里点着七八只蜡烛，一阵风吹来，灯光摇曳，更显凄清阴冷。

桂永清一见林遵进来，站起来急急地说道："你可来了，我们一直在等你。"

林遵说："接到命令，我们就紧急起航，不敢耽搁。"说着，又见过参谋长周宪章、作战署署长王天池、副署长林祥光和几个秘书、参谋。

桂永清摆一摆手说："现在形势很紧张，共产党的大部队已经全部迫近北岸，在芜湖上游已经渡过长江浦口附近，已经进到了浦镇。陆军已经全部撤退，撤守沪杭路和浙赣路的第二道防线。海军总司令部也要从上海迁到广州。尤其不利的是，江阴要塞也已经易手。现在，我命令：所有集中在南京附近的舰艇全部由你负责指挥，要尽一切可能把舰艇安全地带到上海！"

林遵一听，喜上心头，这真是难得的好机会！但他很快稳住自己，避免喜形于色。他连声推辞说："林遵才疏学浅，难以担当如此重任！而且，集中在南京的舰艇庞杂，有些还不是第二舰队的，难以调度，实在难当重任。"

桂永清说："你不必多虑，我已经下令各舰和各艇队，统统由你指挥，他们会听你的调度的。"说着严厉地说："林司令，将所有的舰艇带到上海，保存实力，以待转机，这是党国和总裁委托给你的重任，不用推辞了。在此危难关头，当不畏艰险，为党国效忠！"

林遵为难地说："在南京的各种舰艇既多且杂，每艘舰的航速都不一样，有的跑得快，有的走不动，陈旧失修的不在少数，想全部带到上海，实在是力所不能及呀！"

桂永清考虑了一下，不情愿地说："好吧，一些性能老旧的、负伤严重的和价值不高的舰艇，我授权你可以断然处置，根据情况将其毁沉，其余的务必于今晚离开南京，驶往上海，不得有误。我将电请空军掩护你们冲过江阴。"

林遵仍然说："舰队撤沪，责任重大，实在难以单独担当如此重任，还请总座亲临舰队坐镇，我在旁协助调遣。"

桂永清没有想到林遵竟会向他"将军"，愣了一下，随即回过神来，用手把鼻梁上的眼镜往上一推，说道："总裁有令，要我即飞上海转奉化，共商国是，不宜在舰队耽搁，以免贻误党国大事。"接着装出笑脸说道："林司令一向指挥若定，屡建功勋。这次率领舰队东下，一定马到成功。待林司令到达上海，我们当亲去码头迎接，摆宴庆功。"

周宪章和王天池连忙跟着桂永清的调子，把林遵吹捧一番。林遵连声说："谬奖谬奖。"

桂永清一板面孔说道："好了，林司令不要再推辞了。只要林司令把舰队从南京带到上海，哪怕到上海时只剩下一条军舰，我也会呈请总裁，保荐你升任中将、副总司令，颁授青天白日勋章！"

周宪章和王天池赶忙跟上，随声附和说："林司令荣升副座之时，我等甘处麾下，用心辅佐。"

林遵明白这不过是逢场作戏，但也得连声谦让说："不敢不敢，老前辈如此栽培，我如何担当得起。"说着，趁机一转说："既然总座不能亲临坐镇，就请参座来舰队督阵。参座德高望重，众望所归，指挥撤离，游刃有余。"

周宪章连忙说："我已经年老力衰，不堪担此重任了。"说着，转向王天池说："王署长是否可以陪林司令辛苦一趟？"

林遵也转向王天池说："都是老前辈，众望所归。署座能临阵督导，十分荣幸！"

王天池赶忙推托说："林司令年轻有为，足可膺此重任。我也年迈力衰了，平日又很少去舰队，何谈临阵督导。"他恨周宪章给他"将军"为难，狠狠地回敬说："若要说众望所归，当然还是首推参座。参座出马，一定军心大振！"

这期间，桂永清的侍从副官吴家苟几次进进出出，催促桂永清起程。

林遵还在要求周宪章和王天池说："二位前辈无论哪位上

舰，都能给我壮胆啊！"

桂永清蓦地站了起来，用手推了推眼镜，说道："大可不必。林司令，你一人足矣！"随后，声色俱厉地说："你赶快回舰，马上行动吧！"

说罢，就往外走。他急着要赶乘飞机逃命。

王天池连忙把一封信塞给林遵，说了一句："林司令，不负重托，好自为之！"

林遵看着桂永清一行仓皇逃跑，既鄙视他们，又为他们的离开而高兴。他打开手上的信，只见是桂永清事先写好的亲笔信，上面写道：

尊之兄：

着你率队于 23 日傍晚驶离南京，江阴炮台已于 21 日易手，已命空军轰炸江阴要塞，并派空军掩护你们下驶，你们务必于 23 日晚间驶离此地，以免空军误会。

桂永清

4 月 23 日

林遵明白，这是桂永清暗示以空军轰炸为威胁，强迫林遵把舰队撤退到上海。

林遵对戴熙愉说："时候到了，我们立刻回舰队！"

戴熙愉心领神会，兴奋地说："是时候到了！"

一鸟在手，胜于二鸟在林

林遵端坐在吉普车上，紧张地思考。

人民解放军已经开始渡江，桂永清已经逃跑，再也无力控制舰队了。而且，桂永清已经授权林遵节制、指挥南京的所有舰艇，而集中待命的舰长们，虽然有一部分是新调来的，对他们很不了解，要发动他们参加起义，心中没底。但是，有一部分是林遵确实能够信任、能够掌握的，这正是实行起义的好条件、好时机。此时不动，更待何时？

一句英国谚语，不断在林遵脑子里反复："A bird in the hand is worth two in the wood." ——"一鸟在手，胜于二鸟在林。"多得不如现得。机不可失，时不再来！

林遵决定回到舰队就召开舰长会议讨论，争取全舰队立即起义。

林遵登上"永嘉"舰，向笆斗山江面驶去。

笆斗山，在南京附近下游，北面是八卦洲，南面有一座小山叫八卦山，上游就是南京的名胜燕子矶。笆斗山江面属长江南航道，南北宽 1.5 到 2 公里。

23 日 8 时前后，林遵乘"永嘉"舰到达笆斗山江面。

"永绥"、"楚同"、"惠安"、"美盛"、"安东"、"太原"、"永修"、"永绩"、"美亨"、"武陵"、"兴安"等 11 艘军舰和第一、第五炮艇队的 21 艘炮艇都已集中在这里待命。

林遵命令，立即发信号，召集各舰舰长和艇队长来"永嘉"舰开会。

舰长们急急地来到"永嘉"舰。

戴熙愉在会场上张罗，煞有介事地排列舰队下驶序列。舰长们都围过来议论纷纷，但总也排不出一个适当的方案。有的说："这个时候了，我们还能往哪里走？"

"听说江阴要塞已经投向解放军了，我们还怎么下驶？那不是送去挨炮吗？"

人人心里清楚，桂永清要求舰队东逃上海，凶多吉少。

事实上，4 月 23 日，毛泽东已经给总前委和粟裕、张震等的电报中指示："请粟、张加强江阴方面的炮火封锁，一则使国民党军舰不能东逃。二则使可能再来之英舰不能西犯，如敢来犯，则打击之。"

此时，海防第二舰队向何处去？只有一条可走的光明路了。

林遵走了进来，大家齐声说："林司令来了，我们听林司令的吧！"

林遵招呼大家坐下，慢慢说道："我是昨天午夜过后赶到南京的，天亮前才从海军总部回到舰队。我人还在芜湖的时候，桂总司令就要我在拂晓前赶到南京向他报到。现在，桂总司令已经坐飞机去了上海，周参谋长他们也都跟着走了。"

舰长们听了，情绪激动，有人脱口而出骂道："他们溜得倒快，丢下我们不管了！"

"他们的命要紧，舰队不要了？不管我们这些人的死活了？"

林遵说道："桂总司令要我带领所有在南京的舰艇，于今天撤往上海。他临离开的时候，给了我一封信，一道手谕，我给大家念念。"

桂永清的信，引起更大的恐慌和不安，也进一步激怒了舰长们。

林遵刻意强调说："我几次请求桂总司令来舰队亲自指挥撤退，他不答应；我又请周参谋长或者王署长来舰队督阵，他们也都不肯来，桂总司令也不批准。现在，一切只有靠我们大家了。"

林遵这么一说，舰长们越发愤怒了。有的说："解放军已经开始渡江了，这不是把我们丢给共产党了吗？"

有的说："我的家小都在上海，谁管他们哪？谁能照料他们呀？"

林遵等大家平静了一些，才接着说："现在的情况是，解放军已经在安庆上游开始过江，江防部队的陆军已经撤退，说是撤到沪杭一线的第二道防线。长江天险都已经不守，那里更是无险可守之地呵。大局就是如此，败局已定，无可挽回。按照桂总司令的命令，我们下驶上海，有'三关'要过：第一，江阴炮台已经易手，它的强大炮火肯定要拦截我们。第二，江北仪征、三江营一带，有解放军很强的炮兵阵地，控制着江中航道，我们能否安全通过，不敢说。英国军舰'紫石英'号、'黑天鹅'号就是在这被打伤了动弹不得。第三，'营口'舰估计已经起义投共，会不会拦截我们？"

舰长们议论纷纷，莫衷一是，但都痛切地感到被桂永清抛弃在死生之地，完全被国民党出卖了。

林遵接着说道："桂总司令临走的时候，给我许愿说，只要我能把舰队带下去，哪怕只剩一艘舰到上海，他都向总裁保荐，提升我为中将、副总司令，还要授我青天白日勋章。现在，他跑了，丢下我们怎么办？我们这么多舰艇，性能不一，情况各异，有的快，有的慢，有的根本跑不动，怎么走？怎么走得了？事关各位切身安危，事关全体官兵的命运，我林遵不能独断专行。所以特请大家共商前途，请各位慎重考虑，或留或走，自由漫谈，共议前程，不作记录，对外保密。大家都谈谈自己的想法和打算。我听取和尊重大家的意见。"

林遵引导舰长们思考，当此时刻，是走，或者是留？

走，是继续跟着国民党打内战；留，当然只能是寻找新路。

有人说："现在，真正是进退两难。走，明摆着是送上门去挨打，死路一条；留，又是怎么个留呢？"

有人激动地说："海军应该退出党派之争，把军舰交出去！我不帮国民党打内战，我也不投共，我干商船去！"

陈务笃明确提出说："把军舰交出去，交给谁？国民党统治了几十年，搞得民不聊生，怨声载道，祸国殃民，败局已定。老百姓都骂国民党是'刮民党'，骂中央军是'遭殃军'，骂得好！桂永清天天都喊要我们为党国效忠，现在，他跑得比谁都快，丢下我们不管，我们再不能为他们卖命了！北平的傅作义都可以和共产党谈，接受和平改编，我们也可以和共产党谈，我们起义！"

林遵仍然不动，他知道这些军官中有人同桂永清有这样那样的关系，更多的人还有"正统"观念，一时很难接受起义。他暂时不发言，在心中盘算，与会的军官中，究竟有多少人能够赞成起义，又有多少人会出面反对起义？在多数人没有下决心起义以前，他要再看看，选择一个适当的时机表明自己的态度。

果然，有人发言反对起义了，说道："自古忠臣不事二主，起义就是叛变投敌，不仁不义，对不起党国的培养！"

这通发言，倒激起了许多人的义愤，一些原本犹疑的人起来反驳，历数国民党的罪恶，慷慨激昂地说道："国民党才是不仁不义！抗战胜利，人民要休养生息，中华民族要复兴，可是，蒋介石要消灭异己，不顾老百姓死活，仗着美国人的支持，'戡乱剿匪'，打内战，拿我们当炮灰！他们贪污腐化，巧取豪夺，搜刮民脂民膏，过着纸醉金迷的生活，陷老百姓于水深火热之中。时至今日，难道我们还要替他们卖命吗？不！"

"什么'忠臣不事二主'？那是老皇历，翻不得了！中国海军从辛亥革命起，就反对皇帝，反对军阀，总是顺应潮流，走在前面的。军舰起来'反正'，'易帜'，不是一回两回了，这才是大忠大勇！"

双方争论得十分激烈。

这时，"永嘉"舰值更官进来报告说："'永定'、'吉安'、'江犀'、'联光'4舰从安庆开下来了。"

舰长们中止了辩论，都来到舷边向上游眺望。只见"永定"舰在前，"吉安"舰在后，指挥舰"江犀"号拖带着"联光"舰在中。估计"联光"舰负伤或是发生了严重故障。

林遵喜出望外，因为这四艘舰的舰长大多倾向起义，不但增加了起义军舰的数量，更重要的是增强了支持起义的力量。

林遵看着四舰各自抛锚停泊后，命令派艇把四舰的舰长接来开会。

就在这时，从"美盛"舰传来消息，一个全副武装的陆军警卫连登上了"美盛"舰，说是奉桂永清总司令的命令上舰执行任务。老谋深算的桂永清在逃跑的最后一刻，也没有放松对第二舰队的控制。

这对舰队起义是一个威胁，一个新的危险因素。

林遵对"美盛"舰舰长易元方说："来者不善呀！你要格外小心应对。要他们按照军舰的规定，所有的枪支、弹药收缴起来，集中管理。"

易元方说："我会对付他们的。"

四位舰长一起来到"永嘉"舰会议舱，林遵向他们，也是向所有在座的人们，概括刚才的讨论情况说："大家讨论了是走还是留的问题，有些人的意见是，按照海军总部的命令，开航下驶，撤到上海。刚才一些人都讲了，这就跟过去一样，继续替蒋介石、桂永清卖命。至于走不走得了，过不过得了江阴要塞和江北炮兵的拦阻，这还是个未知数。还有一种意见，我看，至少是三分之一以上的人的意见，就是留下来，不打内战，起义！但有人认为这是叛变，对不起党国。我的意见，不论是走是留，我们要采取一致行动。"说到这里，林遵停了停，继续说道："如果我按照命令，走，撤到上海，桂永清已经答应我可以升官，升中将，当副总司令，还可以拿勋章。但是，如果大家说不走，我和大家一起留下来。因为这关乎每一个人的身家性命，关乎每个人的前程，所以，也要听听你们四个人的高见。"

不等新来的舰长发言，吴建安抢先发言，强调说："党政之争，挑起内战，自相残杀，我们不能再跟着跑了，我们应该退出内战，交出军舰，战场起义，实现局部和平。"

陈务笃接着补充说："想当年我们这些人投身于海军，原是想保卫国家，抵御外国侵略，却万万没有想到竟当了蒋介石打内战的工具。如今，他们都跑了，还要我们继续当炮灰，我们不干了！我们起义。"

新到的"永定"舰舰长刘德凯内心矛盾重重，站起来说道："形势已经不可收拾，但在这危难之时，背离国民党，在良心上有些过不去。这几年，打内战，要我们当炮灰，我们不情愿，叫人痛恨！尤其可恨的是，海军总部把我们丢在安庆，不顾我们的死活！我舰在安庆就有人受伤，没有地方医治。昨天，我们从安庆下来，在路上又挨了几炮，一炮打在驾驶台上，好几个人负伤，没有医生，没有药，哭爹喊娘，叫天天不应，叫地地不灵，真是凄惨呀！真是叫人寒心哪！"说到这里，他悲从中来，放声痛哭。与会的人都感同身受，气愤不已。

"联光"舰舰长郭秉衡说："国民党真是太岂有此理了，把我们丢下，自己却带着姨太太逃之夭夭，全不顾我们的死活！不管别人走不走，我反正是不走了，不再给国民党卖命了！"

另一位舰长说："桂永清连我们的军粮都要克扣，四月份的伙食费，每人6块'袁大头'都还没有给我们呢，叫我们怎么活？"

各舰舰长纷纷诉说被克扣的情况，彼此都有共同的遭遇，越发激起了对国民党腐败的愤恨。

"江犀"舰舰长兼第五防区舰艇指挥官张家宝说："刚才有人说我们受党国培养，不错。但是，我们也曾经拼命为党国效劳，无奈政府腐败无能，失去了民心，是它辜负了我们，我们有什么良心过不去的呢？今天，我们应当择善而从！"

新来舰长的发言，使留下来实行起义的主张占了上风，原来在走与不走之间摇摆犹豫的人，也发生了变化。主张留下不走的有"惠安"舰舰长吴建安、"江犀"舰舰长张家宝、"永绥"舰舰长邵仑、"太原"舰舰长陈务笃、"联光"舰舰长郭秉衡等人；主张撤逃的有"永嘉"舰舰长陈庆堃、"永修"舰舰长桂宗炎、"兴安"舰舰长刘宜敏、"永绩"舰舰长陈清生、"武陵"舰舰长刘征等人。还有少数人发言表示，既不跟国民党走，也不投共产党。

这时，有人又突然提出说："国民党是被打败了，但是，美国人呢？第三次世界大战很快就会打起来，形势就不好说了。"

这就像是一瓢冷水，浇灭了会议的热烈气氛，一时都不发言了。

林遵一看形势要发生逆转，便说道："现在，休息一下，过一会儿接着开。"

休息的时候，林遵、吴建安、张家宝、邵仑分头找反对起义的舰长交谈。林遵特意要郭秉衡找"永嘉"舰舰长陈庆堃谈谈，摸摸他的态度。

休息后复会，是走是留，仍然没有定见。

林遵示意戴熙愉发言。

戴熙愉站起来说："各位舰长，我建议用无记名投票，测验每个人的意愿，少数服从多数，以决定是走或者是留，大家看好不好？同意的话，我就开始发票。"

大家都表示同意，林遵也点头同意。

戴熙愉把准备好的 16 张票发给 16 位舰长，说道："凡是同意留下来不走的，就请在票上写上个'1'字；同意走的就请写个'2'字。"

与会的除了 16 位舰长，还有两位炮艇队的队长，林遵对他们的态度吃不准，没有给他们发票。

投票后，在等待检票的时候，林遵又当面征询一些人的意见。林遵问陈务笃说："你投的是什么票？"

陈务笃说："空白票。"

林遵诧异地问："你在会上几次发言主张留下，怎么投空白票呢？"

陈务笃说："林司令，大家那么激烈地争论，你一直都没有明确表示，我不知道你葫芦里卖的什么药，我不愿意白纸落上黑字，所以投了空白票。再说，投票主要是测验没有发表意见的人的意愿。至于我投什么票，都没什么关系。"

林遵为了肯定他的意向，说道："我理解你的意思，是留下来起义！"

陈务笃反问道："林司令是不是愿意领导大家起义呢？"

林遵干脆而痛快地说："当然，我跟大家一道起义！"

接着，林遵又特地找第一机动艇队队长张汝櫆谈话。张汝櫆说："多数人的意见很好，留下来起义是理所当然，只是我的妻子在上海，刚生了孩子，我真有些不知道怎么办。"

林遵点头说："是两难哪！"接着宽慰他说："我看，国民党支撑不下去了，上海很快就会解放的，她们母子会平安无事的。"

张汝櫆说："事已如此，只得听天由命了！"

林遵从张汝櫆处得到了肯定的回答，又去征询第五巡防艇队队长杜澂琛的意见。他表示随大多数行动，留下不走。

林遵对"兴安"号修理舰舰长告诫说："你们是由登陆舰改成的修理舰，体积大，速度慢，容易遭到炮击，又容易搁浅，没有下驶的可能，你们还是应该留下来。"这个舰长当时表示说；"我听林司令的命令，留下来不走。"

林遵还同"永绩"号舰长谈话，这个舰长也表示服从林遵的决定，留下来不走。

检票后，戴熙愉宣布说："检票的结果是，8 票赞成留下，2 票主张下驶，6 票空白。"

林遵说："大家充分发表意见，进行了激烈辩论，现在，又经过投票测验，事情可以定下来了。参加投票的 16 位舰长，检票结果为，赞成留下起义的 8 票，反对起义的 2 票，弃权的 6 票，说明大多数人愿意留下起义。我还向一些人个别征询了意见，弃权的六人中，有的是愿意起义的，有的表示随大多数人一起行动。两位投反对票的人也表示，假如绝大多数人都要留下，他们也不坚持自己的意见。"林遵顿了顿，诚恳地说："起义或者不起义，是关系各位和全舰官兵前途的大事，一定要自愿，绝不能勉强。如果哪一位现在还想走，那可以走，决不强留。各人的命运由个人自己决定！"

说罢，林遵又逐一问了每个人的意见，都表示大家一致行动，留下来起义！

林遵最后决断说："好，我们一致行动：解放军渡江，我们不打；国民党撤退，我们不走，决定起义！"

林遵习惯地看了一下手表，时间是 4 月 23 日下午 3 时 30 分。

林遵本想把同中国共产党有过联系的情况告诉大家，但他考虑到一些人参加起义，只是迫于形势，而且，还有人明确反对起义，更多的人还囿于"正统"观念，并不是同旧制度彻底决裂，此时公开自己同林亨元、郭寿生的联系，可能会授人以柄，或引起疑虑。他欲言又止，把到嘴边的话咽了回去。后来，有人评议说：事后发生的种种事情表明，林遵似乎过于谨慎了。假如当时说明与中国共产党的联系情况，或许更可能坚定人们起义的决心。但是，历史是不能假设的，不能脱离当时人们的思想状况和所处地位去要求林遵和他的同事们。

林遵随着布置说："请吴建安和张家宝两位舰长商量拟稿，写信与解放军联系，说第二舰队接受局部和平，4 月 23 日在南京笆斗山江面起义；由吴建安舰长和戴熙愉商量，派人到浦镇去给解放军送信。"

郭秉衡插话说："我熟悉南京情况，我给他们指路。"

林遵接着说："各舰电台暂时不要与海军总部断掉联系，在没有与解放军联系好以前，我们刚才会议的情况不要让海军总部知道；各舰锚泊太密集，今天晚上需要调整锚位，以防发生意外。各舰长马上回舰，掌握好军舰和部队。"

林遵又宣布说："现在，舰队还掌握有一部分款子，凡是从安庆下来的舰只，4 月份没有领到伙食费的，回去后叫军需带着花名册来领取。"

各舰长离开"永嘉"号回到各自的军舰。

易元方回到"美盛"舰，把"不速之客"警卫连连长叫来说："军舰不比陆地，为了安全起见，你们全连要集中起来，在甲板上坐卧，不要随便走动，不要随便离开甲板。所带枪支也集中起来，架在一角，留人看守。无论发生什么情况，在军舰上都要听本舰长的命令。有事情通过你和我联系。"

暂时稳住了局面，但易元方一刻也不敢大意。

在"永嘉"舰上，林遵见起义的大事已定，紧张的神经松弛了。他从 20 日到芜湖起，就没有好好休息过，已经连续两天两夜没有合眼了，他回到舱室，倒头便睡了。

戴熙愉是个细心的人，他对"永嘉"舰很不放心。"永嘉"舰是不久前才调来第二舰队的，对他们的舰长和舰员都不知底。而且，这次到芜湖，桂永清指定它代理旗舰，非同一般。戴熙愉越想越不踏实，他见林遵睡了，觉得自己更要多加小心。

戴熙愉独自一人来到各舱室查看。在士兵舱里，只见多数士兵都躺在床铺上，没有异样，因为士兵们还不知道舰长会议的决定。当戴熙愉走近被称为"大官厅"的军官餐厅兼会议舱的时候，听见里面有激烈的争辩声。他一脚踏了进去，见有七八个军官情绪激昂，像是在争论什么。他们一见戴熙愉，立即缄口不言，鸦雀无声。还没等戴熙愉开口，一个中尉军官逼上前来，声色俱厉地问道："我们走不走？"

戴熙愉一看，他们几乎都是陈诚、桂永清从士兵中破格提拔起来的军官。他心里有数了，便回答说："要走呀！"

"什么时候走？"

"天黑了就走。"

这些军官的对立情绪缓和了一些。

戴熙愉压住紧张情绪，好像随意地问一个中尉说："结婚没有？还是条光棍吧？"

"有家室了。"

"哦，那就有负担了。"

戴熙愉心里着急，却装作若无其事地和这几个军官东拉西扯地聊了一会儿，起身说道："你们聊吧，我再到其他舱去转转。"

戴熙愉脱身而出，急忙来到林遵的舱室，推醒了林遵，对他说了"大官厅"的情况，林遵听了，判断说："'永嘉'舰恐怕靠不住。"

戴熙愉建议说："那我们还是赶快回'惠安'舰吧。"

林遵想了想，说道："不要惊动这艘舰上值更的人，你直接调一艘炮艇来接我们。"

于是，林遵和戴熙愉悄悄地离开了"永嘉"号军舰，回到他所熟悉的，原来的旗舰"惠安"号。

但是，他们行动匆忙中疏忽了一件大事，没有要求"永嘉"舰从桅杆上降下司令旗。回到"惠安"舰后，又没有及时命令升起司令旗。

突生哗变

4 月 23 日黄昏，笆斗山江面黑云笼罩，浓烟滚滚。

"永嘉"舰还悬挂着司令旗，桅杆上挂起了"紧急起锚，准备开航"的"A"旗。

"永嘉"舰的闪光信号灯与"永定"、"永修"、"兴安"号军舰频繁通信联络。接着，这几艘军舰也升起了起锚的旗号。

十几艘军舰根据"永嘉"舰的旗号，发动了主机，轰隆作响，烟囱冒起黑烟，弥漫江面。有的军舰已经哗哗起锚，有的还发出战斗警报，站了炮位。

几艘军舰的大桅在黑烟中摇晃，各舰甲板上水兵们忙乱不已，汽笛声、哨子声此起彼伏，响成一片。

"永嘉"舰不等铁锚全部出水，仓忙调头，船艏翻起了巨大的水花。它斜着舰身急速调过头来，用极快的速度，穿过各舰的空当下驶。在它的桅杆上，飘升起了一串"跟我走"的旗号。

"永修"舰、"永定"舰紧接着也疾速下驶。

江面上立时乱作一团。

"美亨"舰、"武陵"舰、"美盛"舰、"永绥"舰也都相跟着下驶。

"兴安"舰、"永绩"舰、"安东"舰也开足马力跟着下驶。

"楚同"舰速度慢，起锚后徐徐驶过"太原"舰的右舷。

"太原"舰舰长陈务笃十分惊愕地看着江面一片混乱，只听贴近驶过的"楚同"舰舰长李宝英在喊他："老陈，你怎么还不起锚走呀？"

陈务笃也大声喊道："你们上哪里去呀？"

"下去呀。司令都走了，你还不走吗？"

陈务笃着急喊道："司令没有走，司令在'惠安'舰，你们不要走！"

"司令在'永嘉'，你没有看见'永嘉'挂着司令旗吗？"

话音未了，"楚同"舰已经擦舷而过。

站在陈务笃身旁的张汝樀疑惑不解地说："这是怎么回事，变卦了吗？"

陈务笃把望远镜转向"惠安"舰。

"惠安"舰在原地锚泊，纹丝未动。"江犀"舰、"联光"舰仍然并靠在那里，没有动作。

陈务笃向副舰长周宝兴说："不准起锚，先不要动。林司令肯定在'惠安'号，下午，我们派一艘炮艇接林司令回'惠安'号的。我这就去'惠安'，问问林司令，到底是怎么回事？"

陈务笃见傍舰系靠的几艘炮艇正在解缆，准备离舰，他忙向张汝樀队长说："你赶快把他们叫回来！"

"惠安"舰上，林遵已经闻讯赶到了指挥台。他仔细观察江面，那几艘下驶的军舰把江面搅得一团糟。泊在最下游的"太原"舰和它两舷靠满的炮艇没有动。"联光"舰、"汇犀"舰、"吉安"舰和所有炮艇也都没有动。出现这种情况，是林遵没有料到的。面对如此混乱的局面，林遵在紧张思考。

如果说"永嘉"舰带头下驶，林遵不感意外，因为他一直对陈庆堃的态度没有把握，曾经请郭秉衡去争取他，也没有得到他恳切的回应。虽然，陈庆堃投的是赞成留下起义的票，林遵仍然觉得没有把握。现在，陈庆堃背信弃义带头下驶，林遵感到愤怒。但是，为什么会有 10 艘军舰跟着下驶呢？林遵冷静判断，他相信其中多数舰长厌恶和痛恨国民党的腐败和反动，所以他们要求起义，而且，他们也都是一些守信用、重承诺的人，不会骤然变卦。那么，是什么原因，让这些军舰也跟着"永嘉"舰行动呢？

吴建安是个疾恶如仇的人，气愤地说："他们背信弃义，开炮打他们！"

林遵断然说："不可以！情况还不清楚，不能打，一打，反而会更乱。如果真的是有人要走，就让他们走好了，强留是留不住的。但我不相信十一艘军舰都反悔，都不愿意起义，都是要走的！"

戴熙愉警醒了，跌足说："怪我，这是我的过失。离开'永嘉'时没有叫他们降下司令旗，回到'惠安'又忘了升起司令旗。那些舰长误会了，以为林司令还在'永嘉'舰上，所以盲目地跟着它跑了。"

这时有人建议说："干脆我们也下驶，把大家集合到一起，多有一些舰艇，到吴淞口再起义吧。"

林遵皱了皱眉头，用英语说道："A bird in the hand is worth two in the wood."

人们这是第二次听林遵讲这则英国谚语，"一鸟在手，胜于二鸟在林"。他们明白林遵的意思，打消了其他想法，坚定了坚持在南京起义的决心和信心。

这时，陈务笃乘炮艇急驶而来，登上"惠安"舰甲板。林遵在舷侧等他。

林遵握着陈务笃的双手说："你没有走，我很高兴。你不走是我没有想到的啊！"

陈务笃说："说话算数，人总是要讲信用的呀！"接着就问："怎么搞的？会议决定全部留下起义，他们为什么又跑了？"

林遵双手一摊，无可奈何地说："不晓得啦！可能是他们想走，想走就让他们走嘛！我已经讲了，起义是不能勉强的。"

"陈庆堃不是投的赞成票，表示不走吗？他怎么带头跑了？"

林遵说："他不讲信用！但是，我相信有些人是发生了误会，以为我还在'永嘉'号上。我准备用报话机喊他们回来。"

陈务笃说："肯定有人发生了误会。'楚同'舰与我擦舷而过的时候，李宝英还向我喊，司令都走了，你为什么还不起锚。我向他喊道，林司令在'惠安'号。他还不相信！"

林遵吩咐戴熙愉说："立即要报务员用报话机呼叫，叫他们回来。"

吴建安、陈务笃几个都说："还是要司令自己叫，不然他们不信你没有走。"

林遵回到指挥台，用报话机呼叫："我是林遵，我在旗舰'惠安'号上，我没有命令起锚开航，你们立即返回笆斗山锚地，你们立即返回笆斗山锚地！"

"楚同"舰听到了林遵的呼叫，知道林遵确实还在"惠安"，马上返航，回到笆斗山。

接着，"安东"舰、"永绥"舰、"美盛"舰都掉头回到笆斗山江面。

易元方驾驶"美盛"舰靠岸，下命令枪炮兵站好炮位，严阵以待。

然后，易元方对桂永清派来的警卫连长说："我们不下去了，你可以带着你们的人和东西离开军舰！"

那个连长见炮位上有水兵，炮口直对着他们，只得带着全连士兵离舰登岸，消失在黑暗里。

易元方向林遵报告了处理情况，林遵松了一口气说道："处理得很好！谢谢你。"

"永嘉"、"永修"、"永绩"、"永定"、"美亨"、"武陵"、"兴安"7 艘军舰下驶逃跑，驶过了仪征，无线电报话机够不上了，只好放弃呼叫。这 7 艘军舰在逃跑中受到人民解放军的炮击，"永绩"、"兴安"两舰，或中弹起火，或在江中搁浅，两舰官兵都被人民解放军俘虏。

林遵清点笆斗山江面，第二舰队坚决留下来起义的有"惠安"、"永绥"、"太原"、"江犀"、"楚同"、"吉安"、"美盛"、

"联光"、"安东"号9艘军舰;第一机动艇队2号、3号、4号、54号、56号炮艇,301号、311号、312号、315号登陆艇,20号巡逻艇,101号快艇;第五巡防艇队103号、105号、106号炮艇,巡1号、巡3号、巡4号、巡22号、巡23号、巡46号巡逻艇,303号登陆艇,共30艘舰艇。官兵共1271人。

当晚,林遵决定召集各舰长和艇队长到"惠安"舰商议。

就在这时,一场危机在"惠安"舰爆发了。

天黑以后,一个手持卡宾枪的士兵冲进林遵的住舱,用卡宾枪指着林遵,蛮横地说道:"我们要到上海去,请司令下命令开航!"

林遵问道:"你为什么要去上海?"

"我的家在上海,舰上许多人的家都在上海,我们要回上海去!"

林遵耐心地说:"你担心家里人,我也担心家里人,我的家和你一样,不在南京,而是在福建,我也不知道他们现在怎么样。但是,舰长们开了会,为了大家的利益,为了国家、民族的利益,决定退出打内战,留下来不去上海。所以,我也同意留下来。我如果不留下来,把你们和舰艇带到上海,我马上可以升官,可以得到高官厚禄。但是,我不能这样做。你想想我为什么不这样做呢?我们再不能打内战,当炮灰了!"

那个士兵仍旧蛮横地说:"我不管这些,我只要回上海,我要你下命令开航!"

林遵说:"我告诉你吧,江阴要塞在前几天就起义了,仪征、三江营有解放军强大的炮兵阵地,现在我带你们往上海下驶，不但过不去，而且是要你们把命白白送掉。这是死路一条！你就是开枪把我打死，我今天也不能下命令开航！"

这时，拥到舱内的士兵纷纷劝那个士兵不要乱来，那个士兵才把枪收了起来。

但是，危机并没有过去。

"惠安"舰上被称为官厅的军官休息室里，一群士兵也在逼迫领江胡心长开航，正闹得不可开交。

轮机长胡陶宾找到吴建安着急地报告说："有些士兵灭掉了舰灯，集聚在官厅，逼迫胡领江开航，闹得很凶。你赶快去吧！轮机舱有我掌握，我已经派人把守，没有你亲口命令，我决不准任何人动机器。"

吴建安说："我这就去官厅，你赶快去机舱，绝不许动机器。"

吴建安刚要去军官休息室，副舰长伍岳用双臂抱住他说："危险呀！你千万不能去！"

吴建安感谢他的好意，但还是推开他向前走去。

天已黑定，军舰弥漫着紧张、不祥的气氛。

吴建安经过上甲板的时候，只听有人大喊一声道："是谁？"

吴建安也大声答道："是我，舰队长。"

黑暗中那人凶狠地说："我的机枪已经上膛，谁不开船就打谁。我们只等候解缆了。"

吴建安听出是轮机下士郑存岭的声音。一个轮机兵不在轮机舱，却跑到上甲板来了，可见形势不妙。肯定有人煽动，裹胁士兵反对起义。吴建安不露声色地说："是郑存岭吗？"

"是我。"明显减轻了敌对情绪。

吴建安说："此地流急，必须等候我的命令才能解缆。"

吴建安急忙下梯来到军官休息室，他一走进去，坐着的官兵习惯性地都站了起来。

枪炮中士刘敬祖手拿手枪和另一名手持步枪的水兵"扑通"一声在吴建安面前跪下，哀求道："舰队长，请你一定要开船呀！到上海后，我们以全舰的生命担保你。你要不开船，我们就当着你的面自杀。"

吴建安连忙扶起他们说："凡是我的好弟兄，都是不应该自杀的。"

吴建安先向胡心长领江说："领江，您请坐。"然后自己坐下，对大家说："弟兄们都坐下吧。有话我们坐下说。"

胡心长是老领江，已经 64 岁了，他用高亢的湖北口音说："我活了 60 多岁，还没有见过这样的事情，开航不要听您的命令，这样行吗？他们拿手枪逼着我，要我开船。没有您的命令，就是打死我，我也不能领航！再说，我老了，一到晚上，眼睛就看不见了，每次夜航，都是您亲自开船。这样黑灯瞎火的，怎么能开船！"

站在胡领江左面的轮机中士史良华，一直紧握手枪，这时已不再把手枪指着胡领江，而是把手枪的枪口朝下对着地面了。

吴建安向周围扫了一眼，官厅里挤满了士兵，也有为数不多的几个军官。他诚恳地说："弟兄们，你们知道，我向来珍惜弟兄们的生命。我们几次往返安庆，我都是避开北岸航行，尽量避免遭到炮击。你们有挂彩的没有？没有吧。弟兄们，你们要行动，为什么不先找我？你们不知道现在是什么形势，也不知道我们的难处？天又这么黑，此地江流是这么急，你们随便解缆，只会闯出大祸，只会舰毁人亡，同归于尽！"

水兵们静了下来。

吴建安继续说道："我们当海军的，要重义气！'同舟共济'的话，就是对我们当海军的人讲的。遇水行船，不齐心协力，那还不翻船哪！我们常讲有福同享，有难同担，我们要患难与共。何况，今天，我们是起义，是不要打内战，是和平谈判，不是遭难。起义成功，官兵都晋升一级，第一个月发双饷，有什么不好呢？"

紧张的气氛缓和了。

吴建安接着说："我有哪一件、哪一桩事情对不起大家？你们说吧。在安庆，我一次就发给大家三个月的薪饷。我还做主，把钞票换成银元发给大家。章希龄军需可以做证，上面规定只许按月发。但是，钞票不值钱，过一个钟点就又跌了，就变水了。章军需算过一笔账，一下子发三个月的饷，换成银元发，大家少受损失，等于多发了七个月的薪饷。为了大家的利益，我豁出去知法犯法也不管它了。我担风险，就是讲义气！"

吴建安一发不可收拾了，继续说道："大家还记得那次搬面粉吧？桂永清的私人行李可以用卡车开到码头上，直接向'灵甫'号上卸，我们的军粮却不准用牛车运进码头，要大家从几里路外抬进来。桂永清的陆战队还欺负你们！是我下令'站炮位！'他们才不得不跑了。大家想想，桂永清不把我们当人，还有什么'青天白日'？抗战八年，把日本鬼子赶走了，却要来个'戡乱剿匪'，打内战，搞得物价暴涨，人民没有活路了，国家复兴的一线希望也打没有了。全国的学生，老百姓都起来'反内战、反饥饿、反迫害'，我们是爱国军人，能让国家、民族沦亡吗？不反对打内战行吗？现在，好多陆军都起义了。刚才，我接到电报，周书记官翻译出来了，说江阴要塞已经起义了。为什么起义？大势所趋！说到升官发财，我不想吗？可国民政府全都跑了，我还到哪里去升官发财？刚才有人说，船开到上海，你们用全体生命担保我，可是，谁担保你们呀？你们连自己都保不了，还拿什么担保我？唉，我对你们从来都很讲义气，今天，你们都不愿意听我的话，这是逼我去死！为了中国海军，为了国家民族，也为了你们自己，我最后叮嘱你们一句话：千万不要随便解缆！弟兄们，我可以自裁！"说着，举起了已经打开保险的手枪。

军医李公望一把夺下了吴建安手中的枪。许多士兵哭喊道："你不能死！"

帆缆中士潘其葆说："你死不得。你到哪里，我们跟你到哪里！"

吴建安说："大家信得过我，愿意听我的话，就都留下来。现在，每人先发2块银元作零用，等到了南京再造册上报，每人升一级，第一个月发双饷！时间不早了，弟兄们都回舱休息吧。"

"惠安"舰的风波过去了。

在"永绥"号和另几艘军舰，也发生了类似的风波。

各舰舰长及时掌握，努力劝说。由于赞同起义的官兵占了多数，一时动摇的官兵只是少数人，没有发生大的骚乱。

有人建议说："请林司令立刻离开'惠安'舰，转移到'永绥'舰上去。"

林遵立即拒绝说："此时我再一挪动，军心可能动摇，舰队更加难以稳定。我还是留在'惠安'舰！"

林遵深切感到一些时间以来，只注意了动员军官参加起义，而且主要精力都放在争取各舰舰长方面，几乎没有注意士兵的思想和倾向。尤其是对那些家在上海的官兵的情绪重视不足。

林遵对赶来开会的舰长们分析说："现在，最重要的是稳定参加起义的舰艇，稳定全体官兵，不要再发生变故了。要注意士兵的情绪。对于桂永清的人，也要小心提防。另外，按照航行速度计算，逃跑的军舰在明天上午就可以到达上海，桂永清肯定会得知我们起义的消息，我担心他会派飞机来轰炸我们。所以，请大家一起来商议。"

与会的人纷纷发表意见，一致认为，要稳定起义局势，首先要同解放军取得直接联系。这才发现下午决定派人去浦镇与解放军联系，还一直没有派出。而这时解放军仍在长江北岸。只有派得力的人直接去南京北岸的浦口寻找解放军联系。

但是，现在浦口情况不明，有可能还有国民党军队驻守，或者到处是打散的国民党军队的散兵游勇，无论哪种情况，遇到了都十分危险；如果解放军已经解放浦口，黑夜里，事先没有联系办法和信号，炮艇去浦口，也容易发生误会，十分危险。如果等到天明，又怕再发生变故。

大家忧心如焚，十分为难。

林遵说："我自己去，我坐炮艇马上去浦口。"

舰队副官王熙华说："黑夜去太危险了，司令不能去，我去！"

王熙华说着把手表摘下来交给林遵说："万一发生意外，请把我的衣物交给我姐姐。"

戴熙愉站出来说道："我和王副官去，我们两个人一起去，万一有什么意外，死了一个，还有一个。一定要联系上解放军。"

王熙华知道戴熙愉的妻子、小孩都还在上海，他能毫不犹豫地担当危险任务，使他感动。

林遵考虑了一下，说道："好，你们两个人一起去，有什么情况，也好商量。"

林遵对陈务笃说："你回'太原'舰同张汝樨队长商量，立刻派一艘可靠的炮艇送王副官和戴参谋去浦口。"

陈务笃和张汝樨派出分队长姚海泉带领炮4号艇执行这一重要任务。

炮4号艇驶近浦口，北岸一片漆黑，10米以外，不辨人影。而南岸下关大火熊熊，照耀得满江通红。有火光的背景，炮4号艇完全暴露在北岸的火力之下。王熙华要所有人隐蔽在炮艇舱内，他独自一人站在甲板上，拿着喇叭筒向岸上喊话：

"我是第二舰队炮艇，我要靠岸。同意我靠岸，请岸上用视觉信号回答，用手电发出'一长'信号！"

王熙华喊了约 10 分钟，浦口码头用手电发出了"一长"信号。炮 4 号艇顺利靠岸。

王熙华、戴熙愉来到人民解放军部队，一个解放军干部热情接待他们，自我介绍说："我是第三野战军第三十五军政治部联络部副部长张普生。"

王熙华说："我们是第二舰队副官王熙华、第二舰队参谋戴熙愉，奉林遵司令的命令，前来联络的。"说着，递交了林遵签署的联络信。

张普生高兴地说："我们已经接到陈毅司令员的指示，知道有一个舰队起义。可是，我们到处找不到你们。现在你们来了，我们热烈欢迎！你们辛苦了！"

王熙华和戴熙愉说："林遵司令想请你们尽快派代表到舰队去，这样有利于稳定舰队，稳定起义局势。"

张普生考虑了一下，问道："你们什么时候回去？"

"林遵司令和舰长们还在等候我们的消息，我们要马上回去，让他们放心。"

"请你们稍等，我请示首长后，就和你们一起去。"

当晚，张普生副部长和干事张建友随炮 4 号艇连夜来到笆斗山锚地，登上了"惠安"舰。

林遵和各舰舰长、艇队长都还等在舰上，见到王熙华、戴熙愉引来了人民解放军的代表，心里安定了许多。

张普生诚恳地说："林遵司令，各位舰长、艇队长，热烈欢迎你们起义！热烈祝贺你们起义成功！中国共产党中央和第三野战军陈毅司令员早已指示我们迎接你们，党中央和第三野战军首长很关心你们的行动，你们辛苦了！我们一定负责把你们的情况马上报告上级和党中央。你们当前有什么困难和需要解决的问题，我们能帮助的一定尽力。"

林遵感到温暖和欣慰，紧张的心情也放松了许多。

林遵向他介绍了起义的舰艇和人员数目说："第二舰队响应中国共产党的号召，和平起义，希望人民解放军尽快来接收。"

张普生提出说："能不能请你们派出舰艇协助运送第三十五军渡江？"

林遵考虑了一会儿说："南京已是一座空城，在附近三汊河的河汊中有一批共300多艘木船和渡船，足够运送部队了。可以带你们去找来用。至于第二舰队的舰艇，只有2艘军舰可供渡江之用，而且内部不很稳定，我担心怕出差错，暂时还是不用为好。"

人民解放军第三十五军按照第二舰队的指引，及时找到隐藏的船只，用这批船只，在8小时内运输了8万人渡过长江。

阙晓钟留守第二舰队司令部机关，争取参谋长麦士尧。当4月23日镇江解放时，他和麦士尧同时被送到南京。只是，麦士尧后来还是出走了。第五机动艇队队长杜澂琛后来也出走了。

此时，欧阳晋在上海与林亨元联系，知道南京已经解放，他设法即刻赶回舰队。

　　林遵《国民党军海防第二舰队起义经过》（1951 年）、《林遵自传》（1954 年）、阚晓钟《海防第二舰队的新生》（1989年）、欧阳晋《我协助林遵起义所做的工作》（1992 年）、戴熙愉《林遵率第二舰队起义经过》（1987 年）和他们的口述，以及"惠安"号原舰长吴建安《惠安舰起义后发生骚乱与平息经过》（1990 年）、"永绥"号原舰长邵仑《参加第二舰队起义经过》（1975 年）等回忆文章，为海防第二舰队集体起义的故事提供了权威的依据。

　　2010 年，笔者将《林遵传》初稿请几位有关的老人审阅。欧阳晋，第二舰队起义时任参谋组长，林遵发动起义的重要助手，中国人民解放军海军指挥学院教授。当年已经 92 岁，他首先立即回馈："写得很真实、很生动，使我知道了林遵同志许多我不知道的事情，林遵从不讲'过五关，斩六将'炫耀自己。把过去的历史记载下来，使青年人知道中国海军的艰难奋斗，中国海军向往光明、进步，中国海军军人具有的爱国主义传统，以及人民海军历史性的发展、壮大，加强全民族的海洋意识，很有必要。当前，中国正在走向世界，中国海军走向远洋，尤其需要加强宣传海军和海洋。"

　　李景森，1946 年收复西沙群岛、南沙群岛时任"永兴"号副舰长，高级工程师，广州市航海学会顾问。这年已经 90岁，从广州在长途电话中说："林遵是我敬佩的指挥员，更对我人生道路的选择有重要影响。1934 年我考入马尾海军学校时，林遵 1935 年从英国学成归来，他和周宪章（1949 年国民党海军参谋长）在马尾海军学校当教员。当时学校学员队用中国历史名人冠名，我们那个队是用沈葆桢的名字命名，叫葆桢队，林遵是我们队长。他对海军和海洋的热爱和执着，他的学识和培植后学的远见，给了我们极大的影响，他是我的启蒙老师，影响我毕生从事海洋事业，矢志不渝。正是他使我们始终没有离开海洋。1947 年我任"永兴"号副长，参加收复西沙群岛、南沙群岛。后来又按照部署到西沙群岛、南沙群岛巡航。后来，我因为不愿意北上打内战，离开了海军，但是没有离开航海。中国是个海洋大国，但远不是海洋强国，需要呼唤全民族的海洋意识。最近，英国一个女孩子只身驾船环游世界，澳大利亚一个女孩子也只身驾船环游世界，虽然被困，但依然再接再厉。中国青年很需要这种精神。我们有责任培养青年人的海洋意识。"

黄宗江，著名电影艺术家。1946 年在美国海军基地训练时为学兵，"中国水兵罢课"事件的主要发动者之一。后任永宁舰声呐上士。这年已经 80 岁，打电话约笔者面谈说："书留下了真实历史，记录了人们，特别是抗日战争胜利前后中国青年的作为和动向，反映了中国的潮流。我当时和林遵没有也不可能有更多接触和直接打交道的机会，但是，林遵在那一段时间里，留给我们深刻的印象。同原来的领队比较，尤其显得是青年学生能够接受的领队，他带领大家完成了在美国的学习，把军舰开了回来，我们也觉得是一生中值得自豪的回忆。我写过一篇文章《"我的肯塔基老家"的姑娘》，记录了当时留美海军学员的生活花絮，是青年时期一段美好的记忆。关于当年水兵罢课，我看到一些人写的文章，而《林遵传》是最详细、最可信的记录。希望多有一些真实反映中国历史进程的书。"

戴熙愉，海防第二舰队起义时任参谋，林遵发动起义时重要助手。海军东海舰队干部。这年已经 80 岁，他在上海的干休所向笔者深情地娓娓而谈："林遵是很值得尊敬的人。第二舰队有 30 艘舰艇，1200 多人集群起义，对人民海军建设做出了贡献。毛主席说：'国民党中一部分爱国军人举行起义，不但加速了国民党残余军事力量的瓦解，而且使我们有迅速增加的空军和海军。'今天，当年起义的许多人还健在，还有当年在美国参加海军训练的人，写了一些回忆文章。当年参加起义后来移居海外的人，也写了回忆文章，由上海市政协文史资料委员会编辑出版了两本资料《碧海同舟》。这是很有意义的事情。"

毕重远，原"重庆"号水兵，发动武装起义的"士兵解放委员会"主要成员，中国人民解放军海军少将。他在接受笔者采访时说："海军初建时期毛主席说，新老海军要团结，互相学习，建设强大的海军。正是如此，海军当年才能够在很短时间里出海作战，海军建设才有可借鉴的经验。毛主席曾经告诫我们不要割断历史，应当把中国海军建设作为一个有机联系的历史来考察，得出必要的结论。林遵和起义的老海军，追求光明，追求进步，站在历史潮头搏击风浪，他们的爱国主义很需要反映。"

红旗升上军舰主桅

4 月 24 日，中国人民解放军第三十五军给林遵复信：

林司令鉴：

来函敬悉。展阅之后，甚为兴奋，我们以万分热诚，向你们表示欢迎。贵舰队所走的这条路，是完全正确的，必须为建立人民的新海军而努力前进。

为圆满解决此项问题，请你今夜十二时到南京励志社来找我们，一切问题面商解决。

顺祝

胜利！

军　长　吴化文

政治委员　何克希

副政治委员　张　雄

政治部主任　孔繁彬

4 月 24 日

4 月 25 日，林遵由戴熙愉、吴建安陪同，在南京励志社会见人民解放军第三十五军军长吴化文、政委何克希，寒暄过后，林遵急切地说：“我现在最担心的是国民党空军的轰炸。”

何克希说：“毛主席知道你们的情况，欢迎你们起义！毛主席指示：重要的是建设海军的人才，军舰也很重要，要尽可能保存，保存不住也不要紧，我们将来一定会有的。保住人，才是最要紧的。”

林遵十分感动，真切地说：“感谢毛主席和各位的关怀！”

何克希笑着问道：“林司令，现在还继续保持‘灰色’吗？”

林遵说:"我想再保持一段时间。这样做,或者可能推迟遭到轰炸的时间,也可能避免留在上海和其他地方的眷属遭到损失。"

何克希说:"敌人轰炸不可避免,建议你们疏散人员和舰艇。"

林遵颔首答应说:"我也是这样考虑的。"

何克希和林遵商定了疏散的地点和办法。

4 月 25 日,国民党空军飞机几次飞临第二舰队锚地上空侦察,林遵判断,空军轰炸的威胁十分逼近了。他指示"惠安"舰的电台继续保持与上海的国民党海军电台的联系。想尽可能让桂永清发生错觉,推迟舰队遭受轰炸的时间。

上海国民党海军电台发来质问:"舰队为什么还不开下去?"

林遵指示回答说:"一些舰艇发生故障,正在修理,不能行动。"

桂永清给林遵来电说:"只要你能把舰艇带到上海,任何事情都有商量余地。"

桂永清还要海军总部的人,分别利用同学、同乡的情分发电劝诱熟识的舰长下驶上海。

4 月 26 日,国民党海军总部给林遵和各舰长分别发来电报,要求立即向上海集中。下午,桂永清再次给林遵发来电报:"限你们 26 日午夜通过江阴下驶,届时有空军掩护,幸勿延误。"

这是威胁,接下来必将是狂轰滥炸。

林遵按照与何克希商定的方案，命令全舰队于 4 月 27 日转移南京下关。当天作息时间提前一小时。

清晨，水兵们冲洗甲板，检拭机械，把军舰打扮得漂漂亮亮。

官兵换上了整洁的服装，军官们摘去了帽子上的青天白日帽徽，士兵们拆掉了披肩上的青天白日徽记。官兵们在甲板上整齐列队。值更官陪舰长检阅了仪仗队。

船钟敲响六下的时候，林遵发布命令："红旗升上主桅！"

军号奏起了升旗乐曲，全体官兵立正敬礼，目光注视着一面象征革命的红旗冉冉升起，直达主桅顶端。

红旗在空中猎猎飘扬，以旗舰"惠安"舰为首，在大江中列队。

30 艘舰艇，在红旗引导下，浩浩荡荡，向南京下关驶去。

舰艇整齐地靠上了下关码头，官兵们在码头列队。

8 时整，两辆吉普车来到码头。

中国人民解放军第八兵团司令员陈士榘走下车来。林遵简短地向他介绍了舰队的情况。陈士榘高兴地说："好呀！我们上船看看。"

林遵引导陈士榘到各舰参观。

在"安东"舰的会议舱，陈士榘向所有舰长、艇队长说："祝贺你们胜利起义！大家辛苦了。热烈欢迎你们加入人民军队！"陈士榘接着果断地说："当前最重要的问题是保存我们的舰艇和人，而主要的是人！国民党的飞机来侦察过，下一步必定是轰炸。敌人不让我们有海军，可我们一定要建设人民自己的海军！今天，我看过了你们的舰艇，就算是接收了，细节以后再说。现在，舰队必须尽快疏散隐蔽。船上大部分人先到岸上集中学习，避免被轰炸时遭受损失，少部分人把军舰开离码头，按预定计划疏散隐蔽。"

各舰按照命令，由留舰人员驾驶，离开下关。

"安东"舰隐蔽锚泊东梁山。

"永绥"舰隐蔽锚泊马鞍山。

"联光"舰隐蔽锚泊当涂。

"吉安"舰、"太原"舰隐蔽锚泊采石矶。

"惠安"舰隐蔽锚泊三汊河口的关头。

"楚同"舰隐蔽锚泊燕子矶。

"美盛"舰在安徽和县附近江边抢滩隐蔽。

各炮艇在下关附近的金川河内隐蔽。

各舰大部分官兵离舰住进了挹江门原海军总部，林遵和舰长们住进了国防二村原海军宿舍。

4 月 28 日上午 9 时 45 分，国民党空军的美制轰炸机 6 架，对第二舰队分散隐蔽的舰艇狂轰滥炸。留舰的官兵组织火力奋勇还击。由于火力过弱，"惠安"、"楚同"、"永绥"三舰被炸沉。枪炮员何友生，士兵童如恒、吴本祥、陈一起、王幼琴、顾立卿牺牲，战士董福利、施依顺、陈善鑫等 16 人负伤。

人民解放军第三十五军下达通知："舍舰保人"，所有人员离舰。

4 月 30 日，国民党空军飞机炸沉"吉安"舰；5 月 4 日炸沉"太原"舰；以后又炸沉"安东"舰。

起义的 9 艘军舰中，6 艘先后被炸沉，造成了重大损失。这更激起了起义官兵的义愤。

"吉安"、"安东"、"楚同"、"永绥"、"太原" 5 舰都因为被炸沉后损坏严重，无法修复。

"惠安"舰被打捞修复后改名"瑞金"舰。

"江犀"舰改名"涪江"舰。

"美盛"舰改名"黄河"舰。

"联光"舰改名"古田"舰。

这些军舰列入人民解放军海军编制序列。

4 月 30 日，林遵和全体起义官兵发出了致毛泽东、朱德的电报：

中国人民革命军事委员会主席、中国人民领袖毛主席：

中国人民解放军朱总司令：

当我们开始走进中国人民解放军的行列之际，请接受我们最诚挚崇高的敬意。我们是一群被国民党反动政府统治着的海军。反动政府曾指挥我们以人民血汗换来的武器，来屠杀争取民族独立、民主自由的人民，保护卖国独裁内战反人民的蒋家小朝廷。可是，我们时常想到，用人民血汗建立起来的海军，应该是用来捍卫国家独立与人民民主的。为什么要拿美帝国主义供给的武器，屠杀自己同胞，从事反人民的战争？我们怀疑、思虑、愤怒不平，想到有一天总会找到可能的机会回到人民的阵线，和人民站在一起。

　　这个期待的日子终于来到了。当人民解放军百万雄师胜利突破了长江，南京国民党反动政府逃窜的时候，我们舰队的舰艇集中在南京东北笆斗山下，二十三日在燕子矶高举义旗，参加了中国人民解放军。

　　怙恶不悛与人民为敌的国民党反动派，竟于我们起义后，不断驱使空军轮番轰炸。妄想阻止中国人民建立自己的海军，这更加暴露了国民党反对中国独立民主的狰狞面目，更激起了我们的愤怒，更坚定了我们为人民解放事业而奋斗的意志。今后誓愿在中国共产党与人民革命军事委员会和人民解放军华东军区领导之下，贯彻毛主席、朱总司令的进军命令，为彻底推翻在美帝国主义支持下的国民党反动统治，完成新民主主义革命而奋斗；为彻底改造自己，学习毛主席建设人民军队的原则思想作风，学习人民解放军一切优良的政治工作与指挥工作的制度，建立一支人民的海军而奋斗！

　　第二舰队少将司令　　林　遵

　　永绥军舰舰长　　邵　仑

　　楚同军舰舰长　　李宝英

　　惠安军舰舰长　　吴建安

　　江犀军舰舰长　　张家宝

　　吉安军舰舰长　　宋继宏

　　美盛军舰舰长　　易元方

联光军舰舰长　郭秉衡

安东军舰舰长　韩廷枫

太原军舰舰长　陈务笃

第五巡防艇队队长　杜激琛

第一机动艇队队长　张汝樀

暨全体员兵同叩

4 月 30 日

5 月 11 日，新华社发表了关于国民党海军第二舰队在南京起义的报道：

新华社南京 5 月 11 日电：4 月 23 日，当人民解放军三路强大部队胜利渡过长江时，国民党海军第二舰队司令林遵将军率所属舰艇 25 艘（后经核实共为 30 艘），于南京东北约 8 里之笆斗山江面光荣起义，参加中国人民解放军海军。起义的海军官兵受到人民解放军和广大人民的热烈欢迎。

4 月 23 日起义，新华社迟至 5 月 11 日才发消息，是尊重林遵的意见，避免过早遭到国民党空军轰炸。

5 月 11 日，南京天晴气朗。中国人民解放军第二野战军司令员、南京军管会主任刘伯承接见了林遵和起义的舰长、艇队长以及官兵代表。

林遵和官兵们走进伪总统府"子超楼"三楼的议事大厅，

一些穿着粗布军装的解放军干部已经等候在那里。大家热烈鼓掌相互致意。

刘伯承站起来讲话，满口四川乡音，风趣地问道："你们晓得我是谁吗？我就是国民党报纸多次发表消息，说是已经被'打死'过好几回的'刘匪'——刘伯承是也！"

海军官兵们交头接耳，惊呀感叹了。他们没有想到这样一位赫赫有名的统帅竟是如此风趣，如此平易近人，更没有想到人民解放军这样的高级首长会接见他们！

刘伯承很满意这种效果，哈哈笑了一声，继续说道："那是他们吹牛皮，他们打不死我！你们看，我不还是好好的吗？不是还在这里欢迎你们，向你们讲话吗？"

会场上顿时活跃了，官兵们消除了紧张，缩短了同刘伯承的距离。

刘伯承高兴地说："今天，我代表人民解放军热烈欢迎你们！欢迎林遵将军和第二舰队全体官佐和士兵！"

会场上响起了热烈的掌声。

刘伯承继续问道："你们知道这里是啥子地方吗？"接着自问自答说："这里就是'子超楼'，是蒋介石那一窝子，四大家族和那些战犯们'议事'的地方。你们有哪个到这里来过呀？"

会场上静悄悄的。

刘伯承继续说："怕是都没有来过吧！今天让你们见识见识。我也是头一回到这里来呀！"

大家注意打量这个曾经是反动统治中心的地方，感慨不已。

刘伯承继续说："蒋介石就是在这个大厅里'议事'决定，做了许多伤天害理、祸国殃民的坏事。他们在这里决定挑起内战，屠杀人民，要消灭共产党。他们吹牛皮，说是要在几个月内消灭共产党。结果呢，今天被消灭的不是共产党，被消灭的是他们自己。毛主席和朱总司令命令我们坚决、彻底、干净、全部消灭反动派。我看，他们离彻底完蛋的时间不会太久了。"

海军官兵们全神贯注，认真听刘伯承的讲话。

刘伯承提高嗓音说："毛主席领导全国人民和人民解放军，用小米加步枪打败了美国帝国主义武装起来的蒋介石几百万军队，推翻了压在人民头上的三座大山——帝国主义、封建主义、官僚资本主义。南京的解放，我们在这里会见，就意味着蒋家王朝的彻底覆灭。那些战犯都跑了，但不管他们逃到哪里，我们总会把他们抓回来！同志们，新中国即将成立，即将建立新的联合政府，人民政府。我们要废除伪宪法、伪法统，没收官僚资本，实行土地改革，建设繁荣富强的新中国！"

刘伯承继续语重心长地说："当今的中国，只有两种军队，一种是帝国主义者、官僚资产阶级、封建阶级领导的反人民的军队，一种是无产阶级领导的人民大众的反帝国主义、反封建主义、反官僚资本主义的军队，此外，再没有任何第三种军队。第二舰队一经起义，就在根本立场上由反人民的军队转变成为人民服务的军队。所以，舰队起义后，国民党飞机就来轰炸，而第二舰队也就实行还击，这就表明了这个转变。起义的海军官兵一方面要认识过去曾经是反人民的工具，另一方面要加强现在为人民服务的意志。因此，起义的海军官兵要努力学习毛主席建设人民军队的思想，为建设中国人民海军而奋斗！"

林遵在致辞中说："我们坚决拥护和接受刘司令员给我们的指示，今后一定努力学习毛主席的建设人民军队的思想，为建设人民的强大的海军而奋斗！"

刘伯承从座位上站起来，绕桌一周，和每一个人握手。然后一起下楼，在楼前台阶上，和林遵、舰长、艇队长、官兵代表合影留念。

下午，刘伯承、唐亮、江渭清和第二野战军司令部在新街口龙门酒家，盛宴款待林遵和起义官兵代表。晚上，第二野战军政治部举行文艺晚会，欢迎全体起义官兵。

5 月 18 日，毛泽东、朱德给海防第二舰队司令林遵及起义官兵发来电报：

　　　　林遵将军、邵仑舰长、李宝英舰长、吴建安舰长、张家宝舰长、宋继宏舰长、易元方舰长、郭秉衡舰长、韩廷枫舰长、陈务笃舰长、杜澂琛队长、张汝樨队长和第二舰队的全体员兵们：

　　　　庆祝你们在南京江面上的壮举。你们率二十五艘舰艇，毅然脱离反动阵营，参加到中国人民解放军的大家庭来，这是值得全国人民热烈欢迎的行动。在巡洋舰重庆号于二月间起义并被国民党反动派于三月间炸毁以后，四月间又有你们的大规模起义，可见中国爱国人民建设自己的海军和海防的伟大意志，不是任何反动残余所能阻止的。希望你们团结一致，学习人民解放军的建军思想和工作制度，并继续学习海军技术，为中国人民海军的光明前途而奋斗！

毛泽东

朱　德

一九四九年五月十八日

十三、北京　1949 年

中南海，"映日荷花别样红"。参加人民英雄纪念碑奠基，见证了中华民族由跪着死到站着生。

人间正道是沧桑

林遵起义后，全身心投入协助华东军区海军司令员张爱萍组建华东军区海军。

林遵的弟弟林庠从上海交通大学毕业后，一直在台湾从事技术工作。林遵起义后，蒋介石、桂永清下令搜捕林庠，将他残忍地杀害了。

1949 年 8 月，张爱萍邀请林遵和原国民党海军总司令部办公室主任金声、代主任徐时辅、原国民党海军总司令部第六署署长曾国晟去北京见毛主席。

林遵等人刚住进北京饭店，中国共产党中央副主席周恩来便来看望他们。这是林遵万万没有想到的。

林遵十分感动，握着周恩来的手，想向周恩来倾诉自己感谢之忱，可一时又不知道说什么好。

周恩来穿着一身米色斜纹布制服，目光如炬，使人感到温暖。

周恩来说："欢迎你们！一路辛苦了。我今天先来看望你们，朱总司令还要见你们，毛主席也要见你们。新中国很快要成立了，我们要建设人民的海军。你们都是海军行家，请你们提出意见，贡献良策，共襄盛事！"

周恩来特别对林遵说："林遵将军和海防第二舰队的起义，从行动上有利于人民解放军渡江作战，你们的起义，对人民解放军解放南京，有很大的帮助，人民感谢你们！"

林遵诚恳地说："没有您指派郭寿生对我的帮助和指引，我这叶孤舟还不知道要漂向哪里哟。"

周恩来爽朗地笑道："你现在到达了光明的彼岸了！"

在一个中国式的老房子里，朱德总司令会见林遵等。

朱总司令穿着衬衣，摇着蒲扇，长者的风范，平易近人。林遵一直在想，这位叱咤风云、指挥百万大军的统帅，却如同普通老百姓一样平和！这就是中国共产党吸引人民、让人民信服的风格吧！林遵为之感慨不已。

到晚饭时候了，朱总司令留林遵和同志们共进晚餐。

·8月28日上午，林遵和张爱萍以及金声、曾国晟、徐时辅乘车来到中南海。

中南海，荷花盛开。

"水面清圆，一一风荷举。"

一湖的碧绿，一湖的影动，一湖的清香。

"接天莲叶无穷碧，映日荷花别样红。"显得格外红火。

林遵更是想起了袁枚的诗句："花里荷花寿最长，端阳开得到重阳。秋霜吹落烟波冷，犹有莲蓬子满房。"

汽车在一个小院外停住，林遵和同志们走进院子，工作人员引导着来到一个大厅。门口有竹制楹联，厅内悬挂着红色宫灯，古色古香，都是旧时的一切。中国共产党中央进了北京，没有新建办公楼，也没有为办公地点添置新设备。

林遵习惯地整理一下佩戴着"中国人民解放军"胸章的黄色军装。紧张地等待着。

不一会儿，只见毛泽东大步走了进来。

毛泽东身材魁伟，容光焕发，穿着一身青布制服，高大而朴实。

林遵向毛泽东举手敬礼。

毛泽东和林遵等人一一握手，连声说："欢迎，欢迎！"

林遵本准备好报告词的，但是，毛泽东这样随和，一双大手软乎乎的，轻轻一握，透着温暖、亲切，他只朴实至诚地问候道："毛主席好！"

毛泽东笑眯眯的，用眼光招呼所有在场的人说："好，大家都好！"

毛泽东坐下后，看大家还站着，连连摆手招呼大家就座，说道："坐，请坐。抽烟吗？大家随便。"

毛泽东要林遵在紧靠他的沙发上坐下。

从动身来北京起，林遵就有些不安，几天几夜都在想，不知道应该说什么好，也准备了一大堆话，可直到进了屋子，见了毛主席，还是不知道应该怎么说。

毛泽东打量林遵，笑着问道："看来你也就是四十来岁吧？"

林遵答道："我 1905 年出生，今年四十四岁了。"

毛泽东说："你看起来很少相，不像是四十出头了嘛。"

接着，毛泽东又一一问徐时辅、曾国晟、金声多大年纪，什么地方人。

毛泽东问道："你们中间有国民党员吗？"

林遵于 1927 年在福州海军学校学习的时候集体加入过国民党。没等他回答，毛泽东却笑着说："要说做国民党员嘛，在座的恐怕都没有我的资格老。"接着，简略地讲了第一次国共合作的历史，说道："那时，我们共产党员参加国民党，是为了给他们输血，把它搞活，利用它来推进革命运动。"

林遵体会到毛泽东忽然问起这样的问题，意在解除他们这些人可能有的顾虑。

毛泽东诚恳地说："请大家到北京来，是想和你们商量建设海军的事情。你们是老海军，张爱萍他们是新海军，新老海军要互相学习。"

此时，人民解放军正在向大西南进军，摧枯拉朽，势如破竹。8 月 4 日，程潜、陈明仁宣布湖南和平解放，对西南各省震动很大。云南方面，卢汉、龙云都透露了起义的意图。毛泽东在这个关键时刻会见国民党起义人员，以利于推动西南各省和平解放。但是，毛泽东从来不喜欢做官样文章，不愿把会见什么人搞成客套，搞成礼仪性过场，他准备实实在在地同林遵几个人商议建设人民海军的事情。他知道林遵等人是海军专家，而毛泽东自己对于海军却知之甚少。

林遵觉得毛泽东不是高高在上的接见，而是同你交谈，同你商量。林遵的话自然而然就出来了。毛泽东问什么，他就答什么，再也不考虑什么身份啦，谦虚啦，得当不得当啦。

林遵循着自己的思路，检讨说："国民党把我们的许多军舰都炸沉了，我感到惭愧。既不能同军舰共存亡，又没能妥善保存住军舰。我计划不周，以为舰艇疏散隐蔽起来，就能避免轰炸，减少损失，结果损失更严重。"

毛泽东说："不要难过，只要人在就好。有人，就会有军舰，可以造新军舰。最宝贵的是人，你们一千多人起义，比几条、几十条军舰都宝贵。你们有大功于人民！"

林遵深受感动，说道："第二舰队的官兵，绝大多数都反对蒋介石打内战。但是，仍不免犯了反人民的罪行，在安庆，在三江营开炮，造成沿岸人民和人民解放军的损失，罪责在我。中共中央、周副主席特意派郭寿生去找我，给我们引路。这是看得起我们，信任我们，我们才能够新生，宣布起义。但是，仍然有 5 艘军舰叛变逃向上海，连我的旗舰'惠安'号也有一些官兵带着武器，要求去上海。当时，我们还没有和人民解放军取得直接联系，我真是忧心如焚。幸好得到大多数舰长、官兵的支持，也迫于当时的形势，最终才安定下来。"

毛泽东点点头，说道："你们起义是顺乎潮流，合乎人心，是正义的！我们希望国民党有更多的有识之士和我们合作，一起完成解放事业，一起建设新中国。"

林遵在重庆时，多次见过蒋介石，那一个总是摆出威仪赫赫、至高无上的样子的人，而毛泽东是如此平和，穿一套布衣服，也没有熨过，一双布鞋是农家手工制作的。同你谈话时，他用专注、热切的眼光看着你，不由你不被吸引，想向他倾诉自己的所思所想。

毛泽东把身子挪到沙发边上，更靠近林遵一些，竖起大拇指说："你们的起义是壮举！你们起义使人民海军的力量迅速增强了。会有更多的国民党人仿效你们，站到人民一边来的。"

毛泽东接着说："蒋介石搞孤家寡人，搞独裁；我们共产党历来主张团结，统一战线。1923 年，中国共产党在广州召开第三次代表大会，决定同孙中山先生的国民党合作，建立反对北洋军阀的统一战线。1924 年，我们许多共产党员参加了国民党第一次代表大会，一起建立黄埔军官学校。两党合作，全国革命运动普遍高涨，有了北伐战争的胜利。抗日战争，我们的统一战线扩大了，打败了日本帝国主义。三年解放战争，我们还是靠统一战线。我们诚心诚意同大家合作，大家也和我们风雨与共。今后，全国人民要一起合作，建设新中国！"

毛泽东停下来，希望大家随意寒暄。

毛泽东继续说："我们要建设海军，请你们谈谈你们的意见。"

林遵说："第一是训练，训练人！海军活动在辽阔的海洋上，必须战胜风浪，战胜自然，然后才谈得上和敌人作战。安全很重要，技术很重要。一艘军舰，至少要有一半懂得技术的人，才能说得上安全，才能使军舰正常航行。我以为要先组织人才集中训练。"

毛泽东点头，更问道："你是哪个学校毕业的？"

林遵说："我是烟台海军学校的，后来转到福州海军学校寄读，在那里毕业。又在英国学了五年海军，还到德国学过潜艇。"

毛泽东笑道："啊，你是个海军通才哟，难得！"

林遵说："不敢当。"

毛泽东问道："你讲的福州海军学校，它的前身是马尾船政学堂吗？"

林遵回答说："是的。"

毛泽东点点头，说道："啊，这个马尾船政学堂，还是清朝同治年间，敝同乡左宗棠'大人'奏请开办的。听说是招小孩子从小训练起，很严格的。"

林遵说："是。进学校要订合同，不准中途退学，八年不放假，只有年节时的几天准许回家。"

徐时辅说："那时候海军学校大都这样。我学海军，一开始是在东北海军学校将校班幼年生，进学校的时候十四岁，一进去先到'肇和'号练习巡洋舰上，做适应性训练八个月，然后才去葫芦岛海军学校学习。"

毛泽东饶有兴趣地问道："你也到外国学习过海军吗？"

徐时辅回答说："我在美国安纳波利斯海军学校海军研究院学习。"

毛泽东高兴了，说道："你们都是有科学技术知识的人。海军是现代化的军队，你们要发挥所长，教会新海军的同志，教会从野战军调来的同志，帮助他们掌握技术，学会开军舰。"

毛泽东慨叹说："1866年马尾船政学堂开办起来，中国算是有了近代海军。这个学校出了许多人才，光是海军提督、海军总司令就出了好几个。"他转向林遵说："萨镇冰，清朝水师提督，他是你的同乡吧。"

林遵说："是的。民国反正，啊，辛亥革命时，他挂职离开军舰，回到老家教书。"

毛泽东说："这是一位可敬的老先生！他拒绝镇压辛亥革命。这一次，李宗仁请他去台湾，他拒绝了。蒋介石发电报让他和陈绍宽一起去台湾，他也称病不去，还告诉陈绍宽规避。两位老先生都很可敬！"

毛泽东停了一下，又说道："这个学校的学生当了海军总司令的还有李鼎新、黄钟瑛、宋文翙、程璧光。"

林遵感到惊异，他无论如何也想不到毛泽东竟会如此熟悉海军历史。

毛泽东接着说："马尾船政学堂还出了刘步蟾、邓世昌、林泰曾，都是著名将领，甲午战争中的英雄。"

毛泽东又问林遵："林泰曾和林则徐有什么关系吗？"

"林泰曾是林则徐的侄子。"

"哦，你也姓林，也是福州人，你也是林则徐的后代吗？"

林遵回答说："林则徐是我的曾叔祖，林泰曾和我父亲是堂兄弟。"

毛泽东说："哦，你也是将门之后啊！林则徐是我们中华民族的英雄。我年轻的时候，读过他委托他的朋友魏源编的书。魏源是很推崇林则徐的，他说'整我戎行'，'必沿海守臣皆林公而后可'。"毛泽东停了停，接着说："你刚才强调了人才训练，这个意见很中肯。魏源也说过'人才进则军政修'，'器利不如人和'。是很有见地的。"

林遵进而说出自己的意见："我以为对于起义的官兵，要在物质上多给一些照顾，这样既可以安定现在官兵的情绪，也利于招徕散处各地的海军人员，对于还在国民党手中的海军，也会产生好的影响。"

毛泽东点点头。

毛泽东和大家谈得很高兴，继续说："希望大家团结起来搞好海军建设。我们需要有强大的海军，把帝国主义侵略势力全部赶出中国去。这是从林则徐开始的，中国几代人的愿望。新海军要很认真、很虚心地向老海军学技术、学科学；老海军也要认真学习新海军的革命思想、传统作风。我们这支军队是人民军队，不同于一切旧军队，有它自己的唯一的宗旨，就是为人民服务；有它自己的原则和传统作风，比如党的绝对领导，政治工作制度，密切联系群众的作风。总之，你们懂科学知识，有技术，新海军要向你们学习。人民解放军有优良的政治工作制度和战斗作风，你们也要向新海军学习。新老海军要团结，互相学习，共同为建设强大的人民海军而奋斗。"

那时候，华东海军指定了一个由林遵参加的三人小组，负责起义官兵的学习、工作。林遵还不熟悉人民解放军的这一套，向派来的同志主动沟通和靠拢不够，三人小组也没有开过什么会，林遵心里有些想法。这会儿，听毛泽东一讲，他心里开通了，敞亮了，痛快了。

这时，张爱萍说道："主席为我们华东军区海军报题写了刊头，我们还想请主席给华东海军题词。"

毛泽东欣然道："好哇，你们想想，写什么？应该写什么？想好了，我给你们写。"

大家一时不知请毛泽东写什么好。

毛泽东说："这样吧，你们回去想好了，告诉我，我再给你们写。"

不知不觉，已经过去了两个多小时。

谈话结束，毛泽东起身和大家一起在大厅门口照相。毛泽东要林遵站在自己身边。

林遵感动地说："毛主席，您这么忙，耽误了您这么多时间，真不好意思。"

毛泽东爽朗地笑道："你们是远来的客人嘛！我这个人呀，是来者必见，哪怕几分钟也好。这叫打开窗户通通空气，了解情况。你们来了，给了我难得的学习机会，了解情况的机会，应当谢谢你们！"

回到北京饭店住处，大家仍然沉浸在兴奋中，每个人都受到毛泽东人格力量的感召。

林遵记起以前读过的《史记》，读到郦食其去见刘邦的故事。刘邦正在洗脚，没有起身出迎，郦食其责怪他倨傲不恭，不敬长者。刘邦谢罪，马上起身，光着脚，忙得连鞋子都穿倒了。他曾经为此感叹不已。他想，刘邦不过是封建帝王，根本不能同毛泽东比；而且，我们也根本不是什么长者，毛泽东还这样客气，这样谦和。令人感慨不已。

林遵原本有一个打算，见过毛泽东后，也有了变化。

当酝酿起义的时候，郭寿生曾经问过林遵，起义后有什么打算？那时候，林遵只想避免参加内战，中国人不要开炮打中国人，要使跟着自己的部属有个妥善安置和出路，关于个人的进退，想过"急流勇退"四个字。带领舰队起义了，对得起人民了，事成之后，就隐退。现在，毛泽东说要建设强大的海军，这是中国历史上从来没有过的机会。他一生都在追求振兴中国海军，现在，才看到了真正的希望。而且，毛主席这么真心实意地看得起海军专门人才，寄希望于我们，我们不能不听从这个召唤，不能不跟着毛泽东去实现中国几代人建设强大海军的梦。

建立强大海军，林遵和毛泽东同声相应，同气相求。

林遵想，毛泽东是这样一种人，只要你见过一面，有过一次接触，听过他一次讲话，你永远也忘不了。不由你不受了这种精神感召，由衷地心悦诚服。

张爱萍领导大家研究，草拟请毛泽东题词的内容。经过反复推敲，拟订了一个草稿："我们一定要建设一支海军，这支海军要能保卫我们的海防，有效地防御帝国主义可能的侵略。"

后来，毛泽东依据大家的意见，为华东军区海军题词。

1949 年 9 月 15 日，中央军委任命林遵为中国人民解放军华东军区海军第一副司令员。他积极协助张爱萍组建华东军区海军。起义的官兵积极帮助从野战军转来的"新海军"学会驾驭军舰，他们也逐渐转变成人民军队的一员。第二舰队起义的炮艇 3 号枪炮兵赵孝庵在 1950 年 7 月 9 日浪矶山海战中，奋勇炮击国民党军炮舰。炮 3 号艇不幸沉没后，他拖着 12 处负伤的身体，远离只有 10 里之遥的仍然为国民党军占据的大陈岛，鼓励其他 5 位战友坚决游向 40 里之外的大陆。他被授予甲等战斗模范称号。1952 年全国战斗英雄大会在北京召开，他被选入大会主席团。笔者在大会上采访过他。起义的炮艇 107 号艇长杜克明，也曾在美国迈阿密受训，在 1950 年 7 月 12 日奔袭披山岛的海战中，判明国民党军"新宝顺"炮艇是木壳船身，指挥炮艇勇敢地撞击过去，最后把它打沉海底。

9 月 21 日下午，林遵出席中国人民政治协商会议第一届全体会议开幕式。

中南海，怀仁堂，雕栏画栋，绚丽多彩，主席台正中是政治协商会议的会徽、红旗、鲜花，既典雅又喜庆。林遵头一次走进如此神圣的殿堂，噤声等待。这时，毛泽东身着黑色制服走进会场，人们热烈鼓掌，毛泽东把手举到帽檐上，笑着回敬所有的人。显得那样谦和、朴实。林遵看了一下表，18 时 50 分。

19 时整，大会开始，毛泽东讲话，林遵仔细聆听。毛泽东说："诸位代表先生们：我们有一个共同的感觉，这就是我们的工作将写在人类历史上，它将表明：占人类四分之一的中国人从此站立起来了！"

毛泽东的声音不高，却重若千钧，有震天撼地的力量。林遵更加意识到自己正置身一个历史时刻，参与一件经天纬地的大事业。

毛泽东满怀信心地预言："我们的国防将获巩固，不允许任何帝国主义者再来侵略我们的国土。在英勇的经过考验的人民解放军的基础上，我们的人民武装力量必须保存和发展起来。我们将不但有一个强大的陆军，而且有一个强大的空军和海军。"

毛泽东召唤一切爱国人民，为建立强大海军而奋斗。这是林遵和所有中国人的民族夙愿。

随后，宋庆龄讲话。林遵敬仰孙中山先生，也敬仰宋庆龄。他听她平和地说，"中国人民的成就，已经把整个世界的形势改变了。"当程潜上台发表讲话时，他注意到这位曾经是他的长官，讲到他追随孙中山四十五年，革命没有成功，感到惭愧。他还说，"我们革命的目的，本来不在改朝换代，而是要求社会变革，是要把数千年来的封建专制彻底推翻，把近百年来的帝国主义的压迫根本扫除。"林遵觉得，这些长于他的前辈，说出了他和许多人的共同感受。

9 月 23 日，毛泽东宴请程潜、张治中、傅作义、林遵和邓兆祥等 26 位国民党起义将领，毛泽东几次举杯庆祝到会的原国民党军将领举行起义和响应人民和平运动的功绩。毛泽东说："由于国民党中一部分爱国军人举行起义，不但加速了国民党残余军事力量的瓦解，而且使我们有迅速增加的空军和海军。"

政治协商会议期间，毛泽东十分关注林遵，9 月 26 日凌晨 3 时，毛泽东写信告诉周恩来：

尚未讲话而应讲话或想讲话的人们，如林遵、邓兆祥、刘善本等人（名单应加斟酌），本日上午或下午必须逐一通知他们写好讲稿，否则明天就来不及了。请注意及时组织此事。

林遵给毛泽东留下了深刻印象；林遵对毛泽东的细致关切，知人善任，永远铭刻在心。

林遵脑子里，时时萦绕着毛泽东的话："中国的命运一经操在人民自己的手里，中国就将如太阳升起在东方一样，以自己辉煌的光焰普照大地，迅速地荡涤反动政府留下的污泥浊水，治好战争的创伤，建设起一个崭新的强盛的名副其实的人民共和国。"

9月27日下午6时，林遵和所有政治协商会议代表齐集天安门广场，为人民英雄纪念碑举行奠基典礼。黄昏的暮霭中，天上亮起一抹红云。毛泽东在肃默中诵读纪念碑铭文：

三年以来，在人民解放战争和人民革命中牺牲的人民英雄们永垂不朽！

三十年以来，在人民解放战争和人民革命中牺牲的人民英雄们永垂不朽！

由此上溯到一千八百四十年，从那时起，为了反对内外敌人，争取民族独立和人民幸福，在历次斗争中牺牲的人民英雄们永垂不朽！

铭文平和、直白，发自内腑，发自人民心底。

林遵想起了林则徐，想起了林泰曾，想起了所有在鸦片战争和甲午战争中牺牲的英雄们，他们毕生为之奋斗的理想，今天终于实现了。我们可以告慰先烈们在天之灵！

"人间正道是沧桑"。林遵和全国 600 多位代表一道，直接参加和见证了新中国的筹备、创建，这是他一生中的莫大光荣。

林遵从旧营垒中走来，要适应向人民军队的转变，并不轻松。起义后原属海防第二舰队的舰艇仍然集合在一起，此时，华东军区海军初建，张爱萍司令员要求调出起义的一艘军舰以应作战需要，林遵表示不同意，引起不愉快。一些同志不了解，林遵曾经设想以从美国接收的 8 舰为基础，集中培训建立新海军，被陈诚拒绝，他的梦想破灭。起义后，他也设想集中起义舰艇训练，建设新海军。张爱萍要求抽调军舰，林遵心里还存有陈诚的阴影，不免引起类似的联想，表示不同意见。一些同志不了解林遵的经历，包括张爱萍也没有能够深入了解个中原委。1954 年林遵在自传中写道："我曾经设想以 8 舰为基础，用美国的方法，训练一舰成一舰，建设新海军，被碰得粉碎。起义后，也曾经设想以起义舰艇为基础，集中训练，建设人民海军，这也不切实际。"事隔多年，有人说林遵当时是想要当海军司令。我们没有看到林遵争当海军司令的任何记录。不要忘记，联络、推动林遵起义时，林亨元根据中共中央指示，许诺"起义一个舰队即编为一个舰队，起义一个分队即编为一个分队，如果不能实行起义，也欢迎林遵先生个人到江北解放区去"。如果林遵真有什么想法，也不算非分。

中国军队近代化历史启迪

过了五年，1954 年 10 月 18 日，秋高气爽的日子，林遵走进北京中南海，参加国防委员会第一次会议。

怀仁堂，精英荟萃，群贤毕集。

林遵，清癯、干练，高颧骨，大眼睛。他腰板挺直，端坐在那里。无论什么时候，无论在哪里，他都是如此，一派训练有素的军人气度。今天，他更加恭谨。

林遵举目四望，只见有彭德怀、贺龙这样的人民解放军高级将领，他们都久负盛名，是自己崇敬的军事领袖；有程潜这样的原国民党元老级人物，他曾经是国民党军总参谋长。抗战时期在重庆，自己曾在程潜办公室担任海军参谋；有陈绍宽这样的海军耆宿，这是曾经提携、培养过自己的长辈。比起他们来，无论是对革命的贡献，还是资历、学识，他都自愧弗如，没法和他们相提并论。林遵觉得很惭愧，忐忑不安。他清楚地意识到，正是因为海防第二舰队起义，顺应人民的希望和方向，他才得到如此的殊荣。

毛泽东亲自主持会议，开宗明义说："中国军队的现代化，我看可以分作三个阶段。""第一代是清朝末年搞的新军……这个新军和孙中山建立的革命党，在人民拥护的基础上，完成了推翻清朝的任务，但后来腐化了。""第二代是黄埔军。它曾经是一个革命军队……黄埔军也曾受到了人民的拥护，北伐时势如破竹，但也有一个缺点，就是脱离人民。""现在的中国人民解放军是第三代。人民解放军的前身是红军。"

毛泽东说:"这三代,代表了中国近代化军队的三个阶段。中国要搞一部军事史,把这三个时代的进步写一下就好。"

林遵特别仔细听毛泽东关于海军的讲话。

毛泽东说:"中国是个大国,要有强大的陆、海、空军。我们有那样长的海岸线,一定要建设强大的海军。""我们的海军,目前还只是一点萌芽。去年我还坐过一次军舰,从汉口到南京,在南京还看过快艇演习,海军战士都是十九到二十三岁的青年,见了他们就忘了我们是老朽。"说到这里,毛泽东在座位上看到了林遵,他笑着继续说:"当时也看到林遵委员,你们变成先生了。建设工业要有工程师,办学校要有教授,要团结他们,没有他们是不行的。当然,没有新人也不行。割断历史是不行的,好像什么都是我们白手起家是不对的。"

1953 年 2 月 19 日到 24 日春节中,毛泽东乘坐"长江"舰、"洛阳"舰从武汉航行到南京。航行中,毛泽东谆谆嘱咐海军全体同志要"爱舰、爱岛、爱海洋"。他反复告诫指战员:"太平洋不太平!"更先后写下了四幅同样内容的题词:"为了反对帝国主义的侵略,我们一定要建立强大的海军!"

毛泽东在南京检阅了"南昌"舰、"广州"舰、"黄河"舰和"101"、"104"快艇。"黄河"舰的前身就是海防第二舰队起义的"美盛"舰。毛泽东在检阅时又一次见到了林遵,所以他在会上提到了那次会见。

林遵记得 1953 年 2 月 24 日那天,毛泽东登上"南昌"舰,向燕子矶江面驶去。

燕子矶，江横水阔，天上云烟压水，水色天容不分。江流直下，气势磅礴。

"101"、"104"两艘鱼雷快艇从溟蒙水汽中疾驰而来。

艇首剖开白浪，两舷排气孔排出白色烟雾，鱼雷艇如同张开白色翅膀，要从水面上飞腾起来似的，疾如箭矢，奔若闪电。

毛泽东举起手来，频频向鱼雷艇挥动。

鱼雷艇编队从军舰左舷通过。

毛泽东为了看得更真切、更清楚，不顾下雨，走出驾驶台，站在左舷信号台上看鱼雷快艇操演。

毛泽东兴奋地连声说："好！很好！"

年轻的水兵和干部围绕着毛泽东，请他题词。

毛泽东就在军舰的海图桌上，笔走龙蛇地写道：

> 为了反对帝国主义的侵略，我们一定要建立强大的海军。
>
> 毛泽东
>
> 一九五三年二月二十四日

这是毛泽东三天中第五次写下了同样的题词。

林遵当时感到毛泽东笔端流露出如此强烈、如此急迫的感情，集中了全民族的愿望和意志，这必将成为照耀新中国海军航程的灯塔。

林遵在听毛泽东这次讲话前，从来没有想过中国军队现代化、近代化的历史，也没有想过这三代之间的联系，只想自己是从旧海军来的，应当同过去彻底决裂。其实，新生是从旧的历史新生，是凤凰涅槃，是吸取历史的经验、教训，是扬弃，没有旧，何有新！听了毛泽东的讲话，林遵重新从历史的角度审视中国海军走过的路。他发现，只有把中国海军现代化建设看作一个历史进程，才会更加意识到自己责任重大，意识到自己肩负着中国几代军人为之奋斗的使命！

毛泽东在讲话中总结说："在人民拥护的基础上，加上我们的努力，我们就一定能够战胜帝国主义的侵略和解放台湾，也一定能够建设一支现代化革命军队。"

林遵觉得毛泽东的讲话，对他而言，是一个激励，一个召唤。他相信，中国新一代一定能实现建设强大海军的历史使命。

在中国海军近代化、现代化进程中，林遵是一个承上启下的人物。他传承了中国近代海军在反对封建王朝，反对形形色色军阀的历史关头，敢于追求进步，站在时代潮流前面的勇气和果断，主动多方寻找中国共产党，同旧世界决裂。起义前夕，弃守江西湖口至江苏江阴的千里防线。人民解放军百万大军首先从这里横渡长江，占领南京，国民党反动政府宣告灭亡。海防第二舰队终于实现了一个舰队的集群起义，难能可贵。

林遵的童年，经过英、美教会学校的浸染；他的青年，接受的是英国式的海军教育；他更有五年时间，直接在英国海军学院学习，有两年在德国海军学习，又有一年在美国接收军舰。他平日讲话，不时会夹带着一两个英语单词或一个英语短句，以加强语气，更好地表达他的所思所想。这是他多年养成的习惯。但是，就是这样一个人，起来革命了。

毛泽东有一段精彩文字，几乎就是为林遵这样的人写的：

> 西方资产阶级需要买办和熟悉西方习惯的奴才，不得不允许中国这一类国家开办学校和派遣留学生，给中国"介绍许多新思想进来"……这样，西方资产阶级就在东方造成了两类人，一类是少数人，就是为帝国主义服务的洋奴；一类是多数人，就是反抗帝国主义的工人阶级、农民阶级、城市小资产阶级、民族资产阶级和从这些阶级出身的知识分子，所有这些都是帝国主义替自己造成的掘墓人，革命就是从这些人发生的。不是什么西方思想的输入引起了"骚动和不安"，而是帝国主义的侵略引起了反抗。

20 世纪 50 年代，在中国是一个天翻地覆的时代，旧有的一切，顷刻间崩溃倒塌，新的人物，在血与火的锻炼中，从历史潮头脱颖而出。

1955 年，林遵担任海军学院副院长，被授予中国人民解放军海军少将，被授予一级解放勋章。这一级勋章多授予从工农红军战斗历程走来的上将，林遵因对人民解放事业的特别贡献得此殊荣。当此时刻，林遵特别关怀那些同在美国训练的舰长，那些故旧，他们中的马纪壮、梁序昭、黎玉玺、刘和谦在撤至台湾后先后担任过台湾军队海军总司令，他希望他们为中国统一、为中华民族复兴做出自己的贡献。

十四、南海 1959 年

中国海军从水师营走来，捍卫汉域唐疆，中匤海域辽阔，但不容后退一步。

未雨绸缪

新中国成立后，海南岛、万山群岛相继解放，国民党军队从南沙群岛的太平岛撤退。中国人民解放军海军即组织船队多次去南沙群岛侦察、巡视，曾经在太平岛上留下醒目的标语："中国共产党万岁！""全世界劳动人民团结起来保卫世界和平！"

然而，太平洋不太平，朝鲜战争后，世界冷战旋涡中，美国深深介入印度支那半岛，支持南越傀儡集团侵驻中国岛礁，周边一些国家也对南沙群岛进行蚕食，南海酝酿着风暴。林遵时刻关注南海那一片热土。

1956 年 3 月 1 日，菲律宾马尼拉海事学校校长托马斯·克洛马搞了一个"私人探险队"非法窜至中国南沙群岛，在菲律宾副总统加西亚支持、怂恿下，于 5 月 21 日厚颜无耻地宣布他"发现"了南沙群岛，要求拥有"所有权"，建立"自由邦"。人们都讥讽他是一个"狂人"，一个失去理智的疯子。连美国华盛顿方面也于 5 月 23 日为此发出电讯："美国本日拒绝卷入菲律宾对中国南海若干无人小岛及礁岩所提主权要求中，国务院一位发言人以轻松的语气称，美国并未卷入此项要求之中。"

而这个克洛马竟于 8 月 15 日下午窜到香港美丽华饭店，举行记者招待会，又发了一通痴人说梦的胡话，遭到记者们的质问和批驳。《香港时报》当时作了详细报道：

记者：请你发表发现该等岛屿的经过。

克洛马：在 1946 年至 1947 年间，余等出海钓鱼，该等岛屿即被余等发现，余兄弟即提议上岸，于是余等即登岛。

记者：你没有发现中国人标志？

克洛马：绝对没有，直到最后一次登陆时才发现了中国人标志。

记者：人们说你是一个狂人，那么你有医生证明你不是狂人吗？

克洛马：我已是被誉为狂人了。

记者：你以前有无读过中国地理？

克洛马：没有。

记者：那难怪你口口声声说什么"自由岛"了。

记者：假如在菲律宾有一些地方没有人居住，外来者将它占有，菲律宾人将采取哪一种行动？

克洛马：将之驱逐。

记者：是了，你现在诡称发现新岛屿，拟将之占有，则将来不啻也会被驱逐。

克洛马：这不能列入同性质事项来讨论。

记者：怎不，你现之所谓发现，不是同一种强占方式吗？这等于是一间屋，屋主外出，你发现里面无人居住，便说这是你发现，便是你之所有，这怎能说是合理呢？

克洛马：我们对遗弃了的物件是任何人都可以取为己有的。

记者：根据香港法律拾遗是有罪的。

克洛马无言以对。

记者拿出一本杂志给克洛马说：你说你在南沙群岛寻找不到一点儿中国人标志，你且看这里所刊载的图片及一切事实吧！这些图片是中国人在民国三十五年（1946年）所设立的石柱，上有青天白日徽，其他还有中国人所建立的庙宇，远年的旧屋等，一切一切，都是属于中国标志。假如你不是瞎子，你可以睁大眼睛看个清楚。

克洛马理屈词穷，无以为答。

一位记者提议与会记者一律在杂志上签名，送给克洛马。

林遵还注意到 1956 年 6 月 2 日 9 时 30 分，从台湾左营军港驶出"太和"号、"太仓"号军舰组成的"立威"编队，由他的老朋友，当年和他一道率领"前进"舰队收复西沙群岛、南沙群岛的副指挥姚汝钰带领出航。于 6 月 5 日 14 时 45 分驶抵南沙群岛的太平岛。6 日 6 时在太平岛上升旗、立碑。8 日巡航南威岛。然后，返回台湾。

7 月 6 日，从左营军港出航了"威远"特遣支队，"太康"号、"太昭"号护卫舰和"中肇"号登陆舰搭载陆战队，10 日抵南沙群岛双子礁，11 日抵太平岛，重新进驻南沙群岛。随后，从 7 月 14 日起，巡航中业岛、沙岛、西月岛、鸿庥岛、南威岛、南钥岛、双子礁，并在北礁西北勘察，筹备建立灯塔。

9 月 24 日，"宁远"编队从台湾左营出航去南沙群岛巡航、运送物资。10 月 2 日，"太和"号在北子岛附近截获菲律宾海事学校训练船，舰长刘和谦带领水兵登船检查，将船长费立蒙·克洛马（克洛马的弟弟）带到"太和"舰审讯。克洛马向胡嘉恒上校和刘和谦承认他窜至南沙群岛是个人行动，请求宽恕。

林遵注意到，从 1970 年起，菲律宾马科斯政府派兵侵占了南沙群岛的费信岛、马欢岛、北子岛、西目岛、南钥岛、中业岛、双黄沙礁、司令礁；1977 年起，马来西亚侵占了南沙群岛的南海礁、光星仔礁、弹丸礁、琼台礁等；1973 年起，越南西贡反动当局先后于 5 月 7 日、23 日派 4 艘驱逐舰侵入中国南沙群岛海域，7 月 12 日，侵入鸿庥岛；1974 年 2 月 1 日，侵占南子岛，3 日侵占敦谦沙洲，5 日侵占景宏岛，17 日侵占南威岛等。

西沙海战

南海诸岛是中国安全重要屏障，保有南海诸岛，就有一个 1600 公里的防御纵深。这在技术兵器高度发展的今天，是十分重要的。失去它，就如同敞开门户，让人用尖刀直逼胸膛。南沙群岛附近的马六甲海峡、巴士海峡是国际航运通道，对东南亚、东北亚国家至关重要。争夺海洋的斗争，将使南中国海长期动荡不安。

长时间以来，南越西贡反动当局承袭法国殖民主义衣钵，于 1956 年侵占了中国西沙群岛西南部永乐群岛中的珊瑚岛。1959 年 2 月 20 日，美国武装和支持南越西贡集团派 HQ225 号炮艇侵入中国西沙群岛永乐群岛海区，22 日入侵琛航岛，抢劫掳掠中国渔船。这不是一个孤立的事件，与此同时，3 月 10 日，英国帝国主义分子与印度扩张主义分子策动西藏上层反动集团武装叛乱，"妄图把西藏拿了过去"。3 月 20 日，印度总理尼赫鲁公然要求把 10 多万平方公里的中国领土划入印度版图。中国周边形势骤紧。

3 月 9 日，周恩来总理给国防部长彭德怀写信，就《关于海军巡逻西沙宣德群岛海区问题》发出指示：根据在郑州时中央常委商定的原则，经报毛泽东主席同意的步骤，派海军舰艇开始巡航西沙群岛，相机在宣德群岛建立军事据点，进驻政府工作人员，建立巩固的生产基地。

海军司令员肖劲光、政治委员苏振华立即部署南海舰队司令员赵启民去榆林组织落实。3 艘护卫舰、4 艘猎潜艇、4 艘护卫艇和 1 个鱼雷快艇大队随即转进榆林，同时加紧抢修海南岛陵水机场，以便海军航空兵部队进驻。

3月12日，南海舰队榆林基地会同海南军区派出侦察组去西沙群岛海域侦察。3月17日12时，以"南宁"号护卫舰、"泸州"号猎潜艇组成的舰艇编队从榆林出发，开始第一个航次巡逻西沙群岛。

"南宁"号、"泸州"号凛然巡航西沙群岛海域，多次遭遇美国军用飞机侦照，中国水兵的火炮跟踪瞄准，迫使它们离开。南越军舰慑于正义，没有干预行动。

中国海军巡逻西沙群岛6个航次后，毛泽东批准在永兴岛建立海军据点，政府机构"南沙群岛、西沙群岛、中沙群岛工作委员会"同时进驻，实施有效行政管辖，组织渔民扩大生产，逐步覆盖西沙群岛全部海域。

海军及时向中央军委报告巡逻西沙群岛的情况，6月9日，总参谋长黄克诚根据海军的请示，向中央军委报告：拟充实西沙群岛巡航力量，调东海舰队两艘军舰通过台湾海峡去南海。6月14日周恩来批示：拟同意。6月15日，毛泽东批示：请彭酌定。从此，中国海军一直对西沙群岛海域例行巡逻，到1973年年底，海军定期对西沙群岛巡航达76次。遏制了美国、南越西贡集团侵略图谋。

1973年9月，西贡当局又公然宣布将中国南沙群岛的南威、太平岛等十多个岛屿划归南越福绥省管辖。

1974年1月11日，中国外交部发表声明，严厉谴责西贡当局，重申中国对南沙群岛、西沙群岛、中沙群岛、东沙群岛固有的主权。

1973 年 3 月，美国被迫从越南撤军，但继续武装西贡越伪集团，怂恿其先后侵占了中国南沙群岛的鸿庥岛、南子岛、敦谦沙洲、景宏岛、南威岛、安波沙洲，悍然宣布把南威、太平等岛划归南越福绥省管辖。

1974 年 1 月初，南越"总统"阮文绍到岘港成立作战指挥部，实行战争冒险。由南越海军司令陈文真指挥，以"李常杰"号（HQ–16）驱逐舰、"怒涛"号（HQ10 号）护航炮舰为左翼，"陈庆瑜"号（HQ4 号）驱逐舰、"陈平重"号（HQ5 号）驱逐舰为右翼，计划在中国永乐群岛登陆，"把中国人赶出去"。阮文绍把中国的隐忍看作软弱可欺，认为中国处在"文化大革命"中，无暇顾及西沙群岛。更以为有了美国制造的 4 艘军舰，总吨位达到 6540 吨，可以稳操胜券。他自我膨胀，欺骗和鼓动南越士兵说，"中国人不会打你们。"

1974 年 1 月 11 日，中国外交部发表声明，严厉谴责西贡越伪当局挑衅，重申中国对南沙、西沙、中沙、东沙群岛固有的主权。周恩来总理指示：密切关注事态发展，加强保卫西沙群岛的兵力部署。

这是一个非常时刻，在中国北方边境，苏联扩张主义陈兵百万，在海参崴结集了 100 多艘舰艇。在南方，菲律宾继侵占了南沙群岛的中业岛后，1971 年再占西月岛、北子岛。马来西亚又在中国盟谊暗沙进行非法钻探，蚕食中国领土，掠夺海洋资源。南海，战云密布。

1974 年 1 月 14 日，海军榆林基地魏鸣森副司令员率领 271、272 两艘猎潜艇开始第 77 次西沙群岛例行巡航。这两艘苏联50年代制造的喀朗斯塔德级猎潜艇，每艘满载排水量仅257吨，最大航速18节。本应调派火力强、吨位大的护卫舰出巡，但是，由于"文化大革命"废弃了原来行之有效的规章制度，军舰失修，无法航行。不得不从汕头调派某猎潜艇大队281、282艇立即赶赴西沙群岛增强巡航力量。

西贡越伪集团侵占了珊瑚岛，又派4艘军舰深深侵入永乐群岛海域。.

1月15日，西贡越伪海军的"李常杰"号（HQ-16）驱逐舰遣送15人的两栖小分队登占中国金银岛。

1月17日，西贡越伪集团增派"陈庆瑜"号（HQ-4）驱逐舰入侵，并派27名武装人员强登中国甘泉岛，公然摘下中华人民共和国国旗。

17日14时，中共中央军委副主席叶剑英发出指示：加强值班，提高警惕，准备打仗。

1月18日，西贡越伪集团的"陈平重"号（HQ-5）、"怒涛"号（HQ-10）、"李常杰"号、"陈庆瑜"号4艘军舰由飞机掩护，炮轰金银岛、甘泉岛。10时15分、13时45分，"李常杰"号在羚羊礁北面，先后两次冲撞中国渔轮，撞毁407渔轮驾驶台。

中午12时，周恩来总理亲自打电话到总参谋部作战值班室了解南越军队的挑衅行动。此时的中国，处在"文化大革命"的困扰中，周恩来也身染重病，为了国家民族的生存安危，他审慎分析判断，一字一字说：看来，在西沙群岛难免一战。应该对可能扩大的武装冲突做好充分准备，后发制人，有理有节，既寸土必争，又不使战争无限扩大。总参谋部根据广州军区的报告上报了兵力调动方案。周恩来转报毛泽东。23时，中央军委发出《关于我在西沙永乐群岛同越伪军舰的斗争问题》指示：为维护我国领土主权，对西贡越伪集团的入侵必须坚决斗争。在任何情况下，都不打第一枪；如越伪军舰首先射击，则应坚决自卫还击。

南海舰队鱼雷快艇、护卫艇、登陆舰转进至榆林待命，海军航空兵部队转进至海南岛前线机场。同时，广州军区指示海南军区在榆林集结两个营，准备支援西沙作战。

晚 21 时左右，西贡越伪集团"总统"阮文绍发给侵入西沙群岛的"陈平重"号电报指示："命令'收复'琛航岛"。"如中共开火，要立即还击、消灭。""'怒涛'号、'李常杰'号驱逐舰跟踪中共苏式护卫舰（原电如此。实际上，中国海军没有出动护卫舰）；'陈庆瑜'号、'陈平重'号支援 BH 分队登陆，消灭渔船和小船。""行动时间 19 日 6 时 35 分。"

当此紧急时刻，周恩来总理根据中央政治局会议的决定指示：

叶剑英召集军委五人小组（苏振华亦参加）研究商讨作战方案，部署自卫反击。

1 月 19 日，正值农历春节前，北京的天气异常寒冷。清晨，天空飘着雪花。5 时 40 分，叶剑英最先来到总参谋部作战值班室，拿起电话向周恩来报告："我是剑英，已经到了作战值班室，正按照你的指示工作。"紧接着，陈锡联、苏振华和六人小组中的王洪文、张春桥也到了，随后协助指挥的副总参谋长向仲华、海军孔照年副司令员、空军副司令员张积慧也到了。邓小平最后来到作战室，他没有多话，说道："先把情况汇报一下。"作战部海军组张予三汇报了永乐群岛海区南越军舰和中国海军前方兵力情况，叶剑英、邓小平口述了几条命令，就海战关键、兵力使用、出击时机等做了部署，又抬眼看了看陈锡联、苏振华等，见没有异议，便说道："发出吧。"

叶剑英、邓小平等曾经指挥千军万马，进行过无数大规模的作战，当前，永乐群岛海区只是一个不大的战区，海军投入的兵力有限，却是新中国第一次在海上反击外国入侵作战，他们丝毫也不敢掉以轻心，随时注意前方战事的进展。

1月19日上午7时，西贡越伪集团军队分乘4艘船进犯琛航岛、广金岛。守岛中国民兵据理斥责。侵略者不肯退去，首先开枪。中国民兵自卫还击，侵略者从琛航岛狼狈撤逃，一名南越士兵可怜兮兮地请求说："请给我证明，好向上司交差。"中国民兵在他手掌上写下了义正词严的话："琛航岛是中国领土，不容许任何人侵犯！"

10时23分，西贡越伪集团的"李常杰"号和"怒涛"号军舰向中国396、389两艘扫雷舰首先开炮。西贡4架飞机也轰炸扫射琛航岛。

海上指挥员魏鸣森命令：271、274猎潜艇、396、389扫雷舰自卫还击，坚决阻止越伪军队接近和抢登中国岛礁！

中国4艘舰艇总共不过1600吨，而越伪集团4艘军舰总吨位 6000 多吨。一场实力悬殊的战斗，惊天地，泣鬼神！

271、272 猎潜艇逼近越伪 1700 吨的军舰，利用其火炮死角，近距离齐发速射，猛烈轰击。

扫雷舰本不是用于水面作战的军舰，每艘也不过 400 吨，但是，勇敢地冲向越伪 1700 吨的军舰。389 扫雷舰与越伪"怒涛"号绞在一起，像帆船时代那样展开了接舷战，准备登陆海岛的民兵，也用轻机枪猛烈扫射越舰舱面，手榴弹甩向敌舰驾驶台，打得"怒涛"号脱身不得。

远从汕头赶到西沙群岛永兴岛的 281、282 猎潜艇编队，奋力向永乐群岛海面赶去。

珊瑚岛海面，中国两艘猎潜艇、两艘扫雷舰以大无畏的气概，利用艇小机动灵活和抵近炮火速射的优势，击伤了西贡越伪集团 3 艘军舰，迫使它们向西南方向撤去。

广金岛外，"怒涛"号依仗吨位大，火炮口径大，猛烈轰击中国 389 扫雷舰。炮弹落下，389 舰舱面起火，浓烟滚滚。水兵们带伤顽强战斗，继续集中火力，打得"怒涛"号多处受伤，失去控制，与 389 扫雷舰相撞。389 扫雷舰规避不及，被撞得首翘尾陷，海水漫过后甲板，处在危急中。

海上指挥员魏鸣森命令：389 舰退出战斗，赶赴琛航岛登滩。

281、282 猎潜艇及时赶到。魏鸣森命令："281 编队立即向羚羊礁追击，坚决消灭'怒涛'号！"

281 编队指挥员刘喜中回答："是，坚决执行命令！"

"怒涛"号虽已负伤，但远没有丧失战斗力，它不寻常地变化航速，寻求处于有利阵位，南越的水兵，穿着红色救生衣，在炮位上忙碌地上上下下，等待时机以便迎击中国舰艇。

中国海军281、282猎潜艇追逼南越"怒涛"号。

"怒涛"号舰尾40火炮开火了，炮弹在近处爆炸。

刘喜中命令："两艇注意保持航向，避开'怒涛'号主炮极限射界，从右舷165°加速逼近！"同时命令："信号兵，向敌舰发信号：'西沙群岛是中国领土，你舰必须退出中国领海'！"

"怒涛"号只沉默了一会儿，接着又打炮了。一发炮弹飞来，擦着信号兵的耳朵过去，在海里爆炸了。

刘喜中愤怒地命令："发信号，命令敌舰投降！要他们按照惯例，大炮归零，取消发射状态，全体人员到后甲板集合，表明投降诚意。警告他们，不投降，就消灭他们！"

信号发出，但是，"怒涛"号大炮仍然处于发射状态。

"再次警告！"

"三次警告！"

"怒涛"号不作回答，而是在悄悄地、缓缓地转向，扩大舷角。狡猾的对手在争取有利时机开炮。

刘喜中命令："加速靠近'怒涛'号！"

接近敌舰的角度不理想，不利于充分发挥火炮威力。刘喜中下达舵令说："左舵！"

"怒涛"号以为281、282艇将从左舷进入，全部火炮转向了左舷。

刘喜中见机立即命令："右舵，占领有利阵位！"

281、282 艇处于十分有利的射击角度，"怒涛"号大部分面积暴露在炮火面前。

"抵近，慢速，集火。左舷，向'怒涛'号齐射！"

"吮吮——"，海震天惊。顷刻间，大、小炮接连不断轰击，橘红色的火练直穿敌舰。炮弹在"怒涛"号上空爆炸，中国水兵发出了正义的吼声！

第一阵急袭过后，"怒涛"号驾驶台被掀掉了。

281、282 两艇一面猛烈轰击，一面驶过"怒涛"号，掉过头来，又从它舰艏进入，再次射击。

"右舷，瞄准'怒涛'号中心部位，打沉它！"

一去一来，打了一个来回。烈火横扫"怒涛"号舰舱面，它开始倾斜了。

刘喜中命令第三次冲击："右舷，顺航向，距离 200 米，慢速，集火，坚决打沉它！"

西贡越伪集团逃逸的 3 艘军舰惊魂甫定，试图返回作战海区。中国猎潜艇、扫雷舰立即迎前堵击，保证 281、282 猎潜艇击沉"怒涛"号。

12 时 30 分，"怒涛"号起火爆炸，开始右倾下沉。14 时 52 分完全沉没在东经 111 度 35 分 48 秒、北纬 16 度 25 分 06 秒的羚羊礁附近。

15 时，在北京总参谋部作战值班室，收到前方传来 281 编队击沉了南越"怒涛"号炮舰的消息，邓小平平静地说道："我们该吃饭了吧。"

为扩大战果，争取全歼入侵敌舰，苏振华征询了孔照年和南海舰队同志的意见，主张派鱼雷快艇出击，并经叶剑英、邓小平同意。可惜中途因故改变。

后来，苏振华感慨地说：人民海军一建立，就处在海防前线，一直处在战争环境，不断在战斗中经受锻炼。这次作战，部队事先没有充分准备，指战员带着各自的经历，各自的烦恼，各自的包袱投入进来，仍然在中国最不适宜打仗，最没有准备打仗的时候，用相对落后的装备和力量，把美国支持的、用美国军舰武装的外国军队打了个落花流水！打了近代以来中国海军舰艇对外国军舰作战从未有过的胜仗！检验了人民海军前二十多年的建设，雄辩地证明，我们这个国家，人民不管遭到什么磨难，有多少的不顺心，在民族危难关头，总能团结、奋起，互相理解，万众一心，同舟共济，这就是希望所在！

这次战斗，击沉西贡越伪集团"怒涛"号护航炮舰，击伤"陈平重"等3艘驱逐舰，击毙、击伤200余人。人民海军牺牲18人，68人负伤，389扫雷舰受重伤。

海上指挥所指示：遵照中央军委命令，舰艇立即疏散，防止敌舰报复，一有情况，立即集中。

战斗没有结束，苏振华等积极建议乘胜完全收复永乐群岛。经周恩来报毛泽东批准，命令中国人民解放军乘胜收复被西贡越伪集团侵驻的珊瑚岛、甘泉岛、金银岛。

1月20日6时，海军舰艇编队搭载陆军部队到达永乐群岛海域，海军航空兵歼击机编队飞临战区空中掩护，8时32分收复永乐群岛登陆作战打响。入侵的南越军队立即瓦解溃散，人民解放军在珊瑚岛登岛后，用越南话高喊"诺松空页

（缴枪不杀）！""中对宽洪堵命！（我们宽待俘虏）！"南越士兵摇着白旗走出碉堡，南越军队范文红少校高举双手向中国人民解放军投降。俘虏49人，其中少校1人，海军大尉1人，工兵中尉2人，还有一名美国驻岘港领事馆派驻西贡越伪集团第一军区的联络官杰拉尔德·埃米尔·科什。

新华社1月27日授权公布：

> 中国政府决定，1月19日、20日在西沙群岛的自卫反击战中，中国军民俘获入侵南越西贡军队官兵48名、美国人一名，均将分批遣返。

1月31日12时，中国在广东深圳将西贡军队伤病俘虏5名、美国病俘1名遣返。中国红十字会代表与红十字国际委员会代表罗杰尔·桑西、美国红十字会代表尤金·德·盖办理了交接手续。2月27日又将范文红等43人全部遣返。路透社1月31日报道被中国释放的南越和美国俘虏时写道："他离开中国走过罗湖桥时面带笑容。"美联社报道说："他们在被俘期间没有受到虐待。"泰国《泰京报》报道说："第一批在深圳被中国遣返的西贡军队俘虏和美俘，都承认他们在中国受到了良好待遇。"

西贡南越集团为了掩饰失败，夸大中国舰艇的力量，它的军方发言人黎重轩公然说："一艘南越巡逻护卫舰被一枚冥河式导弹打中。""此次战斗，中国舰只数目由11艘增至14艘，包括4艘配有导向飞弹的驱逐舰。南越舰只均被这种飞弹所击中"等，真是"天方夜谭"，狂人梦呓。阮文绍甚至导演了所谓"庆祝黄沙（指中国西沙群岛）大捷"的闹剧，在国际上贻笑大方。

倒是南越军队准将阮友幸后来在回忆文章中道出了实情："经过一段时间战斗，海军 10 号舰被击沉，海军 16 号舰遭重创，舰身倾斜，海军 4 号舰和 5 号舰也受重伤，但跑得还挺好，也还能靠码头，海军 16 号舰直逃回岘港。把包括一名美国顾问在内的第一军区军官组及一些海军别动队员丢在了岛上。"

西贡越伪集团的挑衅失败了，仍不甘心，急忙向岘港集结军舰和兵力。美国也派出一支舰艇编队，由菲律宾附近向中国南海方向驶来。经周恩来批准，人民海军东海舰队一支由"昆明"号、"成都"号、"衡阳"号导弹护卫舰组成的编队立即南下。1 月 21 日晚，从仍由台湾方面军队驻守的马祖岛以东驶入台湾海峡航道，凌晨 3 时多驶过金门以东，顺利直接通过海峡，赶赴南海，以应对可能发生的意外情况。

1 月 23 日，中央军委、国务院向西沙群岛参战部队发出嘉奖令。

西沙既克，琛航岛上修建了西沙群岛烈士陵园，永远纪念为国捐躯的 18 位英雄。

1974 年 8 月 15 日，苏振华视察驻榆林部队，向团以上干部讲话，开宗明义地说：中国是一个海洋国家，毛主席在延安就说过：海洋"给我们以交通海外各民族的方便"。这集中反映了我们中国人的海洋观。海洋关系国家、民族的生存，当今世界，海洋争夺愈演愈烈，我们有责任维护海洋和世界和平。"太平洋不太平"，也仍然是对当今海洋形势的概括。美苏海上争霸，日趋严重。美国想从越南撤军，但并不是放弃对越南的控制，还在南亚搞安全体系，搞颠覆，怂恿、支持一些国家侵蚀中国南沙群岛；苏联想取美国而代之，它的舰队已经伸向地中海、印度洋，同美帝争霸，也为了从东西两个方向包围中国。我们的任务是防御帝国主义、扩张主义的侵略，保卫海南，保卫我国海上、海底资源，保障海上运输通道安全。近代以来，帝国主义屡屡侵略南沙群岛、西沙群岛。1959年3月，周恩来总理根据郑州会议时中央和毛主席的决策，指示巡航西沙群岛，收复西沙群岛。提出三步走，舰艇巡逻、建立军事据点；工作人员进驻，设立管辖政权；建立巩固的生产基地，发展生产。保卫海疆，主要是国家、军队的责任。军队进驻，建立有效的行政管辖，组织渔民生产，开发海上、海底资源，使人民的生产、经济活动覆盖整个海域，才能完全巩固海疆。我们收复西沙群岛，向前迈出了一大步，作战纵深增大了，是解放南沙群岛的支撑点。历史上，帝国主义一直觊觎南海诸岛，尤其是法国殖民主义强占越南后，就染指西沙群岛、南沙群岛。日本帝国主义也叫喊"南进"，在抗日战争期间夺占中国南海诸岛。未来南海必将多事，形势迫人，我们要驱逐占据南沙群岛岛礁的外国军队，在适当时期完全收复南沙群岛。

部队就积极准备解放南沙群岛展开了热烈讨论，针对西沙群岛海战暴露的薄弱环节提出改善舰艇在航率、加强海上运输线建设；设想解放南沙群岛的最佳时机和条件；迫切要求在西沙群岛修建机场。

海军党委分工由第一副司令员刘道生坐镇海南岛，统筹组织西沙群岛设防工程，他来到西沙群岛，看到战士们在劳动中浑身沾满水泥、灰尘，却没有淡水冲洗；汗湿、盐渍，战士们身上的海魂衫破成了"渔网"，解放鞋张开了大口；看到战士们吃不上新鲜蔬菜，普遍烂裆，口腔溃疡。他一个个察看战士们的肩膀和双手，眼睛湿润了。刘喜中向他陈情汇报："岛上战士们住圆形碉堡，热得像蒸笼，整夜不能入睡；长年吃不到新鲜蔬菜，洗不上淡水澡，连饮水也要限量；劳动强度大，空气潮湿、含盐分高，把一切都腐蚀了，按标准发的衣服不够穿；战士们苦于交通、通信不便，最难耐寂寞和孤单……"他说着这些时，心里不免有些忐忑。刘道生却深情地说："你反映的问题很重要，这不是叫苦。保存和提高部队战斗力，就必须改善战士们的生活条件。不能让战士们苦守西沙，要让他们乐在西沙，才能够坚守西沙！"

海军党委向中央军委如实汇报了西沙群岛的情况，于是，战士们不再住碉堡，逐渐地住上了明亮、舒适的营房；有了海底电缆，电话直通全国各地；有了定期班船，有了直升机航线；有了优先配备的电视机，有了每周一次电影放映；全军各文工团轮流来西沙群岛慰问演出。开始筹备在永兴岛修建飞机场。海军副参谋长刘华清也在西沙群岛深入调查，提出改进和加强西沙群岛建设的意见。

1976年，毛泽东主席逝世前，签署了对海军的最后一道命令：将巡防区升级为西沙群岛水警区。至此，19世纪以来，特别是20世纪20年代以来，法国、日本殖民主义以及越南多次袭扰、入侵中国西沙群岛的历史结束了，外国人觊觎中国领土的梦呓亦当永远终结。

西沙群岛战事结束，已经估计到西贡当局必将把侵略行动转向南沙群岛方面，遗憾的是，由于种种原因，当时的中国军队没能采取行动。西贡傀儡集团垮台后，越南人民军接替西贡集团继续侵占上述各岛，并扩大侵占染青沙洲、奈罗礁、中礁等。

林遵十分关注南海，关注珊瑚岛礁作战，岛礁防御、战略建设的重要课题。

天涯哨兵——中建岛

笔者多次去过中建岛，离开它也已许久了，但是，总也不能忘怀。

中建岛。

地理坐标：北纬 15 度 47 分 2 秒，东经 111 度 12 分 1 秒。

面积：1.3 平方千米。

海拔标高：2.2 米。

这里是西沙群岛边缘的珊瑚礁岛。

它有许多名字：半路峙、半路屿、南极岛、螺岛、土来塘岛。螺岛，因象形而名；南极岛，表明它位于西沙群岛南端；半路峙，显示它在从海南岛至南沙群岛航路上的重要地位；中建岛为纪念 1946 年胜利接收本群岛的"中建"号军舰。在某些外国地图上标记为 Triton Island 由土来塘岛转译而来。

中建岛孤悬海上，距西沙群岛主岛永兴岛约 100 海里，距海南岛南端榆林港约 200 海里。

中建岛很小，绕岛步行一周不过 1 小时。人们打过一个比方：站在中建岛这一端说悄悄话，另一端的人听来如同就在隔壁。比喻略有夸张，但是基本贴切。总之，岛很小，弹丸之地，甚至连岛都算不上。只高出海面 2 米，每逢阴历月初、月半，朔望大潮，海水便淹过岛上。

1975 年 5 月的一天，永兴岛。

红旗猎猎，战士整齐列队，为进驻中建岛的小分队壮别送行。

西沙巡防区主任刘喜中庄重地把一面鲜红的国旗授予陈谷生排长和 6 名战士，命令说："祖国和人民把国旗交给你们，托付你们在中建岛上升起来，让她永远高高飘扬！"

七名勇士举拳宣誓："有我们在，就有国旗在；有我们在，就有中建岛在！我们誓死保卫祖国每寸土地，誓死坚守中建岛！"

刘喜中深情地说："你们是祖国在西沙最前哨的眼睛，要求你们在那里生存下去，一旦发生敌情，立即报告，我们会随时赶去支援。"

陈谷生说："我们哪怕只剩下一个人，也要死守中建岛，就是全部牺牲了，我们也会躺在中建岛上！"

视死如归，壮怀激烈。古人送别荆轲，"风萧萧兮易水寒，壮士一去不复还"，哪有如此激越，如此令人动容。

从永兴岛紧急驰援中建岛，需要四五个小时，遇有风浪，航路阻隔，则要求他们坚持更长的时间。战争当中，每遇艰险任务，明知将会有牺牲，指挥员也必须命令战士前去。刘喜中像过去战争年月里送别冲锋突击队员一样，凝视每一个战士的眼睛，直看到他们的心里。他看到战士义无反顾的决心，看到他们承担牺牲的勇气，他和每一个人紧紧握手，觉得无须再用什么语言去激励他们了。刘喜中一挥手："出发！"

陈谷生和战友带着国旗，带着电台，带着粮食和淡水，带着柴火，带着重托，登船起航。

海水凝重，如墨，如黛，水天一色，四顾茫茫。

前方，绿茵一片。水下是绵延的珊瑚礁盘。太阳把礁盘上的浅水照得绿莹莹的。珊瑚礁盘的顶部白得耀眼，看去好像薄薄地敷了一层白砂。

到了，中建岛！

直到天黑了，夜深了，小船才撑过礁盘，靠上中建岛。

陈谷生和战友们在岛的中央高处竖起旗杆，在岛的东西两端立起"中华人民共和国领土"的主权碑。

太阳出来了，第一缕阳光照亮了南海。

战士们双手托举起国旗，把她升起在中建岛上空。

没有奏乐，没有鸣炮，却如同每天清晨在天安门广场升起国旗一样庄重。没有仪仗队，没有观看升旗仪式的群众，13亿人的目光却都注视着这一面在南海上空飘扬的国旗。

陈谷生和战友们脚踏中建岛土地，面对迎风招展的国旗，庄严宣誓："人在岛在国旗在，誓与中建共存亡！"

中建岛满是细碎的珊瑚沙，没有一星泥土，没有一滴淡水，光秃秃寸草不生。岛的西面有一处略高一点的沙阜，战士们把帐篷搭在这里。

夜幕降临，天海混沌，漆黑一片。第一班岗哨派出了，中建岛再也不是不设防的荒岛了。

半夜里，海上起风了。珊瑚沙岸本没有寻常浪拍海岸的声响，这时却一阵紧似一阵地"唰——唰"作响，海浪翻涌浮动，磷火闪烁。一种无名的恐惧攫住了哨兵的心，他几乎怀疑有敌人的水鬼摸上来了，他紧握冲锋枪，极力睁大眼睛在暗夜里搜索。他要叫醒睡在帐篷里的战友，他轻手轻脚在岛上搜索了一圈，没有发现异常，但是，他没有找到土阜上的帐篷。他在岛上又转了一圈，仍然不见帐篷。他紧张起来，心里发毛：人呢？帐篷呢？他端起枪，把枪口对准黑洞洞的前方，开始第三轮搜索。突然，他被什么绊倒了，伸手一摸，竟是一个人，他往后一退，"咔嚓"一声拉开枪栓，大喝道："不许动！"

这一声喊，惊醒了熟睡的战士。这才发现，他们一直在天幕下露宿。因为太累了，竟不知道帐篷已经被大风卷走了。

大风呼呼，海浪哗哗，四顾茫茫，没有一处安身的地方。

天明了，向海看去，礁盘边缘有一艘搁浅的商船不知何年何月被大风送到了礁盘上，无法脱身，永远躺在这里了。据记载，1920年10月，一艘名叫"弗拉纳昂"号的法国商船在中建岛搁浅。而这艘庞然大物，距离中建岛大约700米，大小几乎可与中建岛相匹敌，而且高出了许多，成了中建岛一处制高点。陈谷生和战士们涉过礁盘，攀登上破船，决定在这里栖身。

战士们架设电台，与永兴岛西沙巡防区沟通联络。每天，踏蹚水涉过礁盘，到中建岛作例行巡逻。

搁浅的船，老鼠成灾，战士们日夜与老鼠"作战"。

一艘搁浅的船，百孔千疮，战士们把它改造成阵地、哨所。

一艘断航的船，死亡的船，由于 7 名中国军人，重新有了生气。

有战士，就有创造；有战士，就有生命。

台风季节到了，海上运输中断，没有青菜，连罐头、咸菜都没有了，战士们口腔溃疡；没有淡水，海水和面蒸出的馒头又苦又涩，难以下咽。火柴用完了，战士们轮流守护灶膛灰烬里的火种……后来，路过的渔民送给他们火柴，重新燃起旺火。

祖国关心边远小岛上的战士，关注海疆安宁，毛泽东命令将西沙巡防升级为永警区。海军刘道生副司令员在前方直接组织海岛工程建设和输送物资。已经担任水警区司令员的刘喜中和工程队一起参加中建岛施工。

中建岛的珊瑚沙上，奇迹般地矗起了一座四层楼房，围起了院墙，礁盘上开挖出航道和港池。战士们更要在这寸草不生的珊瑚礁上生出绿色，长出红花。

植物学家优选出的木麻黄树，在西沙其他岛上生长迅速，细细的、高高的直指蓝天，野枇杷树在珊瑚沙中也能存活，长得枝长叶大，亭亭如盖，但是，在中建岛却难以存活。肆虐的大风，会把幼苗连根刮走，烈火一般的太阳会把缺水的树苗烤焦。一次次栽种，一次次失败。战士从不曾为断粮、断水流泪，看着又一次死去的小树却伤心地哭了。

守备队第一任指导员柯秀民同大家商量说："咱们为小树搭遮阳棚，每天节省一杯饮用水来浇树，一定要在中建岛栽活扎根树！"

战士们从礁盘上运来大如脸盆的砗磲壳，在小树周围搭起挡风墙，立起遮阳罩。每个人的嘴唇干裂了，也要省下一杯水浇在树根上。

奇迹出现了，第二批小树生根了，长出小叶芽了。白晃晃叫人不敢逼视的珊瑚沙上，第一次有了绿色，有了绿荫。中建岛，如今有了300多棵树。

生活艰苦还不是最大的困难，最使战士们难耐的是远离大陆，音讯难通，有一种与世隔绝的孤寂。

一次台风过后，一位班长收到三封加急电报。第一封写着："母病重，盼归"；第二封写着："母病危，速归"；第三封写着："母病故，即归。"从第一封电报发出的时间到最后一封电报，前后一个半月，在中建岛上却同时收到。这位班长捧着三封电报，面对大陆方向恸哭，祈求逝去的母宽恕他的不孝！

当海军歌舞团演员苏小明、卞小贞等人第一次来到中建岛，战士们惊呆了。他们久不与生人交谈，似乎都不会说话了，用直勾勾的眼光随着陌生来客转。然后，把自己所有珍藏的虎斑贝、唐冠螺、荧光螺，直至最难得的鹦鹉螺、凤尾螺，全部捧送给来自祖国首都的亲人。演员们一个个流着热泪为战士们演唱，一曲未了，已经泣不成声了。

藏族诗人饶阶巴桑从雪山下来到中建岛，他捧着战士送给他的雪白的海螺说："在雪山上，海螺被当作神物，中建岛这只海螺，是守护中华民族大家庭的宝贝！"女诗人杨星火已经 50 岁了，她来到中建岛，却不肯随慰问团回，执意要留下来同守备队战士一起生活，待了近一个月，写下一组歌颂中建岛的诗章，才恋恋不舍地离开。

著名作家王蒙在元旦那天来到中建岛，为让战士们能够多看一次文艺演出，他代替战士站岗，为战士们包过年饺子。中建岛上悬有一位书法家写的《大风歌》："大风起兮云飞扬，威加海内兮归故乡，安得猛士兮守四方。"王蒙感慨万端地说道："在中建岛，在祖国万里海疆，是'今有猛士兮守四方'。"他激情洋溢地写了《伟大的水兵》，赞颂中建岛和西沙群岛的守卫者。

著名老作家刘白羽 72 高龄时来到西沙群岛，走遍琛航岛、珊瑚岛、永兴岛、石岛，最关切中建岛的守卫者，他在《南海，紫蓝色的海》一文中写道："一个小分队驻守在西沙群岛最南端的中建岛。那是最艰苦的地方、生死的边界线呀……四顾茫茫，浊浪滔天，但是他们坚韧地、默默地开辟着一座一座岛屿，创造出一寸一寸能够孕育绿色的沃土。"他赞誉中建岛战士是"西沙魂"。

中建岛艰苦，中建岛孤寂，战士们却深深地眷恋着它。

第一任守备队长张有义，新婚不久即返回中建岛，直到女儿出世了，长到几个月了，他仍然不知道她长得什么样，没有听到一次她的啼哭、她的笑声。

战士陆善克，是全国新长征突击手，他有幸到北京出席表彰大会。会后，领导批准他一星期的假，让他回家看看。他在家乡待了四天，却再也待不住了，他想中建岛，对家人说："离开岛子想得慌，我在家里不安生啊！我明天就回去。"他深怀歉意，告别家人，急匆匆赶回中建岛。后来，他调离中建岛，提升为干部，但是，他坚决要求仍然回中建岛工作。

中建岛，战斗的前哨。

中国海军战士面对南海凶险的波涛，时怀警惕。

南越阮文绍集团崩溃，越南人民军接替西贡集团于 1975 年 4 月 14 日至 29 日继续侵驻鸿庥岛、南子岛、敦谦沙洲、景宏岛、南威岛。1978 年 3 月、4 月，又先后侵驻染青沙洲、奈罗礁、中礁。

1979 年 4 月 10 日天刚蒙蒙亮的时候，正在值勤守望的刘伟腾发现远处驶来 3 艘船。三艘船窄长溜尖，不像通常的渔船。更奇怪的是一前两后，呈"品"字战斗队形向前驶来，他立即报告。经过仔细观察、分析，判断是外国入侵船只。

"战斗警报！"

此时，中建岛正在开港建码头，只有施工船只，没有战斗舰艇。水警区刘喜中司令员命令正在中建岛组织建港工程的训练科陈伟文科长："利用航道隐蔽出击，近战俘敌。"

陈伟文立即指挥守备队长张有义、牛泉水带领 18 名战士登上 9521 登陆艇和泥驳 22 号船出击，命令说："一口一口吃，集中力量先抓住一条船，看住两条船，务必全歼！"他和守备队指导员柯秀民在岛上组织炮火支援。

登陆艇从新开挖的航道隐蔽出击，绕到来船后方，堵截它们的退路。来船见势不妙，分散逃跑。张有义指挥首先拦截逃得最远的一条船。

当 9521 登陆艇突然出现在入侵船只面前时，越南人慌不择路地分头逃跑。9521 艇开足马力追击向西逃跑的越南指挥船 T205 和 T201 船。泥驳 22 号船速度很慢，但是，盯着越南 T203 船穷追不舍。

入侵船只困兽犹斗，架起 40 火箭筒准备夹击中国登陆艇。9521 艇一个右舵，以迅雷不及掩耳之势，逼靠越南 T205 船，在两船靠帮的一刹那，牛泉水带领战士何宗仁、陆善克飞身跳上 T295 船，怒吼一声："缴枪不杀！"陆善克机警地冲进机舱，喝令停机。越南船失去了机动能力，越南人也都成了俘虏。

9521 艇拖带着俘获的 T205 船紧追 T201 船。牛泉水要越南人向 T201 船喊话，停止逃跑。经过一个半小时的追击、堵截，悉数捕获了 3 艘入侵的越南武装船，俘获越南第五军区后勤局第四七五团上士范明雄等 24 人，缴获 6 具 40 火箭筒、5 挺轻机枪、12 支冲锋枪和报话机以及炸药等军用物资。

但是，越南扩张主义者于 1979 年 9 月 28 日竟发表《越南对黄沙和长沙群岛的主权》白皮书，居然把中国的南沙群岛称为"长沙群岛"，设"长沙县"。把中国的西沙群岛称为"黄沙群岛"，设"黄沙县"。

越南政府罔顾他们自己曾经信誓旦旦的承诺。1956 年 6 月，当南越吴庭艳集团叫嚷对中国的西沙群岛、南沙群岛"拥有""传统主权"的时候，越南民主共和国外交部副部长雍文谦在 6 月 15 日向中国驻越南大使馆临时代办李志民郑重声明：

"根据越南方面的资料，从历史上看，西沙群岛和南沙群岛应当属于中国领土。"

1958 年 9 月 4 日中国政府关于领海的声明宣布："中华人民共和国的领海宽度为 12 海里。这项规定适用于中华人民共和国的一切领土，包括……东沙群岛、西沙群岛、中沙群岛、南沙群岛以及其他属于中国的岛屿。"9 月 21 日，越南民主共和国总理范文同致函中国总理周恩来说："越南民主共和国政府尊重这项决定，并将指示负有职责的国家机关，凡在海面上和中华人民共和国发生关系时，要严格尊重中国领海宽度为 12 海里的规定。"此信由越南驻中国大使阮康郑重递交中国外交部副部长姬鹏飞。

1965 年 5 月 9 日，越南民主共和国政府声明："1965 年 4 月 24 日，美国总统约翰逊把整个越南及其附近水域——离越南海岸线约 100 海里以内的地方和中华人民共和国西沙群岛的一部分领海规定为美国武装部队的'战斗地区'……越南民主共和国政府强烈谴责和坚决反对。"

越南人民曾经与中国人民同一命运，经过几十年艰苦战斗，终于从自己的土地上清除了西方殖民主义者。世人皆知，中国曾经尽最大可能援助越南人民抵抗美国的侵略。可惜，勇敢的民族有时也难免陷入历史的误区。越南人误判形势，铤而走险。

这一次小小的海上接触战，无疑具有十分明确的警告和威慑意义，奉劝想继承法国殖民主义衣钵的越南立即缩手。中国人民必将坚决保卫历来属于自己的固有领土。

林遵一直牵挂南海，在他身患绝症，生命最后时刻，听到从西沙群岛传来捷报，露出了欣慰的喜色。他也曾经向朋友表示，战斗未有穷期，要捍卫祖国汉域唐疆，捍卫祖宗基业。

南沙岛礁保卫战

南海，世界第三大海，北靠中国大陆，东邻菲律宾，西濒越南和马来半岛，南连马来西亚和文莱，处于太平洋和印度洋之间，连接西北太平洋和澳洲大陆，是具有战略价值的海上要道，是中国交往世界各民族的"海上丝绸之路"的主要通道。历史上，中国在南海的主权基本没有受到严重挑战。1912 年，中国出版的《中华民国边界海岸及面积区划图》，绘出南海疆界线。1927 年中国出版的《中华海疆变迁图》包括东沙群岛、西沙群岛、中沙群岛、南沙群岛，完整标绘出中国南海疆界线。为抵御西方列强的入侵，1931 年 6 月 24 日，国民政府颁布中国《领海范围 3 海里令》。针对法国在 1933 年非法宣布侵占南沙群岛九小岛，中国水陆地图审查委员会于 1935 年 4 月正式公布和出版《中国南海岛屿图》，详细标注南海 132 个岛礁沙滩的名称和所处经纬度，中国南海最南疆域线至北纬 4 度曾母暗沙附近。1936 年中国出版的《海疆南展后之中国全图》，以断续国界线（九段线）标明东沙群岛、西沙群岛、南沙群岛（今中沙群岛）、团沙群岛（今南沙群岛）疆域。

日本通过《马关条约》攫取台湾，大力推行南进战略，窥伺南洋，南下夺占地缘战略利益线，处心积虑夺占中国南海诸岛。日本发动全面侵华战争，1939年侵占海南岛，随后侵占中国南海诸岛，将南沙群岛改名新南群岛。

战后，根据《开罗宣言》、《波茨坦公告》，中国恢复了南海诸岛主权。1946年，国民政府内政部方域司出版《南海诸岛位置图》，将"团沙群岛"定名为"南沙群岛"，原"南沙群岛"定名为"中沙群岛"，环抱东沙群岛、中沙群岛、西沙群岛、南沙群岛四周标定一条由11根断续线组成的U形线，最南端在北纬4度曾母暗沙附近。后改为10条断续线，其中南海9条，被称为"九段线"、"传统疆域线"，另一条在东海台湾与琉球群岛之间。1948年2月，中华民国内政部向国际社会公布《中华民国行政区域图》，国际从未有异议。

新中国成立后，政府审定出版《中华人民共和国全图》、《南海诸岛图》均明确标明这个南海疆界线。

1951年，在中国政府没有参加，中国台湾当局也没有参加的情况下，美国导演签订《旧金山对日和约》，故意只提日本放弃对西沙群岛、南沙群岛的一切权利，公然违背《开罗宣言》"使日本所窃取于中国之领土，例如东北四省、台湾、澎湖群岛，归还中华民国；其他日本以武力或贪欲所攫取之土地，亦将日本驱逐出境"和《波茨坦公告》"开罗宣言之条件必须实施"的认定，为南海留下祸害和诡异。冷战期间，南海成为美苏争霸前沿，局势动荡。

20世纪60年代末，南海发现了丰富的石油、天然气资源，被称"第二个波斯湾"。据最新油气勘探显示，南海海域有24个含油气盆地，估计油气储量约420亿吨。其中，中国九段线内的石油储量约295亿吨，天然气10万亿立方米。磷矿储量估计超过世界著名磷矿产地智利、秘鲁和整个非洲的总和。于是，周边一些国家陆续提出主权要求，甚至出兵抢占中国南沙群岛的岛礁。形成涉及越南、菲律宾、马来西亚、印度尼西亚、文莱、中国和中国台湾的"六国七方"的局面。截至2005年在南沙群岛较大的52个岛礁中，越南侵驻岛礁29个，菲律宾侵驻岛礁10个，马来西亚侵驻岛礁5个。中国主权被侵犯，中国领土、海洋被蚕食。

1987年12月，海军榆林基地参谋长陈伟文来广州参加军区召开的会议。广州，终年无霜，四季有花。入冬以后，没有了暑热，一年中最惬意的日子。他动身前，基地领导决定他会后留在广州休假。他妻子和一双儿女喜上眉梢，妻子调侃地说："欢迎稀客到家呀！"陈伟文却满怀歉意地拿出飞机票说："明天，我就要赶回基地去。"

军情紧急，陈伟文身在家里，心挂南沙。

1987年3月，巴黎联合国教科文组织第十四届政府间海洋委员会年会通过《全球海平面联合测量计划》，要求中国建立5个海洋观测站，其中，在西沙群岛、南沙群岛各建一个。随后，海洋委员会西太平洋机构在菲律宾马尼拉举行第五次会议，会议主席由菲律宾代表担任，确定由中华人民共和国在南沙群岛建立第74号海洋观测站。与会的越南、菲律宾、马来西亚的代表都没有异议，同意会议决定。当今，人类"九天揽月"，开发高边疆信心满满，而对于居住的地球，特别是海洋，则知之甚少。海是风波路，有潮汐、海流、海浪，水压、温度、湿度、盐度不同，人们知之甚少，降水，气压，水文、气象变幻莫测，许多海区成为航海畏途。南沙群岛海域就是其中之一。

中国政府为履行国际责任，决定在永暑礁建立第 74 号海洋观测站。这是一件为世界和平，为人类利益，在中国境内施行的和平建设工程，但是，越南当局突然出尔反尔，背弃国际会议的承诺，扬言"将对中国在南沙群岛建站进行干预"。公然向联合国组织的决定挑战。

永暑礁，北纬 9 度 30 分至 40 分，东经 112 度 51 分至113 度 3 分。历史上就是中国固有领土，千百年来，中国渔民习惯称呼为尚戊、上舞。

1987 年 5 月 8 日起，中国海军舰艇编队护卫"向阳红 5 号"在南沙群岛海域勘察了永暑礁、华阳礁、六门礁等岛礁。10月，中国海军又组织"海洋调查船 350"号对永暑礁进一步勘察、测量。1988 年 1 月 14 日、2 月 1 日，中国海军登陆舰"929"号和工程船共 10 艘 400 多人在永暑礁开始建站工程作业。越南当局公然冒天下之大不韪，不断派船派人到永暑礁骚扰，企图强行登礁。

陈伟文知道，南沙群岛之所以出现争议，是西方帝国主义，特别是法国、日本殖民主义留下的恶果。越南是一个勇敢的民族，19 世纪以来，与中国人民同一命运。越南人民经过几十年艰苦战斗，终于从自己的土地上清除了西方殖民主义者。世人皆知，中国曾经尽最大可能援助越南人民抵抗美国的侵略，甚至把仅有的已经安装在海防阵地的海岸炮拆下来支援他们。可惜，勇敢的民族有时也难免陷入历史的误区。越南有一些人忘记了遭受侵略的屈辱，承袭殖民主义衣钵，如法炮制一番。

1973 年 5 月 7 日、23 日，越南西贡集团 4 艘驱逐舰侵入中国南沙群岛；

1973 年 7 月 12 日，越南西贡集团的"陈国全"、"范老五"驱逐舰侵入中国鸿庥岛；

1974 年 1 月 30 日，越南西贡集团"陈兴道"驱逐舰及护航舰、登陆舰各一艘侵入中国南沙群岛；

1974 年 2 月 1 日，越南西贡集团侵占中国南沙群岛南子岛，3 日侵占敦谦沙洲，5 日侵占景宏岛，17 日侵占南威岛；

南越伪政权垮台后，1974 年 4 月 14 日至 29 日越南人民军接替西贡集团继续侵占上述各岛。

1978 年 3 月 23 日至 4 月 2 日，越南又先后侵占染青沙洲、奈罗礁、中礁；

1979 年 9 月 28 日越南政府竟发表《越南对黄沙和长沙群岛的主权》白皮书，居然把中国的南沙群岛称为"长沙群岛"，设"长沙县"，把中国的西沙群岛称为"黄沙群岛"，设"黄沙县"。但这也改变不了西沙群岛、南沙群岛属于中国的事实。1980 年 1 月 30 日中国外交部发表《中国对西沙群岛和南沙群岛的主权无可争辩》，驳斥了越南政府的观点。

1988 年 1 月 15 日至 2 月 19 日，越南变本加厉又先后侵占中国西礁、无乜礁、日积礁、大现礁、东礁。至此，已经非法侵占中国南沙群岛 18 个岛礁。

1月31日上午，越南2艘武装运输船载着建筑用的器材，向中国正在施工的永暑礁冲来，企图强行登礁。中国海军"553"、"556"护卫舰坚决拦阻，迫使越南船只离开。

陈伟文赶回基地，出现在司令员面前，要求说："请派我带领'502编队'去南沙群岛执行任务！"陈伟文被任命为编队指挥员。南海舰队副司令员的刘喜中指示说："要坚决执行中央首长关于南沙群岛斗争的指示，不惹事，不打第一枪，不示弱，不吃亏。任何人强占中国岛礁，就坚决反击，把他们赶走！这是一场维护国家主权的军事斗争，更是一场政治斗争、外交斗争，关乎国家、民族大义和根本利益，关乎维护世界和平、安全大局。"刘喜中还说："收复西沙群岛的时候，我们就盼望不失时机地把入侵南沙群岛的外国军队赶走，这是中国军人的神圣使命！我们要有打仗的准备。"

为了保障永暑礁安全施工，必须在附近岛礁构设防御体系。中国海军"162"导弹驱逐舰、"508"护卫舰已经护送"南拖147"号到达华阳礁勘察，搭建高脚屋，驻军守卫。

华阳礁，北纬8度52分、东经112度48分。中国渔民历来称其为铜统仔，中国早已在这里树立了主权碑。

2月18日上午，越南扫雷舰、武装运输船各一艘，直驶华阳礁西南礁边抛锚，一副抢登的架势。中国"南拖147"船的林书明队长立即带领5人先于越南人登上华阳礁，把五星红旗插在主权碑的礁石上。

越南人爬了上来，他们藐视中国国旗的存在，直逼中国水兵。越南人出枪，中国水兵比他们更快地亮枪。两军相隔约

15 米，擎枪对峙。中国水兵反复告诫说："这里是中国领土，你们必须离开！"

越南扫雷舰把炮口指向华阳礁上的中国水兵，中国海军"162"导弹驱逐舰的主炮立即指向越南军舰的驾驶台和水线以下。两军对峙近 3 个小时，在大义凛然的中国水兵面前，越南人退却了，缩回船上离开华阳礁。

为了保障永暑礁建站工程安全，中国海军"502"、"503"护卫舰前进至永暑礁海区，会合先期到达的"553"、"556"护卫舰组成"502"编队实施护航。

陈伟文，广东台山一个农民的儿子，出生在日本帝国主义侵略中国的 1937 年，童年经历了民族屈辱和旧社会的苦难，新中国改变了祖祖辈辈当牛做马的命运，他戴着红领巾，享受助学金读完了中学，1956 年 19 岁考入武汉大学，班主任老师对他说："有一个机会去当海军，你应当去！"当解放军，当海军，他向往已久，他和其他三个同学积极报考，只有他有幸被大连海军水面舰艇学院航海系录取。1961 年以优异成绩毕业，他没有选择武器装备相对比较先进的北海舰队，也没有选择东海舰队，而是坚决要求分配到条件最艰苦的南海舰队。由航海长、副舰长、舰长、业务长、大队副参谋长，一步一个台阶，逐渐成长为精通航海，熟悉西沙群岛、南沙群岛海域的指挥员。1974 年 1 月，中国海军歼灭南越阮文绍集团入侵军舰，他参加了收复永乐群岛的战斗。以后，他担任西沙群岛水警区训练科长，在西沙群岛边缘的中建岛组织建港和设防。1979 年 4 月 10 日，3 艘越南武装船偷偷逼近中建岛，陈伟文按照上级命令，指挥战斗，悉数俘获了 3 艘入侵的越南武装船。

陈伟文率领"502"编队于 2 月 22 日 15 时到达永暑礁海域，第二天，陈伟文率领"502"、"503"护卫舰携带建筑器材去南薰礁搭建起一座高脚屋。留下 5 名战士驻守。

"502"编队对奈罗礁、渚碧礁、安达礁、东门礁、琼礁逐个进行考察，在附近海域巡逻。连续航行、漂泊数十天，军舰携带的淡水所剩不多，只能用海水煮饭，苦涩难咽。没有新鲜蔬菜，舰员多数口腔溃疡。每人每天洗漱和饮用只配发淡水一杯，干部、战士无一例外。

3 月 2 日，元宵节，天无际，海无边。"抬头望明月，低头思故乡"，"何人不起故园情"？南沙酷热，干渴难耐。而大海空阔、寂寥，更是对人们意志的另类考验。水兵们在军舰甲板上举行元宵晚会，几乎每个人都登台"献艺"，素不上台的陈伟文跑上去，连声说："我给大家唱个湖南小调《吃辣椒》，献丑献丑！只为一展南沙群岛卫士风采！"

"502"舰漂泊巡弋在东门礁海域，周围是越南入侵占的景洪岛、鸿庥岛、染青沙洲，危机四伏。当然，也免不了有美国军用飞机窥探、凑趣。有迹象表明，越南方面将加强对建站的干扰、破坏。3 月 12 日，南海舰队命令"502"编队时刻保持高度警惕。陈伟文向舰长们传达上级指示，部署"556"护卫舰就位奈罗礁，"553"护卫舰就位渚碧礁，"463"航标船就位南薰礁，"南渔 811"船就位东门礁，"南渔 813"船就位牛轭礁，"503"护卫舰就位安达礁，"510"护卫舰就位华阳礁，"531"护卫舰和 6 艘施工船就位永暑礁。连同"502"护卫舰，一共有 6 艘护卫舰、1 艘航标船、2 艘渔轮和 6 艘工程船集结在这一海域，保障永暑礁建站施工。

3 月 13 日凌晨，陈伟文率领"502"护卫舰起航，对九章群岛海域航道和越南侵占的一些岛礁实施侦察。12 时，军舰抵达赤瓜礁。

赤瓜礁，北纬 9 度 42 分，东经 114 度 16 分，正处在北从郑和群礁，南至曾母暗沙的航行危险地带中心。潮来时，珊瑚礁几乎全被淹没；潮落时，才露出方园几平方米的礁顶。"502"舰的水兵艰难地涉过礁盘，登上礁顶。随后，中华人民共和国国旗在碧海蓝天飘扬。

16 时 20 分，赤瓜礁西北出现 2 个目标，"502"护卫舰迎上前去跟踪侦察。查清是越南登陆舰"HQ505"号、武装运输船"604"号，装载建筑器材向前驶来。17 时 20 分，越南登陆舰"505"号在鬼喊礁抛锚，17 时 45 分越南武装运输船"604"号在赤瓜礁抛锚，越南武装运输船"605"号也驶近琼礁抛锚。足见越南人预谋已久，有备而来，将同时抢登中国三座岛礁。

陈伟文面对的是越南海军负责人黄友太。碰巧，黄友太是比他低一年级的大连水面舰艇学院的同学，是越南青年留学生劳动党支部书记。当时，中国正经受灾荒，中国学员每顿饭都是高粱米，还要从有限的定量中节约一部分支援灾区老百姓。但是，供应越南学员的仍然是不限量的大米白面和富有油水的副食。黄友太毕业时，曾经诚恳地表示，中国是他第二故乡，越南和中国要世世代代友好！可是，曾几何时，他指挥越南海军侵略柬埔寨，又指挥越南海军不断侵占中国南沙群岛岛礁。对于这样的朋友，真的需要"再教育"！

中国领土不容许外人玷污！"502"护卫舰不断用越语向越南武装运输船喊话："这是中国领土，你必须立即离开！"越南人置若罔闻。"502"护卫舰副水雷长王正利和其他 5 名舰员立即抢先登上赤瓜礁。

夜黑无光，风大浪高，珊瑚礁盘凹凸不平，礁石锋利，水兵们在齐腰深的海水中，争分夺秒，涉礁而行。"502"护卫舰雷达兵们利用登礁水兵头戴的钢盔反射，及时准确引导，6 名战士于 22 时 13 分在礁上升起了中国国旗。

14 日 0 时 50 分，根据陈伟文报告，海军批准"531"护卫舰、"556"护卫舰立即赶往赤瓜礁海区。

14 日 6 时，越南武装运输船"604"号，公然无视中国的存在，放下适于礁盘浅水行进的浮排，装运大量人员、器材，抢登赤瓜礁，向中国国旗逼近。

"502"舰的 10 名中国水兵火速登礁护岛。

"502"舰政委李楚群亲自带领 3 名水兵直逼越南"604"船，水兵田龙山抓起缆绳，吴海金手起刀落，砍断缆绳。越南人的浮排失去了牵系，登礁的规模和速度被阻滞延缓了。

6 时 30 分，中国"531"护卫舰及时赶到赤瓜礁海区。陈伟文命令他们派人加强守礁力量。至此，"502"舰 33 名舰员、"531"舰 25 名舰员登礁，总人数达到 58 名，严阵以待。

7 时 29 分，越南共有 43 人登上赤瓜礁，在礁盘北侧插上两面越南旗帜。

危机重重，一触即发。陈伟文接连收到上级发来的电报，要求慎之又慎，有许多约束，有许多限制，甚至有许多个"不准"。他体会到上级执行和平解决两国争端决策的善意和耐心，他必须坚决执行。作为第一线指挥员，如何准确判断和把握应对的时机和力度，颇费思量，甚至有为难之处。但是，他没有犹豫，面对不守信用的对手和瞬息万变的局势，他心中有一个笃定的信念，人若犯我，我必犯人。我决不打第一枪，但为了祖国神圣领土完整，为了祖国尊严，我有实施第一时间还击的权力！

陈伟文命令李楚群和"531"舰副政委指挥礁上的中国水兵坚决把越南入侵者赶下赤瓜礁。他严格命令："必须坚持不打第一枪，但是，如果入侵者开枪，立即还击，坚决消灭！"

陈伟文同时命令"502"舰、"531"舰所有火炮瞄准越南武装运输船"604"号。

中国水兵前进一步，迫使越南士兵后退一步。双方相距约 30 米时，停下对峙。中国水兵再次晓之以理，义正词严地告诫："你们侵入了中国领土，必须立即离开！"

越南人错误地以为中国水兵示弱了。几个越南士兵蜂拥过来，向礁盘上插越南旗帜，扬着手中的枪支，做着侮辱性的下流动作。

"531"舰反潜班长杜祥厚和水兵张清、薛卫中跨上前去阻拦，杜祥厚用力把越南旗帜拔了出来。一个越南士兵挥拳打来，穷凶极恶，用力过猛，身体失去平衡，杜祥厚顺势将他按倒在礁盘上。另几个越南士兵挥舞着匕首冲过来，枪口直指中国水兵胸脯。千钧一发,"502"舰副枪炮长杨志亮和黄国平大步上前,断喝一声,用左手抓住越南人的枪管猛力向上一托,向旁边一推。越南士兵不顾一切地开枪了。

"哒哒哒"!一串罪恶的子弹打在了杨志亮的左臂上,鲜血直流。"502"舰航海日志记录下这一时刻:8时47分10秒。

杨志亮愤怒了,在越南人的枪声响起后一瞬间,他的冲锋枪"回答"了,入侵者倒下了。

越南武装运输船"604"号丧心病狂地用机枪向礁盘上的中国水兵扫射。而这艘运输船,原来也是中国援助越南的。越南人却用它来袭扰中国!

陈伟文眼睛冒火了。他知道,和平时期一声枪响会引起怎样的反响,当今世界上所发生的150多次大大小小的局部战争,大至英国、阿根廷的马岛之战,小至非洲国家间一次短暂冲突,几乎无不由双方最高统帅部决策,甚至直接指挥。作为一个海上编队指挥员,他授权不多,但责任无限。不像战争时期那样可以凭个人意志和判断行事,然而,十几年来,目睹越南人不断蚕食和抢占中国南沙群岛的岛礁,今天又遭到越南人直接攻击,入侵者开了第一枪,中国纵然海疆万里,但没有一寸后退的余地!他果断命令:"坚决还击,惩罚入侵者!集中火力打沉越南'604'船!"

"502"舰的机枪首先向越南"604"船射击,随着,"502"舰、"531"舰主炮、副炮相继开火。原在鬼喊礁海区的越南登陆舰"HQ505"号赶来,用40炮向中国军舰射击。陈伟文命令"531"护卫舰拦击越南"HQ505"登陆舰,保障歼灭越南

"604"船。

越南"604"船在炮火猛烈轰击下起火，9时许，在北纬9度41分31秒、东经114度155分12秒处沉没。

陈伟文命令"502"舰、"531"舰集中火力惩罚越南"HQ505"登陆舰。炮弹落处，越南军舰起火燃烧，9时15分开始转向逃跑。9时42分，"556"舰、"531"舰、"502"舰集中炮火追击。10时07分越南"HQ505"舰多处负伤冒烟，慌忙在鬼喊礁西北抢滩。最后因损伤严重也沉没了。

在琼礁海区，中国"556"护卫舰向越南武装运输船"605"号不断喊话，发出警告："你们侵入了中国领土，立刻离开！"越南人置若罔闻，仍然派出武装人员抢登琼礁，猖狂挑衅。中国"556"舰还击，9时37分，越南武装运输船"605"号中弹起火倾斜，海水漫过甲板，指挥台被摧毁。中国军舰停止射击。当晚，越南"605"号船在逃跑中也沉没了。陈伟文命令3舰停止射击，捞救并俘获落水的越南士兵。

越南人从三处同时发起的冒险入侵挑衅被粉碎了，中国海军进行了有限度的还击，随后，相继进驻东门礁、渚碧礁等6个岛礁，巩固了自己在南沙群岛的存在。

当天，中国外交部向越南驻中国领事馆照会，严正指出："越南当局必须立即停止在南沙群岛海域对中国的武装挑衅，从抢占的中国岛礁及其附近海域撤走。否则，它必须对由此引起的一切后果承担全部责任。"

当邓小平听到汇报说，海上指挥员坚决执行"不打第一枪"的命令，但他果断、适时地命令还击，打沉了入侵的越南武装运输果船 1 艘，重创 2 艘，加强对 6 座岛礁的控制，保障了永暑礁建设顺利进行和以后的正常运作，他赞许地说："这不是很好吗？很好嘛！"

至此，曾经可能有过的质疑都冰释了。4 月 1 日，中央军委主席邓小平发布通令，嘉奖作战部队。陈伟文被提前晋升为少将。

弹丸之地，几响枪炮声，引来了世人瞩目：

日本《时事解说》："中越海战以中国胜利而告终，中国军队击沉击伤越南三艘舰只，显示了中国海军远洋作战能力。"

马来西亚《南洋商报》："中国军力不可侮，越南的任何轻举妄动，可能会自取其辱。"

印尼《雅加达邮报》："中越南沙群岛冲突，生动表明归属争论使这个具有战略地位的地区潜在着爆炸因素。"

英国《泰晤士报》："这个群岛横跨西太平洋和印度洋之间主要航道，中东向亚洲提供的石油约有二分之一需要经过这个地区……这个群岛在战略上的重要性似乎超过了其经济上的重要性。"

日本《时事解说》："3 月 14 日在南沙群岛爆发的中越两军的海战，很可能成为今后长期拖下去的南中国海问题的前兆。"

战斗结束，有许多水兵转为志愿兵，有的被推荐去军事院校学习，这对于许多从农村或小城镇入伍的战士来说，是很难得的机会。有三个水兵，来自温州富裕殷实之家，当征询他们的意向时，他们几乎异口同声地说："我尽了自己的义务，准备如期退伍，也希望所有青年公民都来尽自己的义务，保卫祖国。一个青年人，一定要有一次当兵的历练。我很自豪有幸参加保卫南沙群岛的战斗，这一辈子，大概最忆是南沙了！"

1988 年除夕，中国中央电视台新闻联播屏幕上显示一个海军军人的婚礼。赤瓜礁战斗一等功臣杨志亮和大连一位姑娘结婚，这是一个普通的婚礼。不寻常的是海军司令员张连忠中将和政治委员李耀文上将出席祝贺，李耀文语重心长地祝贺说："你们在南沙群岛，立业今朝，功在千秋！"

功在千秋，中国历代海军做到了，当代和未来中国海军还将沿着胜利的航迹前进，任重而道远。

进入 21 世纪，美国"重返亚太"，变本加厉介入南海，在南海搅局，军事行动有增无减。日本蠢蠢欲动，印度、澳大利亚也在向南海伸手。

2016 年 1 月 30 日，美国海军"柯蒂斯·威尔伯号"DDG54 导弹驱逐舰未经允许擅自闯入中建岛 12 海里中国领海，巍然屹立的中建岛、中国军舰发出警告，予以驱离。

此前，2015 年 12 月 10 日，美国 2 架 B-52 战略轰炸机飞经中国南沙群岛岛礁上空，中国军机跟踪监视，警告驱离。

2015 年 10 月 27 日，美国海军"拉森号"导弹驱逐舰擅自进入中国南沙群岛岛礁附近海域，中国军舰跟踪监视，警告驱离。

美国打着维护航行自由的幌子，"重返亚太"，显示其力量的存在，重拾 20 世纪 50 年代建筑"反共防波堤"故技，保持其在亚洲、太平洋的霸权。当年，美国企图"把新中国扼死在摇篮里"，事与愿违，适得其反，中国成长了，如今要应对的是崛起的中国，其结果可以预期。只是美国人健忘，忘记了当年在朝鲜与中国较量，也忘记了在越南的较量，还忘记了60年代在中国海南岛上空的较量。1965年至1970年，在毛泽东"美机入侵海南岛，应该打，坚决打"的指令下，海军航空兵先后击落美军飞机7架，迫使美军击落自己飞机1架。1965年9月20日，美军最先进的F–104C战斗轰炸机也被击落，飞行员被生俘。这名飞行员因侵犯中国被拘留7年，只是在尼克松访华的时候，被中国友好地宽大释放。80年代这个飞行员来到中国，要求会见击落他的飞行员，感谢他只打飞机不打人，感谢从大海里捞救他的老渔民。最近的一次，2001年4月1日，美军EP–3型电子侦察机抵近海南岛侦察，违规突然撞击中国飞机，致使飞行员牺牲。美军飞机也因伤机鼻脱落、一部发动机毁坏，迫降海南岛，理所当然遭到扣留。它的飞行员曾经透露出因侵犯中国也要被拘留7年的担心。只是中国从大局考虑，在美国道歉后于4月12日加以释放。但不允许将飞机修复后飞走，也不允许美国用自己的运输工具运走毁伤的飞机，只允许拆卸后，租用俄罗斯AN–124大型运输机运走。

　　美国海军"柯蒂斯·威尔伯号"导弹驱逐舰擅闯入中建岛，是一个严重的警号。

十五、东亭山　1978 年

一个从穷乡僻壤走来，自"山地大学"毕业，一个从海军世家走来，经西方精心训练，他们殊途同归，为新中国海军走向深蓝呕心沥血。

把臂之间已成莫逆

春天，桃花汛旺发，舟山群岛海面帆樯如林，赶汛的渔船密密麻麻，闽北的彩色舟，辽宁的尖壳船，山东的花头红，浙江的老鳅龙，整装待发。

海军码头上，林遵看见从靠岸的交通艇上走下来老朋友萧炜，他惊喜参半，大步上前，一把抱住他的肩膀，连声说道："老朋友，你还活着呀，你受苦了。"说着，他把老朋友推开一些，端详了好一阵子，笑道："精气神挺好，没有垮，还可以干十年，不，再干二十年，干到海军强大起来！"

萧炜是林遵在海军文化战线的老朋友，两人交往不多，却知交不浅。这位朋友在"七七事变"前，背叛了剥削阶级家庭，投奔延安参加革命。在"文化大革命"中，受到了不应有的冲击。林遵一直惦记他。

在刚刚过去不久的噩梦中，大多数从工农红军走来的将军受到"触及灵魂和皮肉"的冲击，林遵虽有特殊经历，也受到冲击。他被三次抄家，甚至有人诬蔑他是"双重间谍"。林遵苦笑着摇头，对青年人的幼稚、无知，被人煽惑，深感惋惜。他担任海军最高学府海军学院副院长，本指望帮助这些青年人成为未来海军建设的英才，他们也曾经尊重他这个"海军通"。一夜之间，却把他视作仇雠。他对幕后指使青年的人极其蔑视。这时候，他更加思念毛泽东、周恩来。林遵梦寐以求的是中国有一支强大的海军，他曾经寄希望于国民党，而国民党破灭了他的理想。国民党的倒行逆施使他信服中国共产党。毛泽东、周恩来更以他们特有的感召力，使他刻骨铭心。一时的委屈，没有改变他的信念，他从不后悔在中国革命历史关头做出的抉择。

林遵和老朋友交谈甚欢。

我在一旁注意到林遵和我在上次见到他时，明显地老了许多。但是，精神饱满，一双大眼睛清澈有神，依然如旧，甚或更为明亮。20 世纪 60 年代南京海军学院，那一片绿荫一如往昔。

1975 年 5 月，中共中央军委任命林遵为海军东海舰队副司令员。他深知东海是一个多事的海区，舰队正面应对的是日益复活的日本军国主义，而且，海峡对岸也有诸多不确定因素，责任重大。他和许多重新恢复工作的将军一样，以迫切的心情和危机感，坚决贯彻整顿方针，夜以继日地工作以弥补

"文化大革命"失去的时间，恢复被林彪集团、"四人帮"破坏的秩序，重立规矩，恢复行之有效的规章、制度，帮助部队在短时间里取得许多进步。他带病深入 60 多个基层单位，积极参加海军装备工作会议、新型舰艇定型鉴定会议，以其丰富的经验和智慧，提供具有前瞻性的建议。林遵不改初衷，继续坚持要求加入中国共产党。1977 年林遵因鼻咽癌术后化疗，身体虚弱，疼痛难忍，仍然于 6 月 20 日，中国共产党诞辰纪念日前夕，再次给海军党委写信，恳切要求：

> 我一九四九年参加革命后，受到党的关怀、信任、重视和培养，政治思想水平逐步得到提高，世界观逐步得到改造。我深信马列主义、毛泽东思想是真理；中国共产党是伟大的、光荣的、正确的党，只有社会主义才能救中国。我的起义是党指引的，我能获得新生，能够有今天，我的一切都是党给的。我曾数次写信给海军首长和海军党委，提出入党要求。1975 年 10 月，党终于同意了我的申请，允许我填写入党志愿书，但迄今尚未批下。我再次请求海军党委将我的入党问题提上日程，使我在有生之年能够更好地为党、为人民、为人民海军贡献出自己的力量。

中共中央政治局委员、海军党委第一书记、海军第一政委苏振华立即在信上签署自己的意见："建议提交常委讨论决定"。海军党委第三书记、常务副司令员刘道生一直积极主张吸纳林遵加入中国共产党。1984 年我帮助刘道生整理回忆录时，他向我谈到林遵时说："我在兼任海军学院院长的时候，与林遵一起工作，对他多有了解。林遵从青年起，一直追求进步。起义后，坚持要求加入中国共产党。他从旧营垒中来，难免背着因袭负担，带有旧的影响，有的领导同志说他有政客习气。而看不到这正好说明林遵争取做一个共产党员，要根除旧的一切影响，需要付出比常人加倍的努力，难能可贵！1972 年我恢复工作后，主张及时吸纳林遵加入中国共产党。1975 年，海军党委一致决定，建议任命林遵为东海舰队副司令员。他到任后，工作很出色。我举双手赞成吸纳林遵同志入党。"

1977 年 8 月 16 日，海军党委正式批复东海舰队党委："海军党委常委一致同意林遵同志入党，其党龄从 1977 年 8 月 12 日算起。"

年过古稀，71 岁的林遵终于达到生命的新高度。林遵在致海军党委的信中热情洋溢地写道："在中国共产党的英明领导下，本世纪末，把我国建设成为'四个现代化'的社会主义强国的前景正呈现在眼前，建成强大的中国人民解放军海军的前景正呈现在眼前，解放台湾，统一祖国的前景也呈现在眼前！"君不见，一个时期以来，因为革命遭遇挫折，个人受到磨难，变得心灰意冷，放弃崇高理想，否定自己曾经为之奋斗的共产主义理念者大有人在。更有甚者，鹦鹉学舌，放肆诋毁革命和中国共产党，鼓吹西方"普世价值"者，也不乏其人。而林遵在国际共产主义运动处于低潮的时候，不改初衷，坚持信念，满怀信心，令人肃然起敬。

码头上，当年那些日本造、美国造、"万国造"的舰船早已淘汰退役，停泊着的是中国自己设计、建造的"051"型导弹驱逐舰、"053"型导弹护卫舰和海洋测量船、补给船等新型舰船。舰长、部门长和许多军官，多数经过海军舰艇学院、海军指挥学院学习、深造。其中，有许多人是林遵的学生。他们正在为向深蓝进军，为首次到太平洋航行做准备。

林遵兴奋地对笔者说："我一直想中国有一支强大的海军。1946 年，从美国带领 8 艘军舰回来，一心想用八舰作基础，经我的手训练出一支舰队。结果是 8 艘军舰被分散，我也坐了'冷板凳'。1949 年起义以后，也想过以起义官兵作技术骨干，建设华东海军的舰队，这也不切实际。后来，刘伯承元帅把我要去搞教学，办院校，为海军建设打基础。现在，我回到舰队，还是抓部队训练，尽快恢复被林彪一伙破坏了的训练工作。但是，很难。目前，保障远程导弹试验的'718 工程'任务很紧。人民海军第一次去太平洋，训练不好，技术不过关是不行的。我们必须抓紧。"

林遵告诉我说："我在等候海军刘道生副司令员，他要来这里检查将要执行'718 工程'任务的舰船。"

刘道生，是林遵同时代人，但比林遵整整小 10 岁。他从湖南茶陵的穷乡僻壤走来，少年时参加红色苏维埃运动，以后就是万里征战，从高山走向大海。他和林遵走着不同的道路，却共同经历了中国近代大变迁的历程。他们殊途同归，共同参与和见证了中国人民海军的诞生和成长，为中华民族的复兴殚精竭虑。

1950 年 4 月 23 日，中国人民解放军华东军区海军成立一周年，也是林遵和海防第二舰队起义一周年的时候，134 艘舰艇集结在南京草鞋峡江面，举行舰艇命名典礼。司令舰设在大型登陆舰"井冈山"号。大会由华东军区海军司令员张爱萍主持。林遵担任司仪。华东军区副司令员粟裕和海军副政治委员刘道生参加了这一典礼。林遵在这里结识了刘道生。

刘道生这年 35 岁，林遵 45 岁，都正值壮年，意气风发。建设中国强大海军的共同志愿，使他们在把臂之间结成了莫逆。

刘道生诚恳地对林遵说："林副司令员，我们找个时间长谈吧，我要向你讨教。"

林遵说："讨教不敢当，长谈正是我所愿。"

绿树掩映，小楼清静安谧。

刘道生来到林遵家里。胡志贞奉上新沏的清茶。

刘道生开门见山地说："林遵同志，你看搞好海军建设的关键在哪里？"

"训练，训练人。"林遵直截了当地说道，"训练是最重要的。以华东海军来说，前几年，发生了碰船和其他一些技术事故，多数是不懂技术的结果。每一发生事故，我都感到惭愧和不安，有说不出的苦。负责同志中懂技术的不多，我应算是懂技术的一个，每一技术事故都应是我的责任。我一直认为，训练第一。海军活动范围是在辽阔的海洋上，俗话讲，海，是风波路。一艘军舰，至少要有一半懂得技术的人，才能说得上安全，才能使军舰正常航行。组织人才，集中训练，还应加强。"

刘道生连连点头。

刘道生坦诚地说:"我读过的红军大学,是在江西瑞金一个叫大树下的山沟里,第一课是'土木工程',请木匠师傅教我们盖校舍。我们这些新海军,大多数人都是'山地军校'毕业的,在战争中学会打仗的。这些都发挥过作用。但是,正像毛主席讲的,'我们熟悉的东西有些快要闲起来了,我们不熟悉的东西正在强迫我们去做。''我们必须学会自己不懂的东西。'请你当我们的先生!"

林遵和刘道生从中国过去的海军学校谈到英国的海军学校教育,又谈到美国在战时采取的速成海军技术教育方法,探讨人民海军应当如何训练水兵、部门长、舰长……

桃花汛旺发时候

码头上,一艘导弹驱逐舰已经备航,按照海军礼仪规定,桅杆上飘扬着一组信号旗:"欢迎!"

林遵和刘道生一踏上舷梯,以标准的海军军人礼仪,举手向悬挂的军旗敬礼。

军舰值更的更位长同时用水手笛吹响了"敬礼"的一长声,舰长、政委等候在舷梯口迎接首长。

林遵和刘道生还礼后直接登上舰桥。

桅杆上升起了"出航"的信号旗,军舰离开码头起航。

航行中,刘道生和林遵一起探讨建设中国强大海军的方略,探讨中国海洋战略。

海洋不只是国家安全的保障,更是维系子孙后代生存、发展的必要空间，是实现现代化必不可少的资源宝库。

"三分陆，七分水。"地球表面约百分之七十覆盖着海水。人类最初从海洋中来，人类未来的希望在海洋。今天，全世界人口日增，陆地已经感到负担过重，而海洋远未真正开发。海洋比大陆土地有更大的生产优势，海洋平均深度约 400 米，水中生物空间比陆圈、气圈的总和大 200 至 300 倍，同样面积的海域可利用率比陆地高几百倍。20 世纪人类正致力于向太空进军，而人类对本身居住的地球，特别是海洋却不甚了了，知之不深。21 世纪人类在继续向外层空间扩展高边疆的同时，也必将致力于第一边疆，向海洋进军，向地球深部进军。世界各国加快了海洋开发的步伐。

中国对海洋的需求似更紧迫。人口以每年 1500 万的速度递增，而耕地面积以每年 400 万至 500 万亩的幅度递减。960 万平方千米陆地国土，早已感到人口的沉重负荷，未来将更加感到生存空间日蹙。而海洋中的生物资源、能源资源、矿藏资源，是我们的希望所在。

他们同声慨叹：放眼海洋，中国人民海军任重道远啊！

军舰来到舟山群岛东亭山洋面，开阔的海域，平静的海流，未来首航南太平洋的舰船大编队将在这里集结，从这里起航。

刘道生向林遵说："我国远程运载火箭要在太平洋上进行全程试验，海军担负护航、警戒和打捞火箭试验舱的任务，将由 18 艘舰船组成'580'编队，航程将在一万公里左右，而且第一次出动舰载直升机，又是第一次去南太平洋，可以想见，任务艰巨，我们没有经验，一定会有许多困难。你曾经带领舰队从美国越过大洋，我正要向你请教。"

林遵连忙说："不敢当。1946 年从美国接收的 8 艘军舰，无论是吨位、装备、技术条件，都不能同'580'编队比。那时，每艘舰都只有一千吨左右，美国海军派了一艘一万多吨的'峨眉'号登陆舰护航。航程还算顺利。要讲体会，我以为'未雨绸缪'，事先做好各种准备最重要。"

接着，林遵谈到了曾经遇到的种种困难，刘道生认真倾听，感谢他的意见和建议。

1980 年 5 月，刘道生作为"580"编队指挥员兼政治委员率领新中国建造的 6 艘导弹驱逐舰和补给船、海洋测量船等共 18 艘舰船组成的特混编队，从舟山东亭山集结地出航，航向南太平洋，圆满地保障了中国远程运载火箭的全程试验。遗憾的是，林遵没有能够看到这次航行。

1979 年，林遵因鼻咽癌住院治疗，胡志贞和孩子们聚在他的病床前，他忍着剧痛，问这问那，和孩子们说笑。胡志贞背过身去，禁不住暗自饮泣，孩子们看着父亲痛苦，也几乎要哭，林遵提高声音说："呃，我们来唱支歌吧，唱《歌唱祖国》！"这是林遵喜欢的歌，他经常和孩子们一起唱。他先起头唱了起来：

五星红旗，
迎风飘扬，
胜利歌声多么响亮。

　　　歌唱我们亲爱的祖国，

　　　从今走向繁荣富强……

　　歌声在病房里激荡。

　　此时的林遵，也许想起了 1949 年 9 月那个明朗的日子，走进怀仁堂神圣的殿堂，举手赞成中国人民政治协商会议纲领，新中国的时间从此开始，改变世界的时间从此开始；也许他记起了天安门前那个红霞满天的时刻，为人民革命烈士纪念碑奠基，他有幸参与和见证了一个旧时代的结束，一个新时代的诞生！

　　癌细胞日渐扩散。经过了海上风波路，林遵对于生死，豁达而从容。1979 年 7 月 16 日，林遵因鼻咽癌在上海病逝。他曾经给亲爱的妻子和女儿们表示过，他一生爱海军，爱海洋，航遍了地球大洋，在东海舰队的岗位上走完最后的航程，埋骨东海。

　　啊，秋浦河在吟唱，长江波涛汹涌不息，黄海传来久远的记忆，南海澎湃激荡！

　　刘道生十分悲痛，为失去了一位志同道合的同志，一位意气相投的朋友而伤心落泪。他专程从北京赶来主持葬礼，向林遵告别，为林遵送行。

　　刘道生追述了林遵的一生。

　　林遵以勇敢的水雷战，为反对日本帝国主义做出了积极贡献；率领中国舰队穿过大西洋、横渡太平洋，显示了中国海军军人的良好素质；临危受命，率领舰队收复西沙群岛、南沙群岛，遏制了帝国主义侵略图谋，捍卫了中国主权；特别是在历史关头，毅然率领舰队起义，为中国革命做出了重要贡献。

林遵一生追求光明，追求进步，追求革命，实现了爱国主义抱负，实现了"愿得此身常报国"的人生壮举！

尾　声

　　　　航过地球上的大洋，留下了自己的航迹，埋骨东海。林遵一生爱海军，爱海洋，完成了人生壮举。

　　1993 年春天，在上海友谊三村海军宿舍楼里，林遵的夫人胡志贞向我谈了林遵的种种，还允许我引用林遵写的自传。我把记述林遵的文字请她审阅，她在 1993 年 9 月 28 日回信说：

　　《赞誉"第二舰队"起义：南京江面上的壮举》与史实基本相符，仅对文章中个别词句作了修改，请斟酌。
　　毛主席在接见林遵同志时说过："有了你，我们就有了人民海军。"这句话，林遵同志曾告诉过我和孩子们。这里包含着党和毛主席对林遵同志的评价、信任和赞誉。毛主席知人善用，给了我们极其深刻的影响。这句话是可以核查的。供您参考。
　　感谢您能理解林遵同志并客观地反映历史事实。

1996 年 3 月，我把刊载了反映林遵收复西沙群岛、南沙群岛的文章的《炎黄春秋》杂志寄给胡志贞先生，她也回信说：

> 感谢你的关怀和美好祝愿。我的身体很好，请释念。
> 你寄赠的《炎黄春秋》已收到，谢甚。

我曾经向胡志贞先生提出看看林遵写的诗词。胡先生抱歉地说："看不到了。'文化大革命'中，我们把自己历年的诗作付之一炬，一把火烧了。"

这实在可惜。不然，我们今天更可以从林遵的诗作中，看到他的心路历程。

我还难忘 1988 年在广州沙面访问广州航海学会秘书长、广东省政协委员李景森先生。他曾经随林遵在美国学习。他 25 岁时担任中国海军"永兴"舰副舰长，随"前进"舰队一起收复西沙群岛、南沙群岛。他回忆起那次航行，充满敬意地说："林遵是一个令人尊敬的舰队司令，一位勇敢的爱国者。"他追忆说："1946 年 11 月收复西沙群岛、南沙群岛后，林遵部署'永兴'号和'中业'号军舰留在广州，准备随时应对保卫西沙群岛、南沙群岛的需要。1947 年 5 月 18 日，'永兴'、'中业'号曾经组成编队从广州黄埔起航，对南沙群岛作例行巡逻，为守岛部队运送补给品，并部分更换守岛人员。随行的还有广东省政府人员和《大公报》记者。"李景森先生在《保卫和建设我们的南海明珠》的文章中说："很高兴地看到，南沙群岛的太平岛正由在台湾的中国人所组成的军队守卫着，这种情况正如古语所云'兄弟阋于墙，外御其侮'。保卫和建设南海诸岛是每一个中国人的神圣职责！"

我也难忘广东省人大代表麦蕴瑜老先生，1988 年时，他已经 92 岁高龄，当我们走进他的居屋时他仍然站起来欢迎我们，高兴地让座。

麦老先生年高耳背，他的夫人把我们的话翻作广东语告诉他。作为一个权威的历史见证人，他清晰地回忆起当时的情形说："1946 年，当时的广东省主席张发奎向我说，法国人重返越南，有继续染指我国南沙群岛、西沙群岛的迹象。中国政府决定派舰队收复这两个群岛，广东省政府委派专员去接收。考虑再三，决定派你担任南沙群岛专员，随舰队一起前去。我那时见到林遵司令，一起向南沙群岛航行，对他急国家之所急，果断决定避开风浪，抢在法国人之前，迅速直航南沙群岛，留有深刻印象。"他关切地问起林遵的情况，对他因病早逝，叹息不已。麦老先生是广东省人大代表，多年来一直呼吁加大保卫和开发南海诸岛的力度。他精心收集资料，著书立说，发出建议。我向他介绍了人民海军守卫和建设西沙群岛、南沙群岛的情况。后来，我收到麦老先生寄来的亲笔信：

叨蒙到访，得聆南沙群岛年来建设情况，深感快慰。大示两次和影印南沙群岛资料已收妥，不胜谢谢。1975年曾以"保卫南沙诸岛开发海洋石油"为题，向广东省委、省人民政府建议，现已得到实现，兹附上近月来各报章的报道，请赐阅。

　　　　　　　　　　　　　　　　　　麦蕴瑜

　　　　　　　　　　　一九八八年七月二十二日

　　从他身上，我看到林遵他们这一代人的爱国主义情怀。不禁想起辛弃疾晚年的词句："男儿到死心如铁，看试手，补天裂！"

　　我也难忘欧阳晋先生，他向我讲述了和林遵一道在九华山下、秋浦河边，同日本侵略军展开的殊死的战斗，把他《回忆抗战时期海军皖南、赣北长江布雷游击战况》示我。

　　我也难忘戴熙愉先生，他长期追随林遵，相交最深，了解最多，他提供了许多弥足珍贵的资料。

　　当年，在美国迈阿密学习的中国海军官兵，特别是海防第二舰队起义的官兵，在新中国建立后，为人民海军建设，为中国社会主义事业，为国家民族统一，做出了重要贡献。如今，他们多已进入耄耋之年，有的移居海外，近年来纷纷著文，回顾历史，表达爱国之忱，难能可贵。

　　正是他们，使我们有可能窥见一个爱国军人的一生。

　　林遵，一个职业军人，一个革命军人，一个共产党员。

　　林遵，留给我们许多怀念，许多思考。

　　　　　　　　　　　2005 年 5 月 25 日初稿
　　　　　　　　　　　2009 年 2 月 23 日修订
　　　　　　　　　2016 年 2 月 22 日再版修订